大路朝天

杜杜 著

EVERSPRING PUBLISHING

EVERSPRING PUBLISHING

大路朝天
A Road Heading to Sky

COPYRIGHT 2018 by Dudu (Zhanqing Du)

Published by
EVERSPRING PUBLISHING
OTTAWA，ONTARIO，CANADA
everspring2017@yahoo.com

ISBN 978-1-7751288-2-3
ISBN 1-7751288-2-2

Illustrations are from free online resources.

zhanqingdu@yahoo.com
facebook: Du Zhanqing
twitter: zhanqingdu

210,000 Words
Printed in the U.S.A
This edition first printing, June 2018

作者简介：

　　杜湛青，常用笔名杜杜。毕业于中国山西大学法律系，后出国深造，先后就读于芬兰赫尔辛基大学社会心理学专业、加拿大多伦多美容美体专科学院、加拿大渥太华大学软件程序设计专业。曾经商、从事文职、Spa 管理、健身教练等职业。为当地华文报纸撰写"杜杜笔廊""杜杜之窗"等文艺性专栏十余年。海内外平面纸媒发表文字逾两百万字。作品被收入多种作家文集。小说、散文、诗歌屡次荣获美国汉新文学奖、中国散文年会华语创作文学奖、台湾林语堂文学奖、加华文学奖等文学奖项，多次获得首奖。海外华文女作家协会会员，加拿大华裔作家协会会员，加拿大中国笔会会员。

　　杜杜珍爱生活，积极乐观，笃信以爱为本。重视家庭。兴趣爱好广泛，擅长体育运动、歌唱、烹饪、毛线编织、服装裁剪、园艺、绘画等。积极参与社区义工活动。凡事脚踏实地。热爱在文字中做一条自由的小鱼，游荡于没有边际的生活海洋，享受风平浪静，亦直面狂风暴雨。相信精神的自由与独立，高于一切。

出版中英文书籍：

散文小说集《青草地》
诗集《玻璃墙里的四季歌》
随笔散文集《杜杜在天涯》　　　淘宝、当当等中国网站均有销售
中长篇小说集《不吃土豆的日子》　　Amazon 国际网有售
短篇小说集《玫红色的艾玛》　　Amazon 国际网有售
新诗集《上帝之棋》　　Amazon 国际网有售
散文集《大路朝天》　　Amazon 国际网有售
英文诗集《When a poem speaks》　　Amazon 国际网有售
新诗集《一叶书签》　　Amazon 国际网有售
长篇小说《中国湖》上　　Amazon 国际网有售
长篇小说《中国湖》下　　Amazon 国际网有售
古典诗词集《草色入帘青》　　Amazon 国际网有售

Amazon 购书英文搜索词："Dudu Anthology" "Dudu's fiction" "Zhanqing Du" 等均可。

杜杜个人微信号：	butterflydudu
杜杜微信公众号：	杜杜天下
杜杜邮箱：	zhanqingdu@yahoo.com
杜杜 twitter	zhanqingdu
杜杜 facebook：	Du Zhanqing

献给默默关心我的朋友

岁月和记忆
融入血液
分秒不离

目录

笨鸟
——自序

　　人到中年，从大洋彼岸的黄土高坡，到天高地远的红枫树林，从懵懂无知的单纯少女，到阅遍沧桑的人妻人母，很多曾经的梦想早已变为现实，当然，更多的是变成泡沫的碎梦。从未停止做梦，很多梦现实而庸俗，比如变成一个远离喧嚣的农妇，养花种菜，养鸡饲鸭，织布缝衣，读书写字，在没有高楼阻隔的田野看月升日落，嗅的是没有加工过的麦香，饮的是混着雨滴的井水，清净、安详、满足。先生笑我脱离现实、痴人说梦。他说，你会想念城市图书馆，还有你离不开的社区游泳池。我笑笑，继续做梦，一做就是几十年的长梦。

　　现实和理想原本距离遥远，生命册里预先定好了。于是人类才因为梦醒梦去而有了苦恼和烦扰，才有了悲欢离合、酸甜苦辣。人类总是向往着自己没有的东西，吃窝头的年代想着精粉馒头，吃上精面白米了，又要回头吃五谷杂粮。过着现实的生活，如果万事顺遂，少了这份痴心，怕也相当无趣。现实的不完美，给理想留下了渴望和追求的空间，这是人生的赏赐，有份念想，生活便有希望。

　　赞美，在我，是一种天然的情感，像快乐时的笑和悲伤时的哭，无需控制，说来就来。一切的不完美，本身就是一种缺陷美。也因此，我总可以看着身边的缺陷而心存感恩，不抱怨，不叹气。虚幻的梦，只是补着那块现实的缺，现实加上梦，这缺也就补全了。

　　能把这许多的念想落笔成文，在我，是吃饭睡觉一样必须做的事情，早已不是精神渴求，它是肉身生理的需要。如新陈代谢，旧的去，新的生，轮回不止。文字便是运输的血液，少了它，生命的代谢便会停止。生活忙碌，有时几周不曾动笔，身体便如病入膏肓，焦虑会烈火一样燃烧，令我食不下咽，睡不安寝。无论如何，我会放下不得不做的一切，定心坐下，写出几行什么，或诗歌，或散文，或小说。当这些黑蝌蚪蹦蹦跳跳在敲打声中跃上屏幕，我的焦虑也像服了镇静剂，渐渐安定下来。我需要这份心的流淌，让这些单薄的文字，做万能的镇定剂来安定纷乱而且并不完美的生活。"文学苦旅"在我这里需要改改名称，"文学甜旅"，更为贴切。

为人妻母，任重道远。一日三餐，衣食住行，教养女儿，呵护丈夫，服侍母亲，照顾顾客，琐事繁杂，凌乱难述。经常感觉自己在忙碌中奔跑着，责任，这根鞭子，抽着面前的每个日子，无法驻足不前。我的文字，多是在这样忙碌的生活中完成的。送女儿弹琴、游泳，我会坐在车里或者看台上一边等候一边写作。带母亲看病，我会在候诊室里打开计算机，叮当敲字。炖粥煮肉，我会坐在灶前一边翻搅锅里的食物，一边写完一句诗。更多时候，夜深人静，长夜孤灯，我会悄悄在先生的鼾声中起身，去完成那个半截的故事。生活的现实性，使我极少拥有整块时间不用念想家人和柴米油盐。我渐渐地学会了"见缝插针"这门主妇式写作技术，有了它，不论多忙，都可以有文字的产出，或许一天十个字，或许一天五千字，都随着生活的弹簧，忽紧忽松。

二零零八年之前出版了三本书，可以看作我文学旅程的一个分水岭。从此，开始专注小说创作，个人感觉其耗心费力远胜过散文和诗。散文和诗的写作退居二线，变成大脑休息器。有幸可以在小说创作的同时不放弃散文和诗，虽然时间的匮乏，杀死了成千上万散文诗歌的心思和念想，挽救成文字的只是九牛一毛，毕竟还有这一毛，让我有了拥有它的奢侈和欣慰。

如果把小说比做食物，虚构，使它成为加工过的食品，进步的工艺流程和添加剂必不可少。那么，散文的纪实性，就是一种纯天然的菜蔬，无需过多粉饰，把真实的故事、事物和情感变成文字，相对来说真切、简单、直接。

这本散文集，以零八年之后的散文作品为主，加上之前的少量文字，集合而成。其中，有些是曾发表在渥太华"加华侨报"和"渥京周末"我的"杜杜之窗"和"杜杜笔廊"中的作品。其中《家有小女初长成》获得中国散文年会华语创作奖，《"腋下"和"杰雷米"》获得加拿大加华文学奖，《夜伴吗啡女》获得美国汉新文学奖。《饺子风波》《爸爸，那一天》《你是这样变蓝的》等文被海内外多家刊物报纸转载。

因为书写内容繁杂，我把它们分门别类为亲情篇、家乡篇、他乡篇、随笔篇、病痛篇和写作随想篇，方便阅读。

文字是没有界限的，既没有发展的终点，也没有内容的圈界。这个世界有着太多太多值得落笔成文的东西，文学这个课堂更是有着成千上万的教室和数以万计的师长。没有人摸到过天之顶，也没有人走到过地平线，学无止境。

　　我不贪，认真学习，勤力读写。能写出自己眼中真实的一切，尽了心力和笔力，就实现了自身有限的文化输出和情感输出，即便在这个世界上转瞬即逝，也有了它曾经存在过的价值。是否被读者认可，是超出写手控制能力的事，我寄希望于自己对文字的热爱和诚实踏实的态度。文字的社会性是否可以产生它应有的效力和影响，是载舟之水，是让风车旋转的风。舟和风车，靠勤思勤读勤写来打造，别无提升文字内核与魅力的方法。而水与风，很大程度上有着天时、地利、人和的机遇互相效力而成，坦然面对，不奢望，也不低估。

　　脚踏实地，是我坚信的做人法则，用在作文，也是一样。这与天赋无关，天赋如果不去使用，不过是一个萎缩的子宫，原本可以孕育婴孩，却成了零。我相信积极能量对人生的正面支持作用。在我的文字里，我希望它无时不在，以声波光波般的力量，在不知不觉中，以文字波长造福于人。

　　我的肉身之旅跨越了亚洲、欧洲和美洲三大洲，近二十几个国家，接受过法律、社会心理学、计算机软件程序设计等多个方向的高等教育以及美容美体、健身塑身等专业训练，职业经历涉及自由经商、法律顾问、企业文秘与管理、经济师、美容师、健身教练等诸多行业，精神之旅也从东方到西方，又将西方生活融汇于东方文字。虽然英文写作已经开始尝试，方块字却一直是我最亲密的伙伴。庆幸的是丰富的阅历没有把我变得世故冷漠，反倒让我在不惑之龄，越发渴望单纯、朴实的生活，越发钟爱接地气的明白文字，欣赏言之有物、通俗温暖的感觉。故弄玄虚和咬文嚼字的兴趣淡去了，爱着返璞归真。

　　人最初是单纯的，"看山是山，看水是水"；成长了，复杂了，思考了，变作"看山不是山，看水不是水"；到最后历尽了人生波折也领悟了人生的真谛，就又"看山是山，看水是水"了。这是一个经常被人引用的哲理。我希望自己正在向着第三个境界靠近，尽管平常心与清净心还无法分秒相伴。

　　如果有人用"秀美端丽""才华横溢"来形容我，欣喜之余，我会更渴望类似"善良真诚、隐忍勤劳"的赞誉，前者是上帝的赐予，后者是后天追求和努力的结果，有着一种坚实可靠的人生价值。我始终认为为文者拥有一颗悲天悯人的爱心，是作文的基础。

人的有限，让我深信谦卑为人、低调行事，方可潇洒彻悟，上善若水。自知是笨人，记性不好、愚善愚忠，不会偷懒，不擅走快捷方式，倒也因此容易原谅自己，既然是笨鸟，只管勤力学飞就好。尽管在写作的道路上仍然飞得低而慢，尽管生活忙碌时间有限，尽管需要学习和进步的路长征一样艰苦和漫长，我都会继续不停地忽扇翅膀，飞了一尺，再飞下一尺。

写着，便快乐！安静地在文字中思考生命和社会，思考人类与自然，书写七情六欲、人间冷暖，绝美的一桩事。感谢上帝的恩赐，让我拥有这份不灭的热爱。如果能一如既往地在阅读和笔耕中，使生命多一份文字意义，在文字跋涉中，赋予人生更多的满足和喜乐，此生足矣。

本书取名"大路朝天"，源自书中一篇短文，描述一条我经常开车经过的路。静谧的车中，我目视前方，道路的尽头，很远、很迷人，直接与天空接壤，行驶的车子却永远无法抵达天空，但可有了这种行驶，就有了一种无以言表的期盼和永无止境的追求。这正像我的写作之路，宽阔、深远，永无止境。

彼岸风景

家乡篇

浴

胖的、瘦的、高的、矮的、黑的、白的，各种各样的身体挤做一团，雾气蒸腾之中母亲把我转过来转过去地擦洗，被洗净的我，会和别的小孩儿在澡堂里跑来跑去地嬉闹，快乐地等待妈妈们洗完。泡池里也浸满了人，人们身上搓下来的细泥薄薄地浮在水面。妈妈是严禁我下到池子里浸泡的，说脏。澡堂里充满了声音，哗哗啦啦流淌的水声，大人试图压倒水声的大嗓门聊天声，孩子们叽叽喳喳的吵闹声……

这种热腾腾闹嚷嚷赤裸裸的景象，在我的童年是每周都要重复一次的必修课。那个年代，周围没有一个人的家里有洗浴装置，去澡堂洗澡成了生活里一件躲不开的差事。澡堂里的"赤诚相见"也十分坦然，近距离看到左邻右舍、七大姑八大姨身体的长短胖瘦、黑白宽窄就和一日三餐一样平平常常。

一两毛钱的澡票换来焕然一新和陡然一轻的身体，是幸福的。人们湿漉漉的头发在脑后挽着髻，脸蛋儿光灿灿地迎风红着，手里端的脸盆里堆了香皂毛巾和换下来的脏衣服。姑娘媳妇都格外地鲜亮好看，连我们那些小孩子的笑声也都爽脆干净，和树上的小鸟比着赛叫嚷，奔跑的小脚步轻得像飞。

大概是从初中时候就不再喜欢和妈妈一起去公共澡堂洗澡，宁可很不舒服地烧足了热水在家里关上厕所门一盆盆地换，将将就就地把自己勉强洗干净。母亲没辙，认真地烧水，嘴里勉不了念叨，别人都能去洗，你为什么不能？就你怕看？金贵！白瞎了那付模样，别人还以为你有残疾呢。

下海经商那阵，有些宾馆里已经开始提供较公共浴室有很大区别的洗浴业务，女伴常常邀请我去宾馆洗澡，鼓动说，把搓澡的、按摩的都照顾到，你自己就像进了天堂。我笑问，进过天堂之后再回到地面来，会不会感觉很辛苦？女伴说，这个天堂是你可以反复进出的呀，越进得多，说明你地上的日子越好活，不进是你活该！遗憾，我还是选择了"活该"，公共浴所再没进过。当时女伴们怎么在心里笑我没福消受搁下不提，那时真是对把自己身体公众化的抵制心理竟巨大到超过了沐浴本身将给身体带来的乐趣，童年那些穿梭在众多裸体中间欢乐的浴室嬉闹已经成为逝去的梦境、翻过去的历史了。

想不到多年之后，竟在毫无准备的情况下被带进了洗浴中心。

母亲生日，我远道归来，小姨兴高采烈地邀我们去 Y 城住一天水宫。水宫？洋插队了十来年，土里土气的我云里雾里。母亲接住我询问的目光说，舒服极了，各种水疗都有，还可以游泳。一贯爱水的我一听"水宫"这样人间仙境般清凉高雅的名字早已满怀想往，竟然还可以游泳，简直心花怒放。想不到回国也能坚持游泳健身计划，太棒了！

"宫"果然名不虚传，五层豪华大楼的气派先让你进了门就幻想自己做了女王。华丽通顶的中央大厅悬挂着人造瀑布，透明玻璃电梯在瀑布下面晶莹剔透地上下自如，美猴王的水帘洞也不过如此吧？巨大的三角钢琴漆黑油亮，白色的大理石地板像刚用牛奶洗过，两侧盘旋的楼梯宽宽敞敞地在大红印花地毡的带领下引你上楼。

鞋子被服务员取走，换给你印着房间号码的手链牌。服务员笑容可掬，制服笔挺得假的一样在你眼前晃来晃去。房间是过夜用的，豪华、洁净，但干燥无水。来了水宫自然不是让你呆在干燥之中，每人一套宽松浴衣一换，男人女人小孩大人立刻都一模一样地舒适起来，体形没有了，剩下一个将要接受柔水慷慨滋润的载体。妈说，好吧，我们现在就去做水疗。我拿了泳衣起身，妈说，放下，现在不游泳。我说，那水疗时穿什么？妈瞪了我一眼，说，你外星来的？当然是光着身体的。当然？？别大惊小怪，我对自己说。不动声色地跟着妈妈走，心里一面大鼓响着雷，光着？光着？？

迈进女子浴场，服务小姐的笑脸马上迎了上来，一把存衣柜的钥匙塞进我手里时，三三两两裸露的人体已经在身边大摇大摆了。妈说，你还愣什么？脱吧！我迅速斟酌了一下自己的处境，发现"脱"是唯一选择，辜负了小姨全家的盛情不打紧，妈妈生日惹了老人家的唠叨出来可就罪过了，况且自己的确没有残疾。磨磨蹭蹭地脱着，心思不停：这么一光，倒是有个好处，人人都彻底平等了。水，的确无情，让那富有的矮婆面对穷姐的长腿只剩下干着急，你就是拥有金山银海，能在这水宫里堆出个与生俱来的美丽身段吗？竟是质本洁来还洁去呀！多年不曾在人前裸露的身体就这样被水的诱惑和母亲漫不经心的催促迅速地征服了。舒展压倒了羞怯，松弛驱走了遮掩。站在哗啦啦脸盆大的巨大淋浴喷头下，我轻易地达到了忘我的境界。

淋浴都是独立的小隔断，高级浴液香波牙膏牙刷刮刀可以尽情免费使用，服务小姐殷勤伺候着。特别淋浴坐间十分奇特，不同角度的水柱上下左右喷在身上，你只需坐着转动转动身体，就可完成沐浴。

蒸汽浴的房间水晶宫一样晶莹剔透，鼓出墙壁的拳头大鹅卵石从地面砌到屋顶，蒸汽不需自己浇水供给，从墙里和房顶四面八方地喷出来，石头凳子温暖地等着你的光顾，仙境之中，几分钟你就大汗淋漓了。

　　火龙浴的房间分内外两间，外间摆放了日式榻榻米条桌，有刻好的围棋盘伺候着，一种家的温馨弥漫在空中。内间温度很高，一池淡绿色的鹅卵石晶莹透亮，你躺进石池，让石头把你埋个严实，热石瞬间包裹了你的身体和精神，你温暖着，松弛着，似睡非睡，亦梦亦真，渗出的汗水渐渐湿遍了你的全身。汗水带出了你身体的毒素，也带走了你平日的紧张烦忧，这时的你变做了一枚小石子，挤在满池热石里，里里外外热得通透，热得尽情……

　　妈妈在水疗池里不停招手，那巨大的水疗池正浪花翻滚。二三十个安装各异的高压喷嘴嵌在众多座椅形状的池壁，坐下，手边按钮一按，按摩喷嘴就开始让你的肌肉感受水的威力抚摸，几个座位换过，全身上下每一块肌肉都被水枪均匀光顾了，连臀部和脚跟都没被忽略。从池里爬出来时，妈妈说，累吧？这样被水疗一下，骨头都被冲松动了，累了就去爬爬吧，有搓澡和按摩的。

　　搓澡间五六张床都躺满了赤裸的人，搓澡小姐穿着黑色比基尼工作服，奋力工作。惊叹于黑色工作服在白色身体旁边的巨大反差，那种怪异的诱惑力能挡住几个血肉筑就的身躯呢？

　　我早已忘记自己的赤裸和羞怯，被搓澡小姐正着翻过来，反着倒过去，这么扬一扬胳膊，那么抬一抬腿，从脚丫缝到头发梢都被搓了个遍。这种全套搓澡名曰"高搓"，包括洗头、面膜和按摩。想不出干干净净的自己怎么会产生那么多的沉渣废物，好像自己这几十年的澡都白洗了一样，搓下来的死皮可以论斤称。被搓澡小姐拿着淋浴喷头哗哗冲洗的时候，仰躺着的我如躺在云里、飘在风中，当年女伴嘲笑的话响在耳边，不想进出天堂，是你活该！自己竟然一活该就活该了十几年。而此刻不再"活该"的我感觉知觉散成碎片，温度化作气体，在超级享受的奶酪精油按摩中，身体每个细小的毛孔都被仔细地滋润着，精心地照顾着，按摩小姐的纤纤玉手把我推进了一个空明洁净的境界，身体不属于自己了，物质世界远去了，精神飘离了，哗哗的水声四面八方地响着，我感觉自己化作一颗水分子，轻轻地飘在空气里，轻轻地，轻轻地蒸发着，没有了一样……

　　妈妈坐在石凳上喝茶，这时走过来对我说，可惜女浴场少些服务，否则都让你这个外星人尝试尝试。听说男浴场还有一种特殊的沐浴，是把你放在一种喜欢以人身上的死皮为粮食的小鱼中，任小鱼撕咬你身体的脏物，据说是相当享受的。

正在蒸发的我听着母亲的话，想象力极大地活跃着。人类是怎么发现这些使自己活得滋润的邪门方法和高招的呢？不可思议！

出浴，在梳妆室站在立式风箱前把身体头发吹干，浑身涂遍免费提供的高级润肤液，服务小姐递梳子递发胶递吹风机殷勤协助，这才焕然一新地穿了新浴衣走出女浴场，满载着改头换面的新鲜感觉。接下来的一天我们享受了三顿丰盛的自助餐，鸡鸭鱼肉、各式点心、粥团汤粉、火锅辅料样样俱全。吃饱喝足，二楼设有棋馆、牌馆、网吧供你玩耍消化，一楼有泳池和健身房可以排毒减肥锻炼体型，包房里还有大屏幕超薄电视二十四小时循环播放火爆的电影录像……

一天一夜，就这样近乎"腐败"地度过了。那日恰逢周末，像我们同样"腐败"的人们在那个水宫里成群结伙，大人小孩其乐融融，人人红光焕发，笑声四溢，看得出周末主要的消费群体是类似我们这样以家庭为单位的普通百姓。小姨说这座城市正在以火箭般的速度发展成为 T 省会的卫星娱乐城，因为土地和人力便宜，消费低廉，总能吸引众多周边城市的高官大款甚至普通居民前来消费，大量的财神爷煤老板们也都在该城购房置地，设立后备休闲基地。据说那些财大官高的非普通居民的消费者除了我们所享受到的这些"腐败"之外，会升级到"糜烂"，比如单身男女大款可以得到的特殊夜间服务，听说那些服务人员都是既年轻又敬业的"专业人士"……

从水宫出来，已经是第二天中午。妈妈问，感觉如何？我说，这是中国特色的洗浴文化，气派奢侈，多功能，减压，平民化，"享受"就是两个字！让我大开眼界了，外国见不着。

仔细思想，一个人肉体的享受不外乎这样几种，机体器官的外部享受，比如皮肤的享受可以痛过按摩、水疗带来的松弛和舒适来实现；二是机体器官的内部享受，比如消化系统的享受可以通过吃香喝辣来实现；三是机体器官的健康型享受，比如游泳健身等体育运动通过加速的血液循环、激扬的活力来实现；四是人体某些特殊器官特殊感觉的具体享受，比如男欢女爱。这些身体享受的服务之所以受到广泛欢迎，是因为其实现过程可以使精神放松，疲劳缓解，压力消失。在现今高科技、高频率、高压力、高负荷的社会，这种豪华奢侈的洗浴文化恰巧涵盖了上述各种享受为一体，吻合了压力时代要求的减压功能，于是名目繁多、档次各异的洗浴中心迅速地在发展中的中华大地如雨后春笋遍地开花也就不足为奇了。

减压之外，这种洗浴文化的另一个重要功能则是有助生意兴隆、财源广进、升官发财。酒桌上的交杯换盏之后，请上司、客户、关系户到浴场里享受一番人间天上的惬意和松弛，愉悦的神经就会变成绿色通行证，批文上的字该签就签了，谈不拢的生意这下就谈拢了，你好我好大家好的和谐局面在水的滋润之后轻易地实现了……沐浴，显然已经形成中国大陆诸多文化中迅速兴起的一种新型文化，渗透在大街小巷，滋润着百姓众生。

有幸被沐浴文化洗礼之后的我，在冬寒料峭之际回到渥太华，正赶上多年不遇的寒冷，公交车罢工，经济萧条，北电破产保护，裁员消息接踵而来，让你从心里冻到心 外。感觉今冬"真冷"的时候，本应对那奢侈的水宫充满留恋，但站在家里的淋浴喷头下被温暖地冲刷时，镜子里我和自己孤单相对，才发觉从未有过的平安喜乐从 骨头一直延出皮肤，舒坦！如果让我选择，我知道自己可能还是会再次选择"活该"。

真正的幸福喜乐应该是来自内里的，念由心生。拥有一颗平常心，外界的兴衰起落自可化解，华丽的物质享受原本不就是可低可高，可有可无的吗？心无物欲，即是秋空雾海。淡出物欲乾坤静呀！水宫，后会有期。

贫民胃

出国十几年，中国胃被黄油面包牛排生菜长久滋养，贴金得金，粘玉似玉，多少改了些性格。回国在美酒佳肴中徜徉应该是考验胃之性格最简单而直接的方式。

每次回国，苦于时间有限，无暇应酬，往往不敢和旧友亲朋大肆通报，自然容易躲过斛光盘影。这次久住，不联系同学老友，于情于理都无可推托，于是，一个电话打出去，十个电话打回来，接下来的笑语喧哗，杯盏交错就在情理之中了。

二十年风雨飘摇，同学朋友大多功成名就，不是官爷便是款姐，更有当年发小，如今蛟龙，掷千斤如弃粪土，餐桌上的排场从选饭店就拉开序幕。金门楼高台阶，专业训练的迎宾员们制服笔挺左右排列，以一个排的军事化数量和质量对你鞠躬问候，一进门就被前呼后拥的感觉仿佛皇后一般。包间一进，香茶已经摆上，雕龙画凤的小茶碗一递，茶未入口，已经如饮甘泉。包间里的服务小姐专侍上流人等，可谓精心选拔，优美高雅亲和时尚，明眸一闪皓齿含春。朋友侃侃而谈，忆当年往事，数今日风流，虽无拘无束，荣耀尊贵却今非昔比，菜谱一端，派头已经到家，有朋自远方来，不亦乐乎，山珍海味，鱼翅鲍鱼，此时不上，更待何时？满桌生猛珍稀，盛宴之铺张非比寻常。海阔天空地聊着，服务员眼捷手快，面前盘子一空，立刻把剥了鱼骨的鲍鱼细肉夹上来，服务堪称细致周到无微不至。忙于谈古论今，矜持有度，叫不上名字的诸多名菜大多蜻蜓点水，本应狼吞虎咽的上品，竟因口舌忙于说话的功能而受到冷落，连根根透明的鱼翅也不例外。宴后，留在脑海里的是一顿昂贵宴席的排场气派，留在胃里的山珍海味竟印象浅淡。我的中国胃在国外历经思乡之苦之后，显然在盛宴面前缺乏想象中的战斗力，盛宴的价格和气氛无形无影地喧宾夺主，夺走了食物自然魅力的吸引，胃，不饱而终。

交杯换盏之间，我忍不住去思想吃饭的意义，忍不住去思想这样一顿饭相当于当地人平均工资的几倍，忍不住去思想这样一年的餐饮费可以盖多少个希望小学。朋友的慷慨与友情以如此的铺张来表达，我本该感恩的心却忍不住抽搐，我的贫民倾向注定了我用头脑里自设的障碍抵制奢华的吸引。显然，我这个多年海外生活被简单实际的生存法则洗涮过的大脑已经远离了中国特色的饮食社交文化。我不得不悄悄定义自己的胃——贫民胃。

奢华宴饮，酒足饭不饱，吃进的是钱，是地位，是实力，不是饭。这与我那个原始而要求很低的胃不相符合，我需要的是五谷杂粮，是地上长的路上跑的那些实实在在可以顶饱耐饿的饭菜，我不要吃钱吃实力吃地位，它们嚼不动，它们不易消化。在我心中，它们实打实不如一个手工馒头一碗炸酱面一盘野菜滋味鲜美，实惠好吃。

你不能不承认这个世界上阶级的存在，胃的阶级在食物面前好像孩子的笑脸，伪装不来。此类宴席几个回合之后，我几乎失去了吃饭的乐趣，找理由推托或者建议大众饭馆粗茶淡饭。我的馋本来是名声在外的，经过二十年海外简单实惠的生活原则熏染之后，面对中华大地飞速发展的经济和与之齐头并进的饮食文化，我的胃远远落后于时代，它停留在酸辣粉担担面羊肉串的层次悠哉乐哉，它停留在单纯的吃的口感和胃的欢乐中心满意足。这样的满足不需百元大钞来支撑，不需华丽殿堂奢华摆设漂亮小姐的殷勤来实现，它只需一份小小的对食品的渴望和品尝的热情就可以轻易满足。

不敢羡慕或鄙视贵族胃的荣耀富贵，我相信存在的就是合理的。也不为自己的贫民胃自怜自叹自傲自负，这个世界的美丽在于懂得珍惜自己已经拥有的一切。感谢上帝，让我热爱自己这颗朴实的贫民胃。它可以享受人间基本的美食美味，满怀激情，它给我带来轻易的平安喜乐，满怀幸福。

家教

回国，原以为可以一身轻地逍遥一番，走街串巷大肆采购，访亲探友杯盏叮当，谁知竟一不小心被外甥女缠死，勤勤恳恳地做了一阵专职家教，采购无法"大肆"，杯盏来不及"叮当"，累得虽然说不上形容枯槁，也可算得上步履艰难了。望着每天在学习重压下直不起身体的孩子，欲喜心不欢，说愁泪难流。对国内的儿童教育状况却有了直接的、一线的、切身的体会，感慨良多。

早在出发前，母亲就在电话里叮嘱，你侄女学习注意力不集中的问题需要你来说明解决。我惊诧说，你们朝夕相处做不到的事，我这个隔山隔水远道回来的陌生姑姑就可以在几周之内有回天之力吗？妈说，把你教育自己孩子的高招用上，试试看了。

嫂子生病住院，本来俊挺的哥哥累得憔悴异常。住在哥家，为分担他的劳累，我义不容辞地担起督促孩子学习的艰巨任务。"艰巨"在现代汉语词典里的解释为"困难而繁重"，几周之后，这种持续的"困难与繁重"让我对所有中国孩子的家长满怀同情。一天工作劳顿之后陪孩子学习数小时的家长家家得有一位，否则小孩子作业就无法圆满完成，因为大多作业都有很多要求家长参与的部分，诸如听写汉字词组成语，检查孩子背诵内容，评判考试模拟试卷等等。

第一天观察孩子学习，就把本来自以为见多识广的我吓得目瞪口呆。

首先，作业量巨大，客观上需要孩子和家长很多时间来共同完成。

六年级的小学生，从早晨七点半出发上学，到下午五点半放学，中间除了两小时吃饭时间可以不带学习负担，放学后带回来的作业需要集中精力马不停蹄地做三到四小时。语文作业的听写，是两课的生词和词组，我口舌不停地念了三十分钟，孩子的笔在红色田字格本子上刷刷刷没间断。然后是一分语文考卷，一份数学考卷要完成。这两份卷子花了孩子近三小时。做完，我根据老师提供的答案判卷子，用了三十分钟，之后需要帮助孩子把做错的题讲解改正，这又花了近三十分钟。窗外繁星高挂，夜幕黑漆漆地沉着，孩子打着哈欠合上作业本时，已经是晚上十点整。可惜从始自终我爱怜的眼神只能空荡荡地罩在孩子身上，没法儿替她写上半个字，缩短一分钟时间。

其次，作业难度极大。需要孩子扎实坚固、融会贯通的能力和家长的博学和耐心方可完成。

六年级的语文课，已经引入了大量古典诗词、毛泽东诗词和"落花生"之类脍炙人口的优秀文章。大量篇幅需要孩子背诵给大人听。听写的生词中甚至有若干我不熟悉的字词。誊写的"誊 teng"，我就丢人地念成了 juan 写，孩子迷惑的抬眼问：卷写？好像没学过这个词啊？

数学题包括口算题和笔试题。口算题，孩子需要把算题答案写在口算条上，家长说明计时，训练心算速度。笔试题，除了算式计算，还有复杂的应用题，用代数方法可以解决的问题需要用算术方法一步又一步复杂地推出。这需要孩子大脑细胞十分活跃而积极地运转，更需要家长一定高度的引导和点拨方可顺利完成。

夜深，催着孩子上床之后，我拉哥到一旁摇头说，哥，这哪儿是孩子的精力不集中？人是肉做的，作业太多太难，孩子连喘口气的时间都没有，大脑长时间处在紧张状态，换了成人也早已超负荷了，何况一个十来岁的孩子？我两个孩子长这么大，我在加拿大从来没有一天花过多于一小时时间辅导孩子做学校布置的作业。如此高负荷，孩子走走神，想站起来喝口水，上个厕所，蹦跶两下实在太正常了。四小时一动不动，才是完全违背生理的非人道状态啊。

哥的义愤填膺浮在脸上，转瞬又被无可奈何替代了。说，唉，作业不是给一个人留的，所有孩子都如此，总不能不让孩子完成作业吧？这些年就一直是这样熬过来的，天天如此。

我的"天天"，高负荷地在"陪读"中度过。有时累了，真想偷懒，看到孩子坐在书桌前低头用功的小小背影，就不忍躺下，打起精神等着，陪着，补热水，送块点心，然后循循善诱地一起改错题，偷偷叹气。

"如果完不成作业，会怎么样呢？"我问孩子。"老师会发脾气的，她会把作业本刷地一扔，就从教室这头扔到那一头了，我们都吓得不行。有的时候还会用作业本扇同学的脸呢，我们班好多同学都被扇过，还好，我没被扇过。""如果同学的家长没时间又没文化，没有判卷子改错，会怎样？"我继续。"好多同学都得请家教，因为他们自己不会教孩子，家教会给判卷子的。如果连续几次卷子没判，老师就叫家长了，给家长发手机短信联系，家长每月还要向老师交一些手机费呢。"

强力高压下必将人才济济，高负荷重担下也必将后患无穷。孩子的学习能力、思考能力和记忆能力飞速提高的同时，他们的想象力和创造力被挤压得毫无机会伸展。"家教"的经历令我辗转反侧，高负荷强化出的人才所能承受的已经与我们在西方长大的孩子无可比性，国内八零后九零后的青年领导新世纪未来的强大实力已经不需证明。不想大胆评论中西教育体制的是非曲直，但单纯从人性的角度来看，一个无暇想象和创造的童年，毕竟是可叹的啊！

洗礼

人这辈子，生下来第一件事就是洗澡，之后的生命旅途，长长短短，来来去去，都在不停地、规律地洗着。和吃饭睡觉解手一样，洗澡成为必然和习惯。重复的事情容易被人忽略，好像我们呼吸着，忘记着空气；我们行走着，忘记着土地。洗着，我们洗涤掉陈皮浊气，也洗涤掉幼稚单纯，生命不断成长，人生不停延续。春天的幼苗从嫩芽长成了夏天的花朵，又从秋天的花实散入冬日的寂静。人的一生如此轮回往复，一个个小故事在大世界里辗转讴歌，散落下无数或美丽、或忧伤、或快乐、或无奈的音符。

有形的水的洗礼伴随一生，无形的思想的洗礼又何尝不形影相随？从懵懂之初，不谙世事的孩童就被幼儿园、小学、中学、大学一层又一层的洗礼台一步步洗得懂事而丰富，成人之后又在生活的跌打滚爬、成功失败、顺境逆境中洗得成熟而理性。可以说，人的一生就是一个不停洗涤的一生，洗去的是过去的愚昧，昨天的痕迹；留下的是新鲜的气息，今天的清醒；面对的是充满希望的未来，明天的成就。

身体的洗礼，可以是短平快的淋浴，也可以是舒适享受的浸泡，可以是不用清洁用品的冲涮，也可以是飘满玫瑰花瓣的香熏。思想的洗礼，同样可以有微风拂过的清凉，撩拨你一个小小的心思；也可以是倾盆暴雨的突袭，洗得你措手不及，洗得你改头换面。生活的环境往往像个水龙头，可以有诸多不同档次，释放不同的出水量甚至掌控出水的强度。平静安逸的生活，给人温文尔雅的洗礼，细风拂面，洗去人的争强好胜之心，叫人远离功利的角逐，平安度日。名利场中的争斗，则给人狂风劲雨的抽打，洗去人的懒惰退缩，叫人时刻进取，步步高升。静态的生活，早九晚五，按部就班，人在表针的指引下，步履规律平缓，滴答滴答，洗涤是缓慢温柔的，过程似有似无，结果也似有似无，温吞细腻，洗得人心静如水。动态的生活，披星戴月，风里来雨里往，人在奔跑中上气不接下气，洗涤是热情洋溢的，过程激动人心，结果也动人心魄，哇塞，原来世界是这样充满挑战，生活如此生机盎然。

生活在富裕安定的海外，恰如承受那温吞的洗涤，不温不火地在平静的生活里被细流漫过，每一天都几乎是相同的，不需干劲十足，你就拥有了衣食温饱，不需刻苦努力，你就享有了宁静的天空和宽广的大地。洗过的你，口含"知足者常乐"的镇定剂心满意足。

回到蒸蒸日上的国内，空气里飘动着躁动的气息，人们比肩接踵地快步行走，街道上车水马龙，商场里迎来送往，饭店里笑语喧哗，亲朋好友大声寒暄交杯换盏。工作着的，开足马力、以一当十；享乐着的，K 厅澡吧，歌舞升平，如痴如醉。这样的洗礼是猛烈的，是事业当头大干快上起早贪黑的洗，是裹在人群中辗转摩擦的洗，是生意场上察言观色的洗，是酒肉之中迷蒙醺醉的洗，是物欲弥漫享受人生的洗。洗过之后，你难以停顿，你被席卷而随波逐流，你忽而傲然浪尖上，忽而滞留低谷中，你无力左右自己，大河奔涌，你不会后退，你攥着"不知足者常乐"的护身符，一浪一涌，勇往直前。

拉开距离，我把自己置身于一万米高空，俯视自己飞越太平洋的足迹。这边的世界平静安详，绿树清风，那边的世界热火朝天，高楼林立。有幸在这边洗过温泉，又有幸在那边冲过激流的我，不敢厚此薄彼。我只愿满心感激，热爱黄土高坡上的风起云涌，也爱北国红叶深处的候鸟高歌。世上之对错、之成败、之优劣，都在一念之差，本无定论。生活如果在这里拐了一个弯，东流的江水就会南去。同样一枚硬币，一面的头像总和背后的图案共同组成一个完整的价值。

洗礼，对于我，是美丽动人、弥足珍贵的，不管它来自哪里，它都是属于我的财富。可以跨越大洋在东边看日出，再飞回去在西边赏日落，是上帝赐给我的福份。哪怕宁静的洗礼，让我在得到的时候也有失去；哪怕激情的洗礼，让我在拥有的时候也有叹息。

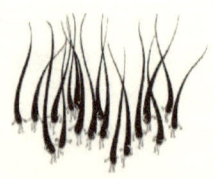

干酵母遇氧

酵母菌，英文叫 yeast，在饮食生活里权重位显，各国食品里没有离开它可以通行的。它喜欢氧气，在遇氧情况下，将葡萄糖和水转化为二氧化碳，发成馒头面包里的蜂窝，给人蓬松香软的口感。在加拿大做面包，我经常使用干酵母，黑棕色的圆瓶，装着土色松散的粗沙状酵母粒，两小勺可使四杯面粉发酵。正是这干巴巴不起眼的几粒，在适当水与氧的辅佐下，使原本同样干燥不起眼的松散面粉凝聚、改变、膨胀、出味、成型、诱人、完成成为食品的光荣使命……

如果把人生比作松散的面粉，人生之目标该是许多分期蒸就的白胖馒头，要吃到胖馒头，自然难逃"干酵母"的高功伟业。依我看，人类的血液里从出生时就储备了一定数量的"干酵母"，仿佛卵子在女娃落地时就储存在婴儿体内，青春期一到，按月释放，等待那颗幸运的精子前来受孕，创造生命的延续。"干酵母"等待的"精子"，是可以使生活发酵的"氧气"，这氧气是你赖以生存的呼吸源，是你设身处地的居住场，是生命中各个时期的大气候小环境，发酵的必然性与生俱来，树要发芽，人要长大。发酵的偶然性与实效性却不由人的掌控，在冥冥苍天慧眼睿智的看顾中，来了，仿佛风吹柳絮，哗啦啦地来；走了，仿佛涟漪荡过，回归镜面般的平静。人们管这种氧气叫"机遇"。酵母质量良锈不一，遇氧环境各不相同，发酵过程千秋各异，馒头之胖瘦黑白自有显着分别。人在一次次发酵中，膨胀着，成就着，阶段性地完美自己的形状，完成自己的使命。 职场胜败、情场得失等等历练，被人生割离分成许多段落。少有一个人的生命里干酵母只遇氧一回，发酵一回，仅成就一锅馒头的。生命的复杂性，生存环境的多样性，造就了干酵母多次遇氧，多次发酵，而成果的多次孕育、肥瘦分明也就顺理成章。

出国这十几年，正是中国大刀阔斧改革开放，经济发展突飞猛进的年代。每次回国，都会被扑面而来的巨大变化震惊。市容市貌魔术般变换着，干涸的河床流淌着引来的碧水，灰色的树木说绿就绿了，两轮自行车一夜之间都不见了，家家户户汽车轰鸣，平地高楼瞬间就住满了新贵富翁……脚步嘈杂，人声鼎沸，人们奔跑着赚钱，奔跑着工作，连享乐都是喧哗的，成群结队地吃喝，成群结队地唱歌，成群结队地洗脚，成群结队地健身……

远道归来，我被友谊宠爱着，三十年河东，三十年河西，亲朋好友一身又一身故事披挂着，面孔大多细纹出平湖，轻霜染青丝。酒桌饭局上并没有太多的人谈论名车豪宅，当珍珠石头一样随处可见，人们就开始忽视珍珠的存在。人们缺少的是无功无利的亲情，翻过来倒过去咀嚼的都是年轻时的儿女情长，"那时的你穿着一身绿……""小A多么喜欢你……""谣言传的漫天飞，小T和老M在树林里接吻了……""阿G垒了砖头爬女澡堂的窗户摔伤了腿……""你那首挺美的葡萄诗被男生编了笑话……"间或有人冒出一句"亏了吧你？当年如果不回家做小女人，开公司到今天必定是千万富姐了……""退休了再写字去，回来干点事情吧……""当作家只能坐在你天高地远的家里，还是善用你的本领，回国来弄潮吧……"

在友情的摇篮里我眩晕着，半醉的我笑着闹着说着唠着，脑子里"发酵"两个字却长久地闪烁，我在碰杯的缝隙告诉自己冷静，强迫自己淡定。整个社会都在发酵，每个人都在发酵。我体内的干酵母经受着剧烈的吸引，它在如此强烈的"氧吧"里探头缩脑、蠢蠢欲动。轻轻把它推回去，我微笑着，坚定地。我把它仔细包裹严实，让我来控制属于我的这份珍贵的干酵母吧。大地的矿产，用掉了就形成空洞，不会再满。我的干酵母，我需要珍爱你，尽管我暂时不乏储备。

想起去年朋友离异的事儿，她丈夫回国花天酒地了一段，决定留下，辞了在加拿大的工作，抛家弃子。朋友流着泪骂他："狼心狗肺！自私自利！贪图享乐！"现在回头去想，她丈夫体内的干酵母在国内遇氧发酵实属常理，国内成功人士少有不大把赚钱、大把花钱的，一出一进，成就感、虚荣心、享乐心统统满足，肉长的人身被现实的欲望吸引似乎理所当然，没有一方丰满厚实的精神力量支撑，又有多少人能抵抗得住纸醉金迷的诱惑呢？干酵母的自然属性注定了它遇氧就会分解成二氧化碳膨胀发酵，事业的成功需要这氧气，生活的提升需要这氧气，享乐的自由需要这氧气。当氧气扑面而来，干酵母啊，有几个主人愿意把你包裹把你控制，去锁住你发酵的自由呢？

文章至此，不想继续。馒头蒸得好坏，多少取决于干酵母的合理使用，用多用少、喜甜喜酸，亦是萝卜青菜各有所爱。生活往往在事情结束时才给出答案，岁月是唯一检验的标准。我们的干酵母遇氧是否适时适度，发酵是否成功，只能让岁月来给出那个公正的答案了。

34

这就是文化（系列随笔）

劈柴

　　家人相伴，沿着黄昏的偏僻小街步行，就看到了那个女人。女人坐在大门口，大门是两扇对折的虚掩木门，传统的门楼青灰高大，传统的门栓半垂半插。女人坐在一个木板凳上，身体呈弯曲的弓形，一条手臂努力举起，猛地挥下去，另一只手里扶着的木头立刻裂为两半。女人黝黑的脸庞似笑非笑，她不紧不慢拾起倒地的木头，再次挥起手臂……她的动作充满音乐的韵律和节奏，一挥、一劈，扶起、倒下。

　　我们围着她，默默注视，小孩早已蹲下，好奇的眼睛跟随斧头一上一下："妈妈，她在干什么？"女儿扯我，轻声问。"劈柴！"我轻声答。

　　女人抬头看了孩子一眼，说话带着浓重的本地口音："没见过吧？城里人早不烧柴了。""大姐，让我劈一下，行吗？小时候见大人劈过，从未试过。"我大胆请求。女人咧开嘴露出一口白得耀眼的牙齿，荡出一脸善意的皱纹："给，你劈！小心别砍了手。"

　　蹲成一团，抓着斧头，我犹豫了一下，不敢用手去扶劈柴，借了另一根木棍扶着，高高挥起，用力垂下，啪啦，木头清脆的断裂声伴着倒地的两节断木！蹲着的、站着的一片笑声。"不难呀，我还以为有多难呢！"我欣喜地嘟囔道。"这都是捡来的糟木头，如果是好木头，就难劈，现在到哪里去找好木头当劈柴？烧炉子的没几家了，都改煤气了，我用不惯煤气，就烧炉子，谁也拦不住！"女人憨憨地笑道。

　　孩子在众人的鼓励下也摆了个样子，假模假样地劈了两斧。"妈妈，我也会劈柴了！"我拍着照，笑道："至少在照片里你是会了。"

　　返回的路上，我举着相机里那个勤劳妇女的身影，对孩子说："孩子，什么是中国传统文化？这就是文化，书里找不到，但它蕴藏在老百姓的日常生活里，无处不在。电子世界的缝隙里，它仍然不折不扣地在街边传递着千年的古老生活方式，坚定执着，百折不挠。你尽管烧你们的煤气，我就爱我的火炉，劈我的柴！"

"嗯，劈柴很好玩，回了加拿大，我们也烧炉子吧？"孩子稚气发问。"呵呵，等你长大有了自己的家，你做主喽！"我笑答，心中对20年之后世界会不会兴起反古思潮，深表怀疑。

端午

　　小姨只比我大几岁，却有着传统的老成，所有节日她都懂得认认真真地履行该履行的规矩，于是，节日在她家里都是像模象样的。五月五，我带着孩子到小姨家过节，浓浓厚厚地经历了一回端午节。

　　长颈的艾草是清晨从野地里采来的，带着露水的清香。放阳台上略干，在端午的早晨插到防盗门正中大大的"福"上，长出的这两只"艾角"就把"爱"寄托给了将至的盛夏，艾草味清香，驱蚊辟邪，调节空气，"清明插柳，端午插艾"，被世代沿袭，自然有着浓厚的不懈的情怀。邻居家门脸空空，小姨也都仔细地插上了几束，小姨说，出来进去，邻人很少谋面，望见这艾草，知道有人惦记，一定是件很幸福的事。

　　俗话说"要吃咸蛋粽，才把寒意送"。端午节预示着炎热的夏天即将来临，动植物生命活动进入鼎盛阶段，这咸蛋有着辞寒迎热的内蕴，所以一定要吃。咸蛋是白洋淀的"名蛋"，早就买了，先在孩子的肚皮上滚过才吃，"滚蛋"的目的是期望孩子健康无病，平安一年。蛋腌的真好，油黄一窝亮油，蛋清乳白上口，早饭桌上"节蛋"一吃，节的味道就浓浓地翻开了这个节日。

　　粽子叶是提前浸泡的，层层迭迭摞了一水池，那深色的碧绿于是把整个厨房熏成了活生生的芦苇塘，淡淡的草叶清香弥漫在空气里。小姨家是南方人，会包甜的咸的各种粽子，因亲朋好友多喜欢他们包的猪肉咸粽子，这在北方稀罕又好吃，猪肉粽子就成了小姨家的专利。小姨父人高马大，虽然是教书匠出身，却有过二级厨师的资格证书，一双大手在厨房里一呼噜，就变戏法似的呼噜出一桌菜来，平淡无奇的材料到了他的手里，都演变为色香味俱全的大餐来，能在迅雷不及掩耳的时间里被家人一扫而空。有了这个背景，腌肉的工作自然落到了小姨父头上。肉是大块的排骨肉，十斤，生腌，酱油料酒葱姜盐糖五香粉一勾兑，肉就腌在香味浓郁的"澡"盆里了。江米十斤，提前一天泡了两大盆，珍珠似的泛着晶莹的光芒。小姨父手大，包出的粽子大而实在，满满一捧米和两块大排骨包出一个粽子，那是我的小手梦想不出来的成就。我包的粽子是袖珍型的，一小捧米一块肉，精巧有余，实惠不足。不是没尝试过"梦想"，是一试就散，大不起来，实不成形。整个下午，我和小姨父忙碌在厨房里，大小粽子包了一百多个。那些长条的粽叶、晶莹的糯米、肥美的猪肉一个个聚拢成型的过程，好像骑士攻城掠国，文人落笔成文，股民投一得十，农人秋收满囤的成就。

小姨父说，这一百多个粽子，真正落入自己口中的不超过十只，七七八八地送了亲朋好友。有些朋友眼巴巴地等着这些肉粽子，饥肠咕噜，年年如此，这份包粽子的热情很快就会变成朋友们的腹中尤物，包的时候有了这份惦记，就特别干劲十足。

中国人过端午，插艾草、吃咸蛋、赛龙舟等等，更有数不清的粽子在一只只手里做成，又一盆一碗地端去摆上别人的餐桌，亲情的传递早已超过了包粽子的原始意义。这些是什么？这些就是文化，无字的、美好的、传统的文化。

积功德

那座文庙坐落在古城的入口处，我们缓步进入，一进一进跟随导游抑扬顿挫的讲解缓慢前行。走到魁星殿时，导游指着房檐尖角上的两尊怪兽说，瞧，那是鳌，独占"鳌"头的鳌，檐下的殿里必须供魁星神方可使"鳌"占居站稳，所以我们要进殿拜魁星神，你们和子女才可能有"独占鳌头"的好运。

这样的话出口，游客没有一个不像注射了麻药一般踊跃进殿拜神的。黑压压一席众人恭恭敬敬挺身站立在魁神面前，导游高高伸出左手做出竖指夸奖的姿势，又把右手高高举起，做出相同的姿势，包裹住左手，双掌合拳，两个拇指就并排高高地指向天空。她说，魁星神是要这样拜的，不需叩头，心中有念想，三鞠躬就好了。于是，一群拇指齐刷刷指向天空，团体鞠下躬来。拜过，导游把众人引到魁星神像脚下，就有大大的黑陶签罐插了满满的竹签等待善男信女抽取，导游说，一家抽一支就好，最好让准备考试升学的孩子抽取，求个独占鳌头的吉利。话音未落，准备小学升初中的侄女已经抢先抽出一支签来，上面只有一个阿拉伯数字，是埋伏了需要懂签的和尚来解签的，立刻有和尚引了一家人到解签台去解签。下面的故事自然是和金钱有牵连了，我暗笑着，缓步跟随。这种时候，你除了跟随，别无选择。

和尚中年，目光如烁，生辰八字一一问来，先把明眸皓齿面如满月的侄女说得天花乱坠，前途是光明的，道路是美好的，你的未来不是梦，升学有望，就职顺利，爱情幸福。大人小孩都听得心花怒放了，才点出一两处缺陷来，指引着哥哥去燃一柱香，为孩子消灾祈福。哥是彻底的无神论者，庙宇殿里，魁星高坐，也只敢恭敬从命。后来得知哥替侄女上的香是较便宜的香，二百元一柱，拜了，点了，随着那缕轻烟袅袅升起，寄托上自己对孩子和家人美好的希望。最贵的香是炮筒似的，要上千元一柱。我猜想那样粗壮的轻烟一定载着升大官发大财的宏伟梦想，远远超出了普通小老百姓的心灵承载力和经济承受力了。那一千元是本地人均月工资的一半，这一柱炮香点上，就燃掉了他们半个月的柴米油盐。

哥上香的时候，和尚留下我和孩子，侃侃而谈，先是把我们从加勒比海旅行归来刚刚晒得黝黑的皮肤说成面色不好，接着看孩子爸爸不在身边，信口说感情不顺，唯独讲到应该远距离在国外求发展说得有鼻子有眼，我知道自己的衣着打扮多少和国人有些距离，和尚聪明，察言观色、衣帽取人的能力的确超强，可他却怎么都没看出自己面对的是个相信三位一体上帝耶稣救主的，和佛教只有文化的情感，没有信仰的忠心。和尚终于言归正传，引我到了功德台前，拿出一个大本来，让我签名，上面已经签有许多名字，名字下面是三百、六百、九百的人民币数额，一圈一圈地分割着施主和相应的金额。我说，师傅，我不信佛，不能捐钱给菩萨。和尚顿了顿，指着功德簿说，你签吧，你这是积功德，不是捐菩萨，就算对中国古文化遗产的一点贡献，你签你签。他的眼神是命令的，不容商量，头顶那些排列整齐的圆点发着青灰的光芒，充满威严。我拿出钱来，静悄悄地写下自己的名字，心中祈祷我主理解，是的，这座古庙是这座文化古城的重点建筑，值得每个热爱中国文化的子孙虔诚敬爱，我捐文化，不捐菩萨，不捐魁星神。和尚很专业，当着我的面把钱塞进高大密封的落地功德箱，还填了一句，看，这是功德箱，你已积了功德。

从文庙出来，我们继续在古城游览，孩子被我们告诫不可随便抽签，我们亦不再敢跟着导游随便进庙。既然有魁星神能保佑亲人独占鳌头，就会有观世音保佑人平安顺遂，就会有弥勒佛保佑人笑口常开，就会有财神爷保佑人财运亨通，就会有关公神保佑人远离邪神恶鬼……这游览可就变成了"燃香之行"、"公德之旅"，来古城观赏古文化就不妨改做来古城求神拜佛了。不说这样有违信仰的专一，即使愿意多多燃香，多多积功德，我们这些平民百姓口袋里也没有足够的分量去承载那些种类繁多、太过沉重的希望啊。

"什么是积功德？"孩子问。我沉吟，一边思想，努力组织答案，一边不很坚定地说："就是通过人的良好行为，比如行善，比如捐款，比如助人为乐，去积累在自己身上越来越多的好的德行。"孩子不解，问："就是为了自己的好处才去做好事吗？"我震惊，哑然！

在我们的文化里，"积功德"竟是这样含有绝对功利目的的行为吗？"积德行善"自古被人歌颂，被大众遵行。行善如果不为积德，只为行善本身，还有人愿意去行善吗？我想起加拿大超市门口敞口的食品捐助箱，想起经过时那些顺手往里堆放罐头食品的男男女女。无记载无功利的行善才是真善大爱呀！但从事物的结果分析，行善的行为不论目的如何，它的结果都是为他人带来利益的美好行为。我心释然，眼前突然一片开阔。面带微笑，我蹲下，捧着孩子的小脸说："做好事，就是做好事，孩子。积功德是个结果，这个结果有没有都不妨碍你做好事。积功德是什么呢，它是一种文化，蕴含深意和善行，它是种植在我们民族心中的文明！它是一种你需要去了解，但不一定需要去遵从的东西。等你长大了，就会明白！"

那天天晴，古城的高屋矮庙都笼罩在无影的亮光里，隐约可见飞檐陡壁围起的空间缕缕香烟缭绕。想到自己刚刚为这座古城积过些许功德，喜悦停留在心坎。啊，文化！我们古老的文化！

驼背上的风光

"你母女，二十三号驼队，那边！"指挥者吆喝着。

那是一匹白骆驼，静静俯卧沙中，和几百匹深棕色浅棕色的骆驼挤在一起，形成一个庞大的、温柔的群落。它们是有生命的，却仿佛生命暂时停止。那种被动的、心甘情愿的静止在这片圈起的领地里，背靠起伏跌宕一望无际的沙漠，形成无声的震撼。被城市持久熏陶的我，注视沙漠中这群大而静止的生命，按捺不住心中澎湃的激情，几乎泪涌。驼队，这是真正西部的大漠驼队啊。

女儿人小，和我同骑一只。骆驼直腿挺身站起的一瞬，我们紧张地傻笑，距离地面的高度令人惧怕，骆驼的沉静安详却令人信赖。它们在做一件常规的事情，是谁骑在背上只是一个符号，对它们有什么意义呢？和我们吃饭穿衣一样，它们日复一日地承载游客，漫步沙丘。

这是一个由十匹骆驼首尾连接的驼队，我们的白骆驼是倒数第三只。骆驼的行走是稳健的，节奏笃定，那是一种放心的颠簸，一扭一摆，不骄不躁，黄沙在它们脚下比土地更加沉实坚定。

"把相机收起来，抓好扶手！"领队命令着。我口是心非，嘴里应着，一只手抚着孩子，一只手不停地前后左右乱拍一气。机不可失，时不再来，何年何月我们才能再有机会来这西北大漠，成为驼背上的风光呢？

领队长袍马褂，衣着是和沙漠一样的土黄色，却有着含混不清的式样，他的头发、他的皮肤也一样的土黄，同样的含混不清。现在回想，他牵着头驼缓步行走的样子和驼队如此严丝合缝，骆驼与他不分彼此，沙漠与他合而为一，那是一种常年与驼队同吃同睡的默契，是一份长久被风沙滋养的协调。他和骆驼一样不言不语，低头走着，那根软软悬垂的缰绳却温柔地充当着大漠导航器的作用。他的指引好似漫不经心，其实却用意深刻，他带我们时而走平沙，时而跨沟坎，时而爬陡坡，荒漠流沙高低起伏的自然状态在我们的坐下被一一体验尝试。

最喜欢行走在沙坡制高点的感觉，放眼望去，黄沙似海，高低浪涌，一个脚印都没有的干净，大风过后，黄沙上留下的涟漪层层推进，比那风吹水面的涟漪多了持久的魅力，如果有兴致，你可以心平气和地细数那波纹的层次。远处黄沙的尽头是三两云朵的碧蓝天空，沙与天的中间除了沙还是沙，跌宕着，金黄灿灿。而我们，正在形成那无数影视作品中的大漠剪影，在广阔沙坡顶端，一只驼队缓步前行，风吹驼铃，叮咚悦耳，远远望去，青天白云万里黄沙之中，驼队的移动给了自然生命的痕迹和生命的魅力。试想"大漠孤烟直，黄河落日圆"的景象，没有那缕孤烟，没了这一缕人的踪迹，又有谁来慨叹落日之圆的震撼呢？

　　一只骆驼突然发出叫声，原本并不张扬高亢的声音，由于背景安静广大，显得格外响亮，驼背上的人们回头翘首，发出惊叹的声音，它那多少有些驴鸣马嘶的混合音效着实符合它庞大有力的身躯，却又有违它温顺谦恭的品性。人们正在兴奋地议论着它们的声带，托拉拉，前面一头骆驼突然美美地排泄起来，那大团的粪便放肆地跌落在沙丘上，长河奔泻一般在后面那头骆驼面前肆无忌惮，后面的骆驼却无动于衷，轻轻侧过鼻孔，继续保持自己优雅端庄的步伐。"妈妈，后面那骆驼不嫌臭吗？"孩子乐着，尖叫。"骆驼自有他们之间的和谐，是我们人类无法理解的默契，比如让人这样一个牵一个循规蹈矩地排队前行就艰难无比，一定会有捣蛋的想要出列，快的嫌慢、慢的嫌快，或许会有人想要夺了领队的权，来个起义，改变一下行进的方向都是可能的。"我忍不住啰唆。

　　后面的壮汉突然唱起了民歌："小亲亲啊，小爱爱，把你的小脸儿扭过来，小亲疙蛋！"声音高亢沙哑，显然是在卡拉 OK 厅里久经沙场的歌喉，此时在黄沙戈壁派了用场，眼前无声的荒漠美景有了粗狂民歌的衬托，一下活泼起来，驼队里就有人跟着高声应和，金黄的沙丘上顿时生动如派对，苍穹为顶，黄沙为席，驼铃伴奏，歌声震霄……

　　任何美妙的经历一定会有完结。驼队终于走到了终点，那是又一个圈起来的俯卧的群落。驼队从头驼开始，弓前腿、弯后腿，平安卸下背上的游客，一头接一头，顺序严格规范。等到我们座下的白骆驼听话地卧下，孩子仍恋恋不舍，她的小手抚摸着白驼松松的头顶，竟捋下一团乳黄的毛来，领队说，这就是驼绒，夏天来了，骆驼开始脱毛了。孩子把那团驼绒仔细地包了，仰头对我说："妈妈，即使回了加拿大，我们看到这团绒毛，也会想起今天的旅行。"我微笑点头。是啊，这是一次难忘的沙漠之旅，驼背上祖国的美妙风光，驼背上乡土的美妙体验。

对酒当歌

　　"今朝有酒今朝醉，明日愁来明日愁。"当年晚唐罗隐官场失意，放歌纵酒，写出这句广泛流传的诗句，美美地造福了后人，世世代代经久不衰，给好酒之人以酒席上得过且过、及时行乐的最佳理由，那诗句中内在的凄凉无奈之情却在推杯换盏之际，被人遗忘，后半句于是总被人省略。十人的酒席就有十条醉酒的理由，是愁是喜是悲是乐，只有自己心知肚明，是"借酒消愁愁更愁"，还是"与尔同消万古愁"，是"斗酒十千恣欢谑"，还是"人生得意须尽欢"，都不需斟酌，寒暄过来，杯盏过去，一碰之间，千言万语尽在不言中，酒精入腹，彼时彼刻，人人都可获得"九转灵丹那胜酒？五音清乐未如诗。"的半仙滋味。

　　自古以来，文人学士多爱饮酒，酒因此有了许多雅名，如"玉液""金浆"、"琬液"、"琼苏"等等，写酒的诗词歌赋更是不胜枚举，酒成为文人生活艺术中的重要内容。杜甫眼中有"李白斗酒诗百篇"，李白自己则"但愿长醉不复醒"。江南才子唐寅有诗"酒醒只在花前坐，酒后还来花下眠。半醒半醉日复日，　花开花落年复年。"生动描绘了文人嗜酒成仙，洒脱不羁的醉仙状态。酒在这里已成为文人文化的一部分。

　　我不敢自诩文人，但天生爱酒之情不亚于这些文人雅士。常常在喝水喝茶喝咖啡喝饮料的时候想酒，想得口唇生津，腹中燃火。上帝宠我，血液里好酒的欲望与生俱来，身体对酒精的高容忍度也源自胎腹。但他在赋予我饮酒的热情和能力时，也给我自持自控自主的决心。所以我很少纵容自己，即使从家中酒柜经过，驻足呆立，也还是会满怀斗争的信念，决不拉开柜门倒出那杯自己满心渴望的酒来。有位朋友逃不开酒席宴请，却酒量全无，一喝便全身起疹，酒场上慷慨激昂一回就得进医院住两天。一次去医院看望酒后的她，她就愤愤："上天不公，把些好东西给了你，你又闲着不用，多么浪费？分你这酒量给我，就成了宝，我在国内做人岂不容易得多？"朋友能干，在国内开着一个知识理念研究会，向官们商们推广理念就是业务正常运作的主要途径，没有酒席铺垫积攒人脉之气，几乎无法运作。她竟不善饮酒，真难为她整日周旋在酒客之中，怎能够这边洁身自好，那边财运亨通？

　　的确，有人戏言中国每年酒席宴中消耗的酒，等于整个西湖，此话有大街小巷鳞次栉比生意火爆的餐厅酒楼为证。酒席宴上，随着气氛渐入高潮，最佳的酒精境界逐渐在血液里弥漫，神志尚清醒，头脑却多少有些麻痹，舌头虽然还在大脑的充分掌握之中，却多了信马由缰的自由和酒后真言的勇气，对面不相识的人也举杯要干，嘴里振振有词："酒逢知己千杯少！"，无酒精状态不敢说的话脱口而出，无酒精状态难切磋的事迎刃而解，你想不感谢酒精的万能作用都不行。毕竟，真正在酒桌上失态失语失忆的人只是凤毛麟角，而借酒装疯，仰仗酒力壮胆，大行出格之事的酒徒反倒多如牛毛不胜枚举。酒桌上日积月累成就了多少伟人伟业，更非鄙人寸管可详述。

这样的宴请场面在国内可谓遍布大江南北，在近年来经济高速发展的神州大地形成独特的中国特色的酒文化。如果你在仕途之路上跋涉，你应该懂得酒桌上的艺术，如果你在商海里激战，你也应该学会在酒海里遨游。如果你既不梦想升官，也不追求发财，单单看重亲情友情，你也难逃欢宴上的杯盏交错。贫民有贫民的乐，一盘花生米，两盅二锅头；贵族有贵族的席，鱼翅燕窝，茅台五粮液。只有少数人等可出酒而不染，比如那清高孤傲的，闭门读书的，网上成瘾的，安份守己的，做平常小民的，不随波逐流的，不做弄潮族的，立场坚定的，洁身自爱的……哇，竟然也罗列得出这样庞大的群体，可以对酒席敬而远之！这正符合了自然守恒定律，有艳阳高照就有荫翳蔽日，有春光如画就有冬雪冰封，有狂饮烂醉的自然会有滴酒不沾的……

可以有机会天高地远地生活在稳定而自由的北美，应该算是一种福气，不必费尽心思在商海官战中冲杀出一条酒路来。出国多年，少有喝酒入境似醉非醉的场合，人脉的维持和利用价值不再同国内那样举足轻重，更不需时常的酒席宴请来支撑。生活中大规模聚餐仅在年节，亦多是亲朋好友轮流在家筹办，没有人轮翻敬酒，没有人带着目的灌你入二五之境，自是想喝便喝不想喝便不喝，身是一个自由之身，酒喝得也是自由之酒，全不必带着功利心去讲似醉非醉的酒话。三杯两盏淡酒倒是常有，月下独饮亦或好友对酌，点到为止，悠悠然恰到好处就收了杯盏。借着微微酒兴，多少要发些文人的感慨，诗虽无高产，文字终究写下百万有余，沉甸甸的文字变成几本铅字，悦己悦人之时，纸墨的味道让心中盛满踏实！浅斟小酌之后，微微酒香缭绕不散，最易对文字发生感慨. 想到可爱的中国字仍将继续种植在生命的花园里，生根发芽，开花结果，生命之愉悦与感恩之心自是风卷云舒席卷而至来，那点酒精的妙处才切肤地惬意起来。它提醒我懂得感谢来自上天先天赏赐的恩典，也不忘感激后天上天给予的福气。

回国之旅，初中、高中、大学，同学、老师、朋友，大圈套小圈的人脉关系层层迭迭，才发现出国已然造成了人际资源的极大浪费，好像万贯家财弃之脑后，反去寻了粗茶淡饭，好在粗茶淡饭正合了健康养生的趋势。其实，从古到今，中国人一向敦于友谊，友人相逢，无论是久别重逢，还是应邀而至，都要把酒叙情，喝个痛快，应了那句"无酒不成席"的老话，这在我们的中华酒文化中是根深蒂固的。有幸成为一个"少小离家老大回"的角色，酒宴上的寒暄没有利益二字，每一杯都清澈见底，盛满真情真意，自是酒不自醉人自醉，旧友亲朋交杯换盏之际便有了"青青子衿，悠悠我心"的缠绵滋味，酒到酣处，无话不谈，抱头泪下也是有的，正是"何以解忧？惟有杜康！"，旧时情深，今日深情，都凝聚在这越喝越浓的盅盅美酒之中，"对酒当歌，人生几何？"的爽朗豪迈自然在盛宴之尾久久不散，一直要拖拖拉拉带回加拿大来，反复回忆品嚼，才会渐罢渐休。这是对酒的依恋？还是对酒文化的不舍？抑或是对旧人旧事的怀念？深究而不得，那就让陈酿沉在心头，留住它能够拴留记忆的美妙吧。

"美女"和"姐"

"这位美女,你看这款型,特别适合你!""美女,您往这边走,小心台阶。""几位美女,好,注意表情,说'茄子——'""哎,我来敬美女一杯"……

第一次被陌生人称作"美女"时,我多少有些受宠若惊,当真以为自己和 20 年前一样美丽动人,一眼被瞥见,就令人咋舌了。后来屡屡被叫,并发现丑女也同样得到如此"尊称",才琢磨出这个称谓里水分充足,它和"师傅""先生""女士""同学""老师"一样,只是一个称呼,是当今中国大地上对女性最广泛使用的大众化称呼。它飘荡在商场、街道、酒楼、歌厅、澡堂等等公众场合,成为客服礼貌用语,不知不觉地促进商品销售,疏通买卖关系。它甚至在政府、公司、学校、医院里也被巧妙转化为气氛舒缓剂,使团结紧张变为严肃活泼。

这里的"美"早已不是汉语词典里"美好艳丽,好看"的原始含义,但在它被使用时,其原始含义的直接表露却对女性群体起到极大的安抚作用,并且战果辉煌。试想,一个被公开唤作"美"的女人,自然应该有相应的举止风度,怎么好意思狠命地讨价还价,又怎么能出言不逊给出个孙二娘的脸色来?于是就世界太平了,商场里成就了许多顺利成功的买卖,街道上少了很多恶语相伤的热闹场面,酒楼歌厅澡堂里的女服务员都比较兴高采烈了。顾客被称为美女,购买欲油然而生;服务生被称为美女,自信心外流成为满面春风。甲方乙方都服服帖帖顺顺溜溜,生意的成交顺理成章,场面的和谐自然而然。"美女"之"美"一经呼出,便产生了巨大的"美"辐射,照到哪里哪里亮,红太阳一样哺育万物。这嘴上之"美"制造如此和谐,岂不好过那实实在在经常惹事生非的"美女"?

中国古代描写美女的诗词歌赋多入牛毛,比较喜欢的有一首诗经卫风中《硕人》里描写卫庄公夫人庄姜的诗句,堪称经典:"手如柔荑,肤如凝脂,领如蝤蛴,齿如瓠犀,螓首蛾眉,巧笑倩兮,美目盼兮。"意思是说美人手指像细草般柔软灵活,雪白的皮肤像凝脂一般光洁平滑,脖子像天牛的幼虫那样既白且长,牙齿像瓜子儿一样扁而整齐;她额头丰满眉毛弯弯,浅笑盈盈,酒窝点点,眼睛黑白分明顾盼生波,哇噻,弯眉亮眼、皮肤雪白、额头丰满、长长脖子、牙齿整齐、手指滑腻,……这样的美如果当真的出现在眼前,我一定是称赞不得的,因为美得让人无语，只有目不转睛才对得起那上帝造的尤物，嘴巴里能出来什么样的遣词造句可以披挂了去形容这样的天成美人？

好在街上这样纯粹的美女并不多见，虽然满街"美女、美女"不绝于耳，我还是可以一边四处瞭望一边好好走路，因为丰富亮丽的衣饰和大胆创新的穿著随时随刻在制造数不胜数的人造"美女"。我爱看美女的天性多少有些古怪，身边有美女走过，会自然心动，定要回头仔细张望，四肢步态、衣着打扮一样样检阅了，看出子丑寅卯、可以对此发表演说了才心满意足。这番回国有幸赶上酷暑，加上今年流行短裙，当真大饱眼福，姑娘媳妇身上的布是四季之中最少的，过膝裙几乎见不到，少女少妇大姐大妈都露出长长一节腿来，长足短胳膊粗臀细腰以原始风貌展露无疑，忙坏了我的瞳孔。你不能不称赞改革开放带来的思想解放，年逾古稀的母亲一同逛街时感叹说："现在的人越穿越少，在我们那个年代，这满街的男男女女都可以定性为流氓了！"我哈哈笑道："您不能否认这样的风景美不胜收啊！"

这边唱罢，那边登场，"美女"声未绝，"姐"声悦耳。"姐，您知道往滨河路怎么走？""姐，这拖鞋多少钱？""姐，你的裙子真好看，哪儿买的？""姐，你手机链掉了。"……

三十四五岁一过，或者额上有几条浅纹，或者身边多个孩子，走在街上被唤做"姐"的可能性就有了。这个姐一旦被叫上，瞬间你就和一个素不相识之人成了类似血脉相连的亲戚关系，这比"美女"又多了一层尊重的含义和亲近的效果。唤人之人首先需要谦虚谨慎甘居其下的心态才能在陌生人面前俯首称妹，被唤之人则需铁石心肠才可能对这乖巧的一声无动于衷。有必要注解一下的是"美女"是男男女女都唤得上口的逢迎之称谓，而"姐"则专门流行在女性之间。世人俗语常常贬低女人之间的友谊，靓丽聪慧自命不凡之女大多眼中无物不屑与平凡女子真心相处，而资质浅陋平凡无奇的女子则多有心小妒忌鸡毛蒜皮之嫌疑，此刻勾肩搭背，彼刻反目成仇。我则从不敢苟同如此歪理劣道，身为女子，多少想要讨个世俗的公道。那些贪小妒忌之女多为极端个例，女人本是水做的骨肉，心肠柔软，温柔善良知情解意者十之八九，笑脸相迎过去，少有横眉冷对回来的，思想周围远远近近姐姐妹妹，是不是这个道理？一声"姐"美美地唤着，心肠里柔软的闸门自然会没有缘由地敞开，流淌出受用无比的满意笑容，下面的对话自然是和风细雨春风满面，哪怕那个"姐"只是个短暂而临时的软化剂……

多次被"美女"来"姐"去的唤来呼去，我惊奇于自己竟没有产生足够的疲劳感而感觉厌倦，尽管早已明白"美"中之"平常"含义和"姐"里那哄人喜悦的成分。很难想象在英文国度里在大街上被陌生人冷不丁称作"pretty lady"或"elder sister"的感觉，我们美妙的中文可以以一两个字的称呼就随随便便滋润人心的效果，是英语无论如何难做到的啊！

短信

在渥太华生活工作，家门不出，手机多年来只是个现代生活的摆设。先生送的手机，三年后其诸多功能仍然闲置，好像骑在摩托车上不知转动油门反而奋力踩脚踏板前行的感觉。女儿笑说妈妈是"低科技"一族。下这个定义的美少女正处在离了手机要了命的阶段，埋头发短信是每天必做的"功课"，学校的功课就不得不挤一挤放一放，加上其手机档次日新月异月费激增，我不得不对对手机类电子产品和频繁收发短信心怀芥蒂。

回国小住，被兄长硬塞了手机一部，说方便联络。低科技的人面对巴掌大的这件高科技产品，多少有些发怵，小心翼翼试着摆弄，摆弄来摆弄去，竟被其音乐功能、阅读功能吸引，干脆撂下琐事，悉心研究其高科技特点。"我在那一角落患过伤风"的动听旋律从此成为响铃，优美异常，实实在在环绕耳侧，久久不愿它散去。短信来临，则选了"滋——滋——"般拉锯的惊人效果，逼自己百忙之中顾盼一番。

在国内居住，被置身于"短信文化"是必然的。撂下有事儿说事儿熟人之间的正常短信，莫名其妙的问候短信、售房短信、爱情短信、气候短信、节日短信、娱乐短信、哲理短信等等，铺天盖地，每天都会来手机上报到，有诸多趣味横生妙语连珠之作，舍不得删，十之八九是要扫一眼瞄一行的。看完就删是大众的常规，反复再看是我的惯例。这惯例使我不敢小视短信文化的威力和魅力。

这里不妨把最密集的五月短信整理一下，供笔者一忆，读者一睹。

五月一日劳动节，"睡个小觉，偷个小懒儿，看个小片儿，喝个小酒儿，发个小短信儿，嘱咐我的朋友们：五一快乐有精神儿。""一成不变的情谊，写成一气呵成的信息；一网打尽的快乐，赶跑一笑而过的烦恼；一触即发的短信，送你一见如故的祝福；愿你快乐舒畅度过五一假期。"另有开心一笑："壁虎在游荡　，鳄鱼爬了过来，情急之下壁虎一把抱住鳄鱼大喊：'妈！'鳄鱼一愣，老泪纵横：'儿呀，两天就瘦成了这样，五一好好休息吧。开心一笑，祝大家节日快乐！'"

五月四日青年节，"若想容颜不凋，就要常对我笑；若想心态不老，就要与我常聊；若想健康无恼，就要与我交好。若你全部做到，就能青春永葆！"

五月五日立夏日的短诗别有一番夏意缠绵，"夏风夏月夏花艳，夏树夏江夏雨甜，夏思夏情夏挂念，愿你立夏乐翻天，胃口很棒身体健，轻松如意好睡眠，所有美梦都能圆，无比美梦在夏天。"

　　五月八日世界微笑日，"初夏阳光好美妙，微风吹着迷眼笑，白天出门微微笑，晚上做梦咧嘴笑，周末休息哈哈笑！收到短信笑一笑！"

　　五月九日母亲节，"收到此信息者，妈妈长命百岁，转发，笑口常开，删除，身体健康，回复，喜事连连。顺便提醒你别忘在母亲节打个电话，祝妈妈节日快乐哦！""为我们牵挂，白了鬓角，为我们操劳，弯了身腰，为我们忧心，渐渐变老。妈妈的爱比天高，母亲节让我们一起为妈妈祈祷：愿天下所有的妈妈健康永葆！"

　　五月十二日汶川地震纪念日，"忘不了地震的晃动带来的惊恐，忘不了灾难面前舍弃的感动，更忘不了五湖四海的倾囊相助，灾难已经过去，明天会更美好，让我们祝福汶川祝福中国！"

　　五月十五日家庭日，"家，是心中的向往；家，是避风的港湾；家，是无居的天堂；家，是未来的希望。今天是家庭日，再忙碌，也别忘记：要早点回家。"

　　五月二十日，虽然不是什么节日，也整得出名堂来"五月夜色空欢颜，两颗心儿距离远，零点思念梦难眠，我把爱人心中念，爱河深渊真不浅，你要和我共婵娟！五二零，我爱你！"

　　五月二十一日小满，"春已别，小满到，阳光渐炽烈；夜似水，思如月，念友情更切；短信至，问候寄，关怀无可替；祝福情，有诚意，愿你好意用不缺，幸福用不绝！"

　　五月二十五日爱我日，"替我好好爱自己：早餐要好午餐饱，善待自己身体好，劳逸结合来工作，放松自己睡眠好，唱歌购物看电影，取悦自己心情好！"

　　五月二十七日爱妻日，"也许是缘分，也许是天意，茫茫人海里与你相遇。我传递快乐的信息，你感受牵挂的乐趣。五二七爱妻日，把这份真诚的惦记化成淡淡的一句：想你！"

　　五月二十九日爱友日，"朋友如此简单，简单到很久可以不用联系，可就是不能忘记，思念如此神奇，神奇到会莫名想起。亲爱的朋友，五二九爱友日，愿身体健康，事事如意！"

　　五月三十日，"奥运谢幕世博会来，各国宾朋聚上海，亚运盛会广州开，亚洲健儿亮风采，绿色文明和竞赛，岭南广州耀海外；理念文化和期待，上海外滩展未来！"

五月三十一日世界无烟日，"想要忘记你很难，离开你心就很烦，喜欢亲吻你的脸，感觉奇妙似神仙！无奈肝肺都不干，咳嗽气喘加多痰，为了健康度明天，世界无烟日许愿：香烟，再见！"

短信文化作为表情达意的形式，早已不是一种崭新的文化现象。过去几年国内黄色短信大行其道之时，不曾见识其负面影响，如今面对的短信，除了数量和来源对于疲于工作和生活的忙人来说可称为"垃圾"，实事求是地评价，短信内容中积极健康、催人上进、鼓励人间真情友爱的居多，比如"忘记昨天的烦恼，珍惜今天的分秒，把握明天的美好，欣赏舞动的芳草，联想灿烂的微笑，又是一个周末，朋友问候不少，我的祝福准时到，愿你开心永不老！"

即使少数插科打诨的短信也不乏幽默风趣之功能，令人忍俊不禁，如"情人是鲜花，握在手里不想撒，朋友是葱花，哪里需要哪里抓；同事是火花，偶尔来点小摩擦；爱人是麻花，饿了才会想到他。愿我的葱花们幸福快乐！"

更有一些有理有据的短信，传播信息，启人心智，给人思考的空间和哲理的醒悟，如"最近，某部公布了一项统计数字，告诉人们：您要不是'三大'人物（大官大腕大款）要想在北京上海买套六十平米总价一百多万的房，社会普通阶层需付出的代价是什么呢？请看收入：1、农民中三目的要一千年凑齐（还不能有灾年）；2、工人需上班一百年（双休日不休）；3、公务员工作三十五年（取消法定假日）；4、抢劫犯连续作案一千五百次，事主事白领月二十年；5、妓女连续接客七千五百次，以一天接两次客，需奋战三千七百五十天，也得十年，还得搭上公休日和例假日！您说，咱中国的楼市能救吗？"

有些短信内涵丰富，早已突破了夺人一笑的功效，除了反复阅读，你恨不得铭记在心，励志一生，如"对你不好的人，不要太介意，在你一生中，没有人有义务要对你好；没有人不可代替，没有东西必须拥有；与其盼望长寿，不如早点享受；世界上没有最爱这回事，爱情会随时因心境而改变；你学到的知识，就是拥有的武器，可以白手起家，但不可手无寸铁；你怎么待人，并不代表别人怎么待你，如果看不透，只会徒增烦恼；亲人和朋友只有一次的缘分，好好珍惜，下辈子，不论爱与不爱，都不会再见！" 又如"有一句说一百句的是文学家，这叫文采；有一句说十句的是教授，这叫学问；有一句说一句的是律师，这叫谨慎；说一句留一句的是外交家，这叫严谨；有十句说一句的是政治家，这叫城府；有一百句只说一句的是出家人，这叫玄机；一句也不说单常发短信的，这叫友谊。"

就连每日的天气预报也是穿鞋戴帽，不论晴雨都充满情意："小暑节气夏意正浓，生活中要注意劳逸结合。今夜有阵雨或雷阵雨，明天阴转多云……""清凉进驻双休日，雨水送爽需防雷。今夜到明天晴间多云，局部有阵雨或雷阵雨，三级南风，气温……""夏云遮日，雨水消暑，今夜多云转阴有阵雨……""……温度是三十七，高温天气，夏韵十足，多喝水和防暑仍是关键并注意饮食起居。""入夏以来，多高温天气，部分地区出现阵雨或雷阵雨，土壤墒情较差，不利于大秋作物生长，建议及时浇水，锄草追肥，缺报春玉米拔节。""面对高温'烤验'，提醒您尽量不要置身于烈阳暴晒之下……""今夜繁星送别浮云，阴郁散尽，最低温度二十一，明天晴间多云，阳光蓄势，开怀升温，三级南风……"

比较烦人的短信自然是广告类短信，据说短信广告是极其物美价廉的广告方式，选择精华号段及收集的实号段到达率 95%以上，普通号段85%以上，带强制性收阅的浏览率 100%，到达率和浏览率高，又无须管理部门审批，发布时间、周期、数量、内容及区域可以任意调整和修改，管理方便，随时编辑，随时发送，信息瞬间到达，时效性强，所以普遍受到商家喜爱。

我所收到过的短信广告最多的是售房广告，并非干巴巴的广告词，大多文字简单干练，情趣兼并，抓人眼球："俗话说火车一响，黄金万两，东润花园比邻新南站，太行路开工在即，60-80 平两居，一百二十平方三居，户户朝阳""西颠花园绝版五层洋房，板式类别墅产品，90-150 平舒适阳光户型，层层退台，户户朝阳，家家有院，恭候品鉴"。

售房广告以外比较集中的广告是子女培训班广告，"全天陪读答疑+在校老师面授，学易教育小学、初高中一对一辅导，来电即送弱科分析方案。""孩子学习四十天涨二百四十一分，从期中五十分到期末九十五分，中小学生暑假辅导就来天材教育一对一，找学习问题定提分方案，高效提分！"

……

在经济突飞猛进的中国大地，实地感受着来自各方各面飞速发展的迅猛势头，小小的手机以短信这个特殊快捷便利的方式，不可抗拒地向人们展示中华大地风起云涌的变化和冲击。它容括各行各业，千变万化，其种类的花样翻新，理念的新潮跟进，遣词造句的细致讲究，容量之大、速度之快、收受之频繁，都是西方社会平静稳定的社会状况下无法得到的丰富体验。

快要告别这小小的手机时，静静呆坐，我一条一条仔细阅读删裁这些曾给我带来很多思考和微笑的短信，心潮激荡。发展中的中国，正在酝酿产生着数不清的新时代新情况下的新文化，比如"短信文化"，它们正以其中国式的强大生命力融进我们古老丰厚的传统文化之中，日新月异，生生不息！

厕所

与 S 对坐，她说："看一个社会的文明程度，去上上厕所！"S 是我敬重的大学老师，资深教授，子女都在国外，她经常往返于世界各国，见的厕所比较多，说话很有权威性。那天请 S 吃饭，饭店中等，其厕所规格就不能让教授满意，只有蹲池没有坐便器，手纸粗糙，洗手液廉价，没有擦手纸，干手机风量小。实事求是，国内中等城市的公共厕所，能够提供手纸、洗手液和干手机的已属高档，却得了 S 老师的批评，这也难怪，S 老师去的最多的国家是日本，日本的厕所是世界公认的一流厕所，干净到博物馆一样，坐便器有加温热水装置冲刷，还有便后洗臀设备，上厕所的轻松感和享受感自不必说，应了一句厕所对联：上联：小坐片刻，便会放松意念；下联：清闲一会，即成造化神仙。横批：此即桃源。

多年来数次回国，眼看着公共场所的厕所日异升级，从厕所的发展演变可以看出国内经济发展和生活水平日新月异的变化，用 S 老师的标准衡量，就是"文明程度"的逐步提高是有目共睹的。

儿时蹲过的厕所虽不是茅草盖起的乡村茅房，实质却相同，座落在城市的各个角落，砖砌的茅房男左女右，有若干茅坑供人蹲踩，大小解时两脚需躲避白色蠕动的毛蛆，粪便落入粪坑，叮咚作响，红的绿的黄的白的稠的稀的在坑中四溅，可以直接对他人粪便的形状色彩味道产生最直观的了解。茅坑在茅房背后，有盖，定期有掏粪农人赶着马车前来收集，掏满了，农人坐在粪车前沿，摇晃着双腿，马鞭一挥，马儿就载着丰收的车辆晃晃悠悠上路，滴滴答答落一路星星点点的粪液，小孩儿们一边捏着鼻子一边跟着跑跟着叫：掏粪车，丰收了，黄金白银满地浇，白银浇过草变树，黄金田里玉米高。

现在的孩子，再没有这样大街上跑着笑着，感受"色香味"俱全的原始乐趣了。女儿回国上学，三个月只在学校上过一次厕所，还是放学以后无人之时。学校厕所是身体侧面裸露的连排蹲坑，没有独立小门遮挡隐私，小同学尽可目睹彼此臀部之形状及排泄物的品质。几番鼓励，女儿最终没能修炼出这点入乡随俗的本领来，这一块文化的学习和领会形成空白。

年少时家里一直住楼房，蹲便池一直蹲到大学毕业走进工作岗位，结婚收拾新房，首次安上坐便器，当时算是新潮之举。记得有长辈亲戚来访，在座便器上留下泥脚印两只，坐着屙不出，仍在座便器上蹲坑，真难为了他老人家。出国之后，从欧洲走过，来到北美，几乎未再体验过蹲便。

如今，国内公共场所的蹲便池早已今非昔比，便池雪白洁净，冲水多为脚踏式，洗手池边多备有稀释过的洗手液，兑水太多，稀薄无沫，但终究是可以灭些薄菌，消些弱毒，如厕之后可以比较卫生地轻松出门。中国人口众多，城市厕所使用率较西方频繁密集，蹲便无疑是最卫生便捷的，减少皮肤间接接触机会，节省清理消毒程序和开支，个人以为，是应该继续发扬光大的优良传统，西方的坐便完全不必在中华大地的公共场所普及推广。

城市居民居家度日，则另当别论。新建楼房，除非个人要求蹲便，早就一律坐便器了，淋浴器和取暖设备浴霸家家都有，卫生间大些的，盆浴也是必备的设施。逛逛室内装潢城，各类卫生间设备五花八门，其设计新潮时尚性，其种类繁多品格多样化，都是西方国家无法相提并论的，因为有"人气"的显着差别。国内装潢城的"城"是地道的"城池"，几层楼的巨大，足球场的宽敞，舒适现代的购物环境，琳琅满目的装潢用品，只要有钱，你尽可以把厕所整成皇宫。朋友 A 新购豪华高层楼房一套，房子价值一百万，装修费就花了五十万，大理石厕所，进口盆池，其奢侈程度在加拿大的民房中很少见到，A 说这是一步到位，十年不必更新换代了。A 并非财主，在该城市属中上阶层，早九晚九，每日工作十余小时，省吃俭用，积攒的钱都用在房子上，非要把居所整成个贵族规模不可。在国内，这是一种很普遍的大众心理和消费倾向，与国外经济、简单、实用、舒适的大众装潢观大相径庭。

S 老师在提及手纸问题时曾对国内现状摇头叹气，加拿大公厕里的大盘手纸则得到 S 的竖指好评。回国小住，我学会的第一件事就是包里一定要自备足够的手纸，否则会出恭不利，这是在国外生活多年不需考虑的问题。国内高档娱乐场所之外的普通公厕很多都不配备手纸，源于人们的"共有"倾向，"公家"的可以变为"私家"的，公用手纸整卷被私有化并不稀奇。这种民众素质的软指标要与国际接轨显然还需等待，它依赖于人均收入的整体改变和社会平均生活水平的全面提高，富有阶层的一掷千金和豪宅跑车，中产阶级的有车有房和衣食无忧，公款娱乐的歌舞升平等等表面的繁华，都无法改变底层百姓对一卷免费手纸的渴望，这种悬殊的差距不能说不是一种深刻的悲哀。

56

S 老师以厕所看文明的态度可谓以一斑而见全豹，这个所在正是天下英雄豪杰到此俯首称臣、世间贞烈女子进来宽衣解裙的宝地，注定是人类生存无法离弃的重要空间，希望有一天厕所不再成为 S 老师测量文明差异的标尺，就达到世界大同之完美境界了。

旧电影之话外

迷上电影的时候，只有样板戏。没有长辫，也要甩着短发拢着一根头巾尖着嗓子唱："我有一颗红亮的心！"一根葱指在耳边一翻，小眼珠一撇，就有模有样儿了，"心"字，要拐很多很长的弯弯，拖到长城越过金三角，方虚虚弱弱地停下来，回头一看，哇，大中国还在八部样板戏里翻来覆去流连忘返呢。

懵懂未笄的少女，以为世界上的女人不外乎李铁梅阿庆嫂江姐，男人不外乎杨子荣李玉和胡汉山。小小的未来之梦就是要当江姐坐坐老虎凳，嫁给杨子荣智取了威虎山。那时，学校里吃忆苦思甜饭，小眼眶里的秋波就演变成决堤洪水，苏美帝国主义和台湾反动政权统治下的人民一天三顿都在嚼着这豆腐渣，我们的生活难道不是蜜？简直就是蜂王浆！且不知愚民政策正是关紧门把自己的家徒四壁抬举成金砖琉璃瓦，把门外的摩天大楼诅咒成土坯茅草房。在那样的精神荒漠里，我们那幼小单纯的憧憬中，八部样板戏便是登峰造极之作了，有板有眼的在银幕上演绎英雄故事，当真是大沙之中漠漠余香、森森柔绿的绿洲了！

那时，有个影院叫大红房子，每次放电影，象征性地收一毛钱门票，检票时呼啦啦一拥，检票员被挤得看不见，孩子们猫腰从人缝一钻，几分钟影院里已经坐无虚席，从无对号入座。过道里也站无虚地，开演前人声鼎沸，每个人的音量都因为别人的音量比自己高而不得不变成男女高音，礼堂里人人都在唱咏叹调，您可以想想那种匪夷所思的音响阵容，"震耳"是当之无愧，"欲聋"也胜利在望了。吵吵嚷嚷的气氛，倒比看电复印件身激动人心。

我是哥哥的跟屁虫，时常混在半大小子群里，不经意中窥见许多风光，经年去，仍难忘。那些唇上绒毛乍现，青春正当年的毛头小伙，人群中最是忙碌，眼神跨过人头，遮遮掩掩盯着心仪的女孩儿，目光一扫，恰好当叮叮撞上了女子的秋波一瞬，就兴奋得不知所以，嗓门更大了，做出些夸张的动作，显出自己的与众不同来，年轻的心脏跳得格外剧烈，隔着衣服也看得见那些躁动的起伏。

从来没想过自己会成为受害者，铃声一响，灯光一灭，我的脸就被什么人捧住，嗯地对了嘴儿，湿漉漉的，一瞬间便松了口。我吓坏了，黑暗中知道是哥哥的邹姓朋友，他正斜眼看我，我便呜呜咽咽地哭了出来，哥不明所以，却懂得疼我，小声说："又怎么了？最爱哭，再哭就不带你来了。别哭了，好好看电影！"一手把我搂到他身边。我便息了声，当时并不懂得怎么回事，连自己的初吻莫名其妙地丧失了也不知道心疼，委屈也不知道为什么。三天后吞吞吐吐告诉了哥哥，他和邹姓男子大打了一架，也就罢了，我却一记就记了这许多年，从童年记到现在，从中国记到了外国，邹姓男孩儿的长相早已遗忘，那湿漉漉的感觉却好像是一分钟以前。那年我只有十岁，邹姓男孩不过十三岁。

哥总结的不错，我的确是个爱哭的女孩，从小被老师冠了林黛玉的美名，掉起眼泪，金珠子银串子霹雳巴拉流成尼罗河，却无声无息。因为无声，便分外可怜，总惹出大人的痛爱来。这哭的本事，看电影时发挥的最是畅快，屏幕上好人得势，我哭，坏人得逞，我哭，人民胜利，我哭，英雄就义，我哭，情节紧张，我哭，柔情蜜意，我还哭。所以只要看电影，手绢一块是必备的，折的齐整整揣进口袋。商店里卖手绢儿的柜台小小年纪就知道去逛，掂着脚尖爬在玻璃柜台上看手绢上的花样，没钱买，看得脚尖痛了，才作罢，喜欢的花样都记在心里，那份高兴比拥有十块手帕还多几分。

手绢利用率最高的电影，当属卖花姑娘，看了几十遍，仍然痛不欲生地哭个没完。那部电影，哭，不是我的专利，影院里从头到尾，呜咽一片，除了"卖花来呀，卖花来呀，朵朵红花多鲜艳"一遍又一遍的重复，耳边是连绵不断的抽噎吸涕之声，那样全民集体共抽泣的境界，现在的电影院里无论如何见不到，直到前不久北朝鲜亡了金领导，才在网上重温了全民悲痛那催山倒海的庞大泪势。

看电影，血液在我那颗小心脏里会涌出千尺兴奋的巨浪，平展展一块方屏，就把莫大的世界包裹进去，那时候的世界称不上花花绿绿，但小孩子眼里仍然是看不够的惊奇，品不够的滋味。就这样，翻来覆去那几部电影不知看了多少遍，上句"脸怎么红了？"下句马上跟进"精神焕发！""怎么又白了？""防冷涂的蜡！"，百分百的同步互动，一点不掺假，真正的以主人公之悲为悲，以主人公之乐为乐。可惜任何奖项里都不曾给最佳观众颁发奖状，否则，我小小年纪，该是一墙奖状，不用贵客临门，蓬荜自己就生辉了。

有个暑假，去了乡下，电影是放映队开了汽车来放的，乡村过年一样躁动起来，天一擦黑，呼啦啦一群孩子拎着马扎蜂拥着去露天屏幕前占座位，正面占不到，背面也要挤个前排，反看电影，也只有那个年代过来的人，有资格拍拍胸脯，凑了天时、地利、人和的机缘。回到城里，这反看电影便成了一条吹牛的原由，可惜我人小不擅自吹自擂，白白浪费了这条资本。

上中学以后，便开始显出些特立独行的苗头，一边是言轻语细，一笑三分柔，翩翩豆芽菜，凄凄河边柳，大人早把窈窕淑女冠在我头上。岂不知，野火烧心，忤逆反叛，全班五六十个同学个个伏案苦读、人人孜孜不倦的自习课，我会独自开了后门溜走，个儿高，坐最后一排，有优先条件做到神不知鬼不觉。出门直奔自行车棚，飕飕飕奔向电影院，空气新鲜，胸臆盎然，每个细胞的解放，身心的自由不羁，逃学的洒脱激动，现在想来，仍令人怀念。大下午，上班的上班，上学的上学，电影院里只有三五闲人，我静悄悄在黑暗里进入情节，照旧的又哭又笑，一部电影看下来，似乎生生死死了又一回，提前经历着没有经过的故事，提前观看悲喜交加的人生，电影完了，立刻长大了十岁。

那时已经改革开放，电影进入春风吹又生的觉醒时期，《小花》《牧马人》《黄土地》《红象》《女大学生宿舍》《良家妇女》好电影一部接一部，译制片更令人血脉贲张，《桥》《瓦尔特保卫萨拉热窝》《追捕》《大篷车》《佐罗》《叶塞尼亚》，部部都是大片，片片的轰动效应除了让刚刚睁眼的中国大饱眼福，更让如我般擅长憧憬的少男少女对外面的世界浮想联翩，出国去看看的种子那时便种下了。

每每从电影院出来，少不得要经历偷偷溜回教室的紧张不安，用上"惊心动魄"也不过分。百密一疏，被抓住是迟早的事。班主任刘老头儿发现我逃自习时，我已饱览几十部大片，过足了电影瘾。

"你，不要前途了？大学不考了？？逃学这种事，你，你也干得出来？！"那时候不时髦拥抱亲吻，我当时实打实想过去抱抱老人家，安抚一下他那频临爆炸的肺子，那张青筋暴露红若鸡冠的脸，着实不好看。低首含眉，我赶紧金珠子银豆子地流了一脸做悔恨状，如果背上把恩师气炸了肺的恶名，这前途可就真的水深火热了。

从此，爹妈断了我的零花钱，没钱买电影票，课没了逃的目标，干脆就省了吧，何况我的确很在乎刘恩师那对肺子的健康状况。好在我这枚八九点钟的太阳还是比较朝气蓬勃，在热恋电影的同时，也热恋文史地数理化，祖国的大学，热情地向我张开了大门，我就不客气，一步跨了进去。师生情重，去年回国探望刘老人家，仍拿我当教育孙女的教材："万千桃李之中，唯独这女子是你的榜样！"说完狠命拍着肺子夸得我找不着北，那几下拍打的大动作看的我心惊肉跳，想必那肺子一直再没遭受过逃课女生的折磨，保养良好。

擦身而过的成星之路

　　和电影的缘分，不仅仅是它演它的、我看我的，许多次和它擦肩而过，许多次相差甚微进了那个繁华戏场。这，本已是陈芝麻烂谷子，藏在人生的几角旮旯儿，不写出来，还会继续地沉下去，最终与生命共休憩同存亡。可是，一但动笔，竟发现青春的火花劈里啪啦地迸发在半老徐娘的眯缝眼前，倒还真有几分好看。写出来虽有些张扬和显摆的嫌疑，也顾不得那许多。青春渐逝，抓一抓那左摇右摆的小尾巴，往走过的道路张望两眼，似乎短暂的生命因重复而延长。

　　一个人的历史，是什么便是什么。对前半截的反刍咀嚼，恰似梳着一把长发的发根，刷地一通到底，那样无与伦比的舒服，只有长发的女子可以体会。反之，发稍通了，发根粘滞，终究和没梳过一样挠心抓肺地难耐。就让这点儿信笔由缰的私人文艺历史，给生命的后半截一点儿顺流儿的明白。在无冕人生里，给自己戴一顶草编的花冠。

　　上学以前，喜欢捏着小嗓子唱"花篮的花儿香，听我来唱一唱，唱呀一唱"。妈妈问：长大了想干啥？我会毫不犹豫地答：当郭兰英！

　　小学一年级，老师就为我的郭兰英之梦开辟了第一条小路，文艺课代表，担任开课前的领歌儿、起歌儿头儿的角色：

　　"小松树，快长大，绿树叶，新枝芽，预备——唱！"

　　"叛徒林彪，孔老二，都是坏东西，预备——唱！"

　　"我在马路边，捡到一分钱，预备——唱！"

　　那些稚嫩的童声就在我的带领下黄鹂鸣翠，两岸猿声了。全校庆祝党代会召开、歌颂社会主义就是好等等大型表演，我的诗朗诵永远是保留节目，报幕更是非我莫属。平时文文静静不声不响一小人儿，一上台就风生水起，旧貌换新颜，高台上声似银铃，灯光里体若岸柳，红毛衣，白衬领，黑裙子，面对黑压压的千人礼堂，绝无怯场："鲜红的党旗啊，是烈士的鲜血把它染红！金色的小屋啊，是毛主席的光芒把它照亮！"不知道哪儿学来的那些抑扬顿挫，好像那一小辈子一直都是唱着说话的。还记得钻在桌子底下背台词的日子，要背到上句还没念完，下句已经蹦出来，才可以满意地上台，大人叫吃饭，要从桌子底下把我拖出来才肯罢了背诵。有一年生病在家休学，学校联欢，音乐老师找到家里来求我妈让我回去表演配乐诗朗诵，说："你闺女学可以不上，诗朗诵不能不诵。"

一晃进了中学，照旧的跳舞唱歌，挑着学生头儿的小扁担，吱吱扭扭，晃晃悠悠。高二那年，放学和好友一边嗑瓜子一边走路，被一男子当街截住。此男虎背熊腰，气宇轩昂，目露精光，声如洪钟。工作证小红本本一亮，要带我去演戏。见我们受宠若惊目瞪口呆，当下把我俩拉到墙角，连说话带操作表演了一场领袖戏范，演的是蒋介石，上海普通话精湛得比蒋介石还说得好。演罢，趁俩小姑娘崇拜得五体投地神魂颠倒之际，当即对我进行了简单考核，发现这丫头能唱会跳最善朗诵，大喜过望，许诺对我进行形体声音等等进一步的专业培养，并展示了做电影演员任重而道远的崇高未来和美好前程。晕晕乎乎的，我被替我兴奋着的好友连推带拉，就把领袖叔叔领回了家门。

现在想来，我的晕乎和好友的兴奋代表了那个时代小女人们对电影世界的向往和崇拜。当个电影演员，在少女们的心里真如上九天揽明月一样高级，又像下深海捉大鳖一样可望而不可及。可惜这高级只在少女的梦里行得通，在老爸那里是靠不住的鱼龙混杂戏子之道，认真不得。老爸请领袖叔叔吃饭喝酒，置领袖叔叔百般劝说于不顾，借着酒劲儿一口回绝："小女要高考，胜利在望，断了学问的路，断断要不得，演戏这事儿，靠脸蛋儿吃青春饭，当真不敢把孩子如此交托。"领袖叔叔乘兴而来，败兴而归，地址电话留了若干行，告别时直摇头："可惜，可惜！"

大学时可圈可点的文艺机会成倍增加，依然被大义凛然地错过，轻轻地挥了很多次手，告别了天边不只一片的云彩。

刚入校时新生欢迎大会，上台表演了一曲自编自舞的"小二郎"，唱到一半，忘了歌词，当即定格为羞怯状，对着台下几千号学生老师低眉含首道："对不起，我忘记歌词了。"台下哄堂大笑，笑毕，便是轰鸣的掌声，那歌儿于是努力地哼唧到结束。如此不专业的演出，竟受到更不专业的观众同学百般青睐。从此出了名儿，我宽容的学友们啊！那时还没有校花一词，却和全校师生混了脸熟，单凭一曲断了歌词儿的小二郎，一年级就担上了系里女生部长兼文艺部长的大任。

大二那年，一个同学的老乡韩君远道而来，此君擅长使用四肢，专职到各大城市参加各种舞蹈大赛，霹雳舞刚开始起步，他已能头顶地旋转，手朝下走路，腿朝天跳舞。韩君除了擅长单人霹雳，也热衷双人交谊舞。我耐不过同学百般威胁利诱恐吓，做了韩君的舞伴。这下苦了，白天跳，晚上跳，做梦都在跳舞。操场，礼堂，图书馆雕花走廊，花园石头小径，食堂水门汀大厅都做过我们的练舞场。有个动作是被韩君举在腰间旋转一周单脚着地身体与地面平行还要保持体态优美面带迷人微笑，摔的手脚骨折鼻青脸肿一百次之后终于大功告成，我那瞬间一笑真可谓血与泪的结晶，速成舞功，可歌可泣！一个月之后，我们顺利进入慢三快四帕斯探戈全能前十名，和专业选手同台竞技，终获优秀奖。韩君如哥伦布发现新大陆一样苦劝不已，说舞伴难求，要带我北上参加更高级的舞蹈大赛。老爸的谆谆教诲此时浮上心头，学问是万万断不得的，路慢慢其修远兮，吾将上下而求索，那求索的内容和四肢运动相距甚远，怎么办？那就只能断了与韩君的舞缘了！据说韩君后来受到专业人士青睐，四处走穴，成功转型为四化建设时期最早出道的文艺青年。

考上全国优秀公关小姐是八十年代末，笔试面试中文英文时事新闻文艺体育几圈血拼下来，竟过关斩将，骄然得胜。盛装出行，免费去花城一游。那时这种全国范围的才艺选美大赛尚属新鲜事物，这群身材高挑体态妖娆的靓丽女子在南国都市街头一走，交通立刻堵塞不通，男人驻足，女人嫉妒，老人嗟叹，小孩惊奇，回头率是百分之二百。前途的分岔路口摆在面前，带队的私下谈话，想留在这边发展吗？南方搞活经济，正缺你这类德才貌兼备的青年女子，猎头挤在门外，进文艺圈或高企随你挑，当即数算排队抢人的机关单位，十个手指加上十个脚趾竟不够用。趁热打铁要懂得热效应，方能打刀成刀，打剑成剑，带队老师左右叮嘱。但学业半途而废，终究牺牲太大，加上学潮已经势如破竹，我急着回学校参加上街和罢课，便断然回绝："读完书再来发展不迟。"

大学毕业时，有个器重我的老师荐我进电视台做节目主播，约了台里三俩关键人士团聚喝酒，酒席宴上，推盘换盏，众人喝的风高云起，台里那些不干不净的闲话就自然而然流淌成逸，荤段子一个接一个你方唱罢我登场，每每大笑，众人一齐扭头斜眼儿盯我一张粉脸观察动静，老师看不过，说："唉，好歹都是文化人，姑娘面前，文化一点儿好不好？"我身边一个文化人接茬说："何谓文化人？文人，一定要懂得化人，我们这是在'化'人啊！要进这个圈，这点儿承受力是基本功。"说完伸手在我手上拍了拍，拍完，我的手就成了他那猪手的据点儿。文化人们欢欢乐乐吃好喝毕，说好了走过场试镜的日子，方散了。

剩下我和老师，我说："您这等用心，不好意思让您在朋友面前难堪，试镜就算了，那个圈还是不进的好。"我急着回家洗手，当即千恩万谢地告了别。

隔岸观柳自有一份遥远的朦胧之美，不必成了那柳中一株，干枝败叶因距离太近而尽收眼底，失了一份隔着距离的雅致完美。自己愿做风景，还是愿看风景，正是卞之琳先生那《断章》诗里桥上与楼上的辩证，是"明月装饰了你的窗"还是"你装饰了别人的梦"？换了你，愿做怎样的选择？少女对影视名星的崇拜心情被客观的潜规则击打，早已失了许多闪烁的光环，三思之后，我宁愿选那楼上看风景的一位，桥上的风景不做也罢。这个世界，有些东西，不是你的，还是越早放手越好。那晚，回宿舍洗手，一边清洁自己的手，一边清洁自己的心。整块香皂用完，低头看这纤纤玉手之洁白，窃喜不已，这份里里外外清楚明白的干净啊！

工作之后，又遇两次演艺机缘，水中涟漪般皱出生活波纹，以笔为印，是愚是钝，都已是云烟散尽。

初为人母之后，正是丰乳肥臀。养育婴儿的奶膘儿凸凹有致，虽苗条如前，却填了丰腴饱满。一日和好友逛街，熙攘人流之中被一长发男子拍了肩膀，说："跟了你们好几条街了。可以和你谈谈吗？"高中那出星探之戏再次上演。这次是有名有姓的导演，有名有姓的制片厂，有名有姓的电影，有时间有地点的计划，剧情简介角色对号具体详细，二号女主角备选，到南方某地拍戏，半年时间。好友兴奋难当，撺掇我答应这桩美差。此好友虽不是彼好友，兴奋之情与当年那少女同窗如出一辙，似乎面孔挂到屏幕上终究是比走在街上养眼，除了养眼，也许更养那功名利禄之心。经历数回，我心虽不若止水纹丝不动，亦如秋风轻扫落叶，五分钟便思想完毕，淡然一笑："对不起，小女哺乳，难以脱身，为人妻母，屏上风光之事，已非心之所属，幸得赏识，三生有幸，唯身不由己，苦难从命。"返家路上，好友一路不解，一路埋怨，极尽口诛笔伐之势，说我不擅把握机缘，任大好前途付之东流江水。我只是面带微笑，不与论争，慢言道："人各有命，我做此决定，只是踏实走路，得的一份是不显山不露水之心安理得，所失何在？这荧屏机缘本来就是凭空而来，现在潇洒而去，何失之有？何叹之谓？"好友大叹我心已老，跟不上时代脉搏，白瞎了一身好皮囊。

那年回国小住，已是两女之母，而立已过。一日走在百货公司门口，被人拦截，广告公司甄选备案模特，选我去拍照。这次却吃了庸碌和贪婪之亏，当时要在国内停留三个月，无事可做，心想不妨拍拍广告，填补空闲时间，何乐而不为？就被忽悠着上了那三十层的顶楼，签合同，交手续费一千元，化妆，选衣服，摆姿势，拍照，折腾了一天，才放行回家。一周后让我去看成品相册，大幅纸张精美一册正待存盘，杂志质量，靓！只把零星散落照片给我几张留存，让随时等待进一步召唤。

叮铃铃电话铃响已是一月以后，有个旅游公司要拍景点推广照片，让立刻前往。兴高采烈，以为一箭双雕了，过了回国瘾，又赚了广告费，美哉乐哉。哪成想，旅游广告要深入龙潭，下到虎穴，到深山老林去拍，前后计划五次不同旅行，历时五个月。明知我短暂居留，做此等不合时宜之安排，明摆着邀请只有时间吃快餐的进餐馆去大宴一场，必然一个NO字做了结，蒙人的勾当。送我出门，还直说那就只好换人了，马上安排短平快的广告给你拍，让回去再等消息。

叮铃铃电话铃再响又是一月以后，离境之日已剩两周，千元学费，扔的亏，说什么也得去看看。撂下手中活计，直奔广告公司。这次是此广告公司把我推广到彼广告公司的另一高妙花招。赶紧从此广告公司直奔彼广告公司，公关人员指着此广告公司寄来的有限档案照片说："我们决定用你做化妆品广告推广模特，这几张照片是万万不够的，我们需要全套备案数据，另设档案，档案建立之后，立刻安排广告项目。"我已有所领悟，问："这次拍照存档手续费何如？""不多，不多，三千。"我哈哈大笑，朗声而去。

想不到年轻时多少次擦身而过的明星之遇不曾拉我下水，阅历丰满的而立之年竟最终被这个高明骗局诳得头晕目眩，一千元学费事小，平静稳定不贪名利的心态差点不保，汗颜不已。这种连环骗局针对的都是美丽女子，利用的正是她们对名星美梦的憧憬心理，你一千，我三千，不知骗了多少靓丽女优。

此番阴沟翻船，成今生一大笑点，倒也从中领略心得一二：

一者，天上下金子雨，基本上是神话，不要去捡那金子，到了手里终究是水。

二者，天资可利人，亦可害人。

要想天资成宝，后天的努力去丰满完善，必不可少。好皮囊如果肚里草莽，不过过眼烟云，不成风雨。水葱身段变成松皮赘肉，出水芙蓉落得花凋瓣谢，是自然规律。但，好皮囊如果肚里诗书，脑中富庶，胸中丰满，人格端正厚实，人生便可秀外慧中，青翠成簇，美丽不衰，青春永驻。松皮赘肉又有何妨？里面沉重的都是智慧的细胞，而皱纹这岁月的轨道，运载着丰厚的生命感知，难道不是人间大美？

　　他人眼中不成明星，地球走过一遭，却如恒星一枚，在自己的生命轨道上亮得平稳恒定，走的不急不躁，轨道之外的风起云涌，潮涨潮落，又耐我何？星梦，从来不曾属于我，让它去得安然，正是恰如其美了。

杜杜 21 岁

朝思暮想

随笔篇

隔山隔水话相思

人这一生很多话是在电话上说掉的，特别是女性，不管中国人还是外国人，没煲过闲聊粥的女人屈指可数，而这少数的几个，要么是刚阳过男的女强人，争分夺秒无暇闲聊，要么是孤僻内向的闺秀，浓锁愁思无心外泄。好在自己不是这另类的范畴，小女人的喜怒哀乐一样样品来尝去，或多或少与友人唠叨长短成为必然，这个粥就总是煲个温吞稀烂。这个世界上大多人都是如我这般的布衣贫民，过着一日三餐、早九晚五的百姓生活，吃喝拉撒、工作赚钱之余还需兴趣爱好亲情友情支撑精神天地，男人饮酒下棋打球健身，女人饮茶闲聊美容逛街，各得其乐，世界在主业副业的相容兼并里朝夕去往日复一日地前进，于是时间面前煲粥的奢侈浪费就得了合理的借口。

有幸做个布衣百姓，何其乐哉？似乎不需思前想后看人眼色开辟升官发财之路，亦不需工于心计上下逢圆钻营取巧谋求飞黄腾达，整日尽职尽责做好自己分内的产业就应高枕无忧笑口常开。可惜人间的喜怒哀乐往往不随人意控制，皇帝自有皇帝新衣的愚笨羞耻，布衣自有刻舟求剑、守株待兔的呆滞愚蠢，完美的圆月只挂一夜就开始缺失，最美的花朵盛开之后便会凋谢。人间本无完美二字，七情六欲时刻相伴，自会有筵席后的冷寂，欢聚后的怅然若失。

七情六欲中最难熬的怕是"相思"二字，自古以来文人墨客愁肠百结地把它写的淋漓尽致，诗经"行行重行行，与君生别离，相去万余里，各在天一涯"，纳兰词"相思相望不相亲，天为谁春？"，李之仪"我住长江头，君住长江尾，日日思君不见君，共饮长江水"，李清照"一种相思，两处闲愁。此情无计可消除，才下眉头，却上心头"……古代相思，鸿雁传书，车马劳顿，没有个半年一载，无法得那片言只语，相思之情只有孤孤单单地守在心头，流露笔尖落在纸头，那是一种无边无沿无奈无解难熬的相思，小楼独守，明月当头，莫名的猜测、无端的忧虑伴着青灯长夜，一夜又一夜搬着指头数过。

比起前人，我们生活在现世之人，何其幸运？相思之苦来临，电话一抓，那个他（她）就响在耳畔，计算机一开，那张熟悉的脸就近在咫尺。相思的苦恼可以随时随刻表白给对方，相思的情绪可以隔山隔水与对方水乳交融。无边的惦记有了边际，无奈的想念有了奈何，相思之苦的"苦"在放了电话、关了计算机之后转化为丝丝甜蜜。这时的相思，有了质量的转变，其"苦"的甜蜜化过程，使相思情节的可贵性相对弱化。但相思毕竟是相思，声音代替不了肌肤相亲，图像代替不了耳鬓厮磨，人想人的"想"啊，依旧是隔着山水的分别之痛，一觉醒来，白壁空墙的寂寞还是眉头心头地游荡。

　　每天一个电话，是惯例，只要我和你有了物理上的距离。分别一周如此，一月如此，一年亦是如此。我们从未约定过，我们只是心照不宣地恪守。如果有一天少了这一声问候，我不安，你不安，我们的不安纠结缠绕，好像空气里没了氧气，我们同时感觉窒息。你从不多言，不善表达情感的你只是轻声问候，你平淡，你稳定，我不必从你的语调里寻找激情。激情不能持久，好像浮萍，可以随时被急流冲走，当时间把激情软化为亲情，它就变为扎根河底的水草，任河面如何汹涌激荡，仍可扎根深处，平静驻扎。你字正腔圆舒缓平静的语调里，有着温润如玉的柔和坚定，有着始终如一的忠诚和坦然，你说"遵你的命种好花了，粉色的，一池。"你说"鱼缸的水换过了，水草长得很高。"你说"大妞很好，每天吃很多生菜，努力读书。"……你说你说我听我听；我说"小妞中文学得很棒，可以对话了。"我说"国内的奢华动荡掩盖着太多社会问题，欲说难休。"我说"你们要注意饮食平衡，要锻炼身体。"……我说我说你听你听。和你煲电话粥，常常是冬冷夏凉柴米油盐家务琐事，水管小小地开，细水静静地流。没有女人之间的争相言语，也没有情绪的大波大动。朝阳初升，夕阳西下，每个日子我们都在电话粥里煲一个完美的故事，熬煮相思与惦念，烹饪爱的果实。

　　能够分别也是美丽的，好像鉴赏风景，近有近的靓，远有远的美。能够体验相思，是幸运的，它不会欺骗，它提醒你心中最重的人是谁，最深的情有多深。相思中我苦恼，相思中我甜蜜，相思使我认清我心所属，相思使我明白我心所依。

等

　　清晨，这家化验诊所生意兴隆，长队一排，出门就沿窗拐了弯。一天揭开序幕，最拥挤和繁忙的，竟是疾病和疾病的所有者们。这个群体中，风霜一世的老人成了当然主力。据说，很多人天不亮就带着方便椅和书报有备而来，不像等着抽血，倒像野营扎寨，东一句西一句问着早，闲闲的，淡淡的，不似有病。

　　天光透过窗纱在眼皮上跳皮影戏，爱人的微鼾在枕边响，世界还在静悄悄。自问：老了？早醒已经不需叮铃铃的表铃。假寐到墙钟移到 6 点半，有诗句在头脑里晃：飞鸿无影，夏梦无痕。对自己笑笑，空腹出门，去凑那早起的队列。上班的车流已经蠕动，开得舒心。红灯时，看天，有片浅淡的早云，一圈桔色金边，刚飘过去，又一片飘来。

　　竟是早到的，第四位，权且称自己做四姐。四姐无事可做，从包里掏出木心散文集，读了一句："世界是整个儿的，历史是一连串的，文学所触及的就是整个的世界和一连串的历史。"便发呆，眼前这些排队的，也是世界的微分子，历史的微元素，可以变成文学，比如，一篇可以包括在世界里、亦可变成历史的文字，或许终被 Archive 进国家图书馆，更大的可能是顺手丢弃，丢进网络，或者丢进字纸篓，都一样，被历史淘汰。

　　一辆车拐进停车场，拐的猛，和地面发出摩擦的尖叫，众人注目，眉毛挑起来，又平下去，眼神亮了亮，又灭了。站队的，姿态各异，仍旧低头事己。扫视，队列已经十人长，静静的，像画，雷诺阿的舞会画，逼真，传神。雷诺阿的画虽然是画，却可以看到声音；这幅，虽然立体，却无声，正适合清宁的早晨仔细端详。

　　排第一的是位红脸老人，深蓝 T 恤，白色窄檐阳帽，白色齐膝短裤，平底运动鞋，那打扮在绿茵如毯的高尔夫球场最恰当不过。因袜边雪白，腿就显得黑，瘦干一条，幸亏坐着，如站起来，定会激发我上前搀扶之欲。座椅是网编的折迭椅，蓝白相间，扶手上搭着一条白毛巾，早为酷热做了擦拭的准备，看得出他老人家在这门前排队已经久经考验。虽然是清晨，那脸却红光照人，竟比朝阳还艳丽，人生的厚实和经验密布在皱纹里，抬眼时，眼睛因衰老混沌了颜色，猜想一定是深蓝的，那样高挺的鼻子，年轻时只有配了蓝眸才够帅。一本厚厚的小说摊着，读得似乎专注，似乎又不，时不时擦汗，老花镜碍事，绊来绊去。不知是真有汗，还是怕冷落了毛巾。阳光虽然亮堂，毕竟是清晨，威力还在预备之中。门外这一小时的等待，我始终无汗。

第二位是位印度模样的老人，没自带座椅，在巴掌窄的窗沿上搭个边，坐得尴尬，不像坐着借力，倒像让窗沿被迫顶着，虚坐。连鬓白髯宽宽阔阔占了半张脸，因为肤色黝黑，那灰白的半张就格外夸张，如画上去的围嘴。白围嘴衬着黑眸子，双目深邃，便炯炯有神起来，答应早安的问候全靠了眼睛和四周的皱纹，皱纹一撮，慈眉善目的弥勒一般。嘴巴反正深藏在胡须里，冲不破重围，有了这对笑眼代嘴，倒也不必去冲破了。半小时后，一位老妇停好车，下来，一身洁白莎丽从头裹到脚，围巾上浅花雕缀，裹着一张同样黝黑而慈祥的脸，一步一挪，腿脚明显吃力。老人便离了窗沿去搀扶，换了老妇来坐窗沿，原来是替老伴儿占位的。妇人说："早茶我烧好了，放了姜，回去就可以喝。"稍坐，又说："这窗台坐不得，咯！"说罢站起身，来回走动，虽蹒跚，却不停。印度人擅喝姜茶，清热解暑保胃，自然养生之道和中医传统异曲同工。我冲着老妇微笑点头，一为她蹒跚却行走，二为她迟来却在背后贤慧着，三为她对窗台的爽直态度，四为她和他三言两语的默契。围嘴老人已经坐回来，和我一样离不开这难受又好受的窄窗台，隔着第三位，我俩成了唯二的窗台青睐者，有了共性，便同谋似的亲近着。

第三位也是带了座椅的。坐着，已在队列里颇显奢侈，座椅又是折迭椅中高级的一种，宽大扶手，杯袋，一只保温咖啡杯插着，被频繁吸吮，两腿交叉翘着，享乐的滋味便在等待中更显奢华。自然是老人，没戴帽子，白发在晨风里轻抖，却戴了太阳镜，阳光笑容从一开始就迎上来，我下车走来时那声 morning，只有他出声地回答，每有加入行列的，他也照例 morning 一番。仰脸坐着，东西张望，断断续续哼着什么口哨，似乎随时可以和谁开始一段谈话，亦可和谁在五分钟之内成为朋友。可惜身前身后都是低头之人，大多尚滞留在昨夜梦里，或探索在今日的未知中，像他这般清醒和渴望着的，终究不多。虽然隔着太阳镜，我亦感到他目光的勤劳，多少不忍，说："好天！是不是？"他舒了口气，好像终于揭了谜底的爽快，答："好是好，就是缺雨，草都干死了，旱啊！"我想起昨天和好友闲聊，好友虽不是华裔，却颇懂节省，说处理过的饮用水用来饮草，太可惜。我对着老人的太阳镜笑了，道："是旱，草甫提了，我种花种菜，这些日子，水和浇水的时间就都不够用呢。"于是聊花、聊菜。他干脆斜放了椅子，迁就坐在窗台上的我，直接而正面的目光方便交谈。他问："你这样年纪，爱当园丁的不多，我孩子们大概和你差不多大，院子要么不管，要么请人来管，我们有时间也过去帮着收拾一番，你倒懂不少。"我谢了，说："半路出家，这两年才学，哪里懂，总学不完，四季更迭，草木有知，不知的倒是我们做人的，和自然相比，我只觉渺小，像这个。"我指着脚尖前方一个正在爬动的蚂蚁，两人便笑，第一位和第二位老两口也抬了抬头，探了探身，看我的脚尖，跟着笑。

从四姐往后，开始拐弯，免得队伍登上马路。高高低低，人挡人，竟数不清。四姐起身出队去数，共二十四位。除了一位西装革履的中年男士捧着电子书在看，一位毛头黑小伙插着耳机晃着身体在听，一位穿短裤吊带背心的四姐悠悠然在想，其他多是皱纹纵横的，或无所事事地张望，或有所事事地翻书，或盯着对面的星巴克发愣，或冲着过路的车辆浅笑，黄的白的黑的，男的女的，各色皮肤在房檐下闪烁着属于自己的光芒，展示各自不一样的姿态、和同一样的耐心。

顺手翻了一页手中书，正是福克纳在西点军校的一段讲话，说："如果民族主义进入文学，便不再有文学。……值得诗人去写，值得人们去创造音乐、绘画的那些问题，是人心里的问题，与你属于哪个种族，肤色是什么，没有一点关系……"

早晨的清凉渐渐散去，阳光白白地越来越亮。穿着护士服的女人终于步履轻盈地走来，一手端着咖啡，一手灵巧地开门。七点半。第一位、第三位起身收拾折迭椅，队伍开始蠕动。

四姐收了书，独自微笑。身体，也同文学，和哪个种族、肤色是什么，关系不大，不同的病一样地得在不同的身体里，抽血化验，生老病死，周而复始。生命，本来就如此简单，本来亦如此复杂。光光来，光光去，来去之间内容丰富，从光光走到光光，并非易事。

等待中，我参透了什么？其实，又何必去参透什么呢？

点亮心中的灯火

　　周末一过，就盼来了第一场雪，不厚，却白白地染了草坪和屋顶，温暖的土地隔着一层衰草就少了许多溶化的能力，倒是黑色的街道储蓄温度，让飘飘然的雪花一落下就不见了。于是街道在小区的大街小巷里打了格子，黑白相间好像一副干净的棋盘，棋盘上堆着一座座装满故事的房子，里面蒸腾着趋近节日的兴奋、筹备和欲望。

　　远远驶来，屋顶的白和天空的白朦胧在一处。不晓得初冬的天空为什么如此低垂，跨出房门，就像是顶起了天的重量。在荫翳的日光下驻足，深呼吸，好像能吸进天空的味道，冰冷、潮湿，清凉而空明。小小的我与大大的天突然的亲近成一体的感觉令人陶醉，竟想起毛泽东"鹰击长空，鱼翔浅底，万类霜天竞自由。怅廖廓，问苍茫大地，谁主沉浮"的豪迈诗句，如今异乡异象，虽无鹰无鱼，这天地之苍茫景象却一如既往，伟人不再，天地之悠悠，人生在世，喜乐无常，生生不息繁衍着的人类，不分东西，无论时空，渺小的既使发展为伟大，伟大了亦终究归于尘土，面对浩瀚苍穹，上帝手中谁可称大？还是低下头脚踏实地，面对眼前美丽干净的一切，满怀感恩与爱恋，迎接冬季吧。

　　风还不够刺骨，温度刚及零下，渥太华的冬天，虽然傲慢，却终于以白草坪白屋顶的宣告在十月底软软地将临。圣诞的痕迹已经星星点点地布满了大街小巷，下午五点多钟天一擦黑，居民区里的节日彩灯就零星燃起，提醒着开车下班的众生男女，圣诞节的脚步声不远了。

　　圣诞前四周，进入了预备圣诞的 Advent 时期，商场收款处摆放着各种各样的 Advent 巧克力日历，从十二月一日起孩子们得耐住性子，一天翻开一块巧克力来吃，倒计时圣诞将近的日子。兴奋，被那薄薄的24 块巧克力储存着，一天天地转移到孩子们的身体里，一天天积蓄着热情，等待那位白胡子老人博爱的礼物。

　　Advent 这个词原义是面孔们挂着节日的预感，目光滴溜溜活泛灵动，留恋着圣诞促销的减价牌上。

　　赶上这两个周末天气晴朗、温度适中，街头巷尾就看见男主人们搬梯子爬上爬下，往房顶上挂彩灯。我回屋悄悄跟小女儿说，妈妈给你变戏法，保证让你下周可以看　到好多好美的圣诞彩灯。周二晚上专门载女儿出外看灯，开着车在小区里绕圈儿，上周的星星之火果然已经变成了现在的燎原之势。很多人家草坪上的松树都披上了 红红绿绿的彩灯，房檐门柱上的彩灯更是五花八门，有一色雪亮的连排大灯泡，红绿蓝黄相间的多色灯泡，还有滴沥浪荡的白色串串灯，更有讲究的人家插了若干个 大大的糖拐棍儿灯， 草坪上支了会点头的麋鹿灯、圣诞老人灯等等，黑漆漆的夜晚，寂静的街道被这些彩灯映照得欢快活波、温暖四溢。女儿的眼睛圆睁，评判着哪家的彩灯最带劲儿， 小脑瓜儿里充满了对妈妈神奇预言的敬佩："妈妈，你怎么能知道别人家的灯会亮起来呢？"在她幼小的心灵里，圣诞彩灯固然美丽好看，妈妈能让那么多人家都亮起彩灯才是更了不起的壮举呢。

虽然离圣诞节还有近一个月， 我们家的圣诞树却早早就支了起来，年年积攒的圣诞树悬挂饰品有满满一大箱，两个孩子欢天喜地地把圣诞树精心打扮得五彩缤纷。家里一下子多了这么一颗巨大的、丰满的、明亮的、花枝招展的大树，整个房子立刻被节日的温暖挤满了，几颗心也不由自主地被节日的将至催赶着往那温暖里钻。老公是个灯痴，年年买灯换灯，所以每年的彩灯都不同以往，今年除了房顶用了明亮的大个头彩色串灯，门柱和围栏都换了节能彩灯，与松枝相互缠绕，饶有情趣，算得上我们街上上乘的装点了，碰上我这个重看情调、轻看金钱的老婆，什么费电了、省钱了的顾虑都抛到九霄云外，每天早早亮起、晚晚熄灭，明天就是穷得没饭吃，今天也得把灯点起来， 照亮心中那份对生活、对节日的向往和参与。加上心中有了主，圣诞节的意义更加厚实丰盛，灯光亮起来的时候，就在心中祈祷，万能的天父，让你的洪恩关照这美好世界里所有善良、诚实的人，让无边的绚烂灯火映照我们的感恩吧。

灯火阑珊处，圣诞的喧哗正在借着越来越多的五彩灯光融进人们跳动的胸膛。屋外的灯火阑珊只能在节日来临时提醒你生活的幸福美好，心中的灯火阑珊才会让你时刻体会身边的点滴快乐、点滴温暖啊。

大路朝天

不知不觉就爱上了这条路。

路很直，用尺子打出一条线似的，从一个端点开车上来，朝前延伸。因为从中间就拐弯上了另一条路，就从来不知道这路的另一个端点有什么端倪。很庆幸没有给自己机会一直往前开，因为在这路上开车，总觉得自己是在往天上开，大路朝天！

如果前面终点不是那无边的天，心里这点朝天的企慕，这点儿朝天的向往岂不要被地上的失望所替代？

路是划在田野里的一道，一边是无边的田地，另一边还是无边的田地，并不知道田里种的是什么庄稼。爱上它的时候正是冬季，通天的白、无迹的白夹着这条路，如大地捧着一条叹息着的缝，坦然、安静又绵长地叹息着。关了音响，不要声音。眼对着天，天望着路，路捧着心，心眼合一，天路一体。

一周两三次，从这路上开过，路边有断断续续的小树，把目光括号在路的前方凝聚，前方是一块大而干净的天，融在路的尽头，从模糊的一根交界在线，一味地大了开去。目光追着路的方向，上了天。前面有个缓坡，开上去之前，以为那是天的起点，上了坡顶，天又远了，才知道天原本没有起点，永远也追不到。

朝天边开，是去游泳，在中午时分。

路是最宁静的时刻，除了我，没有一辆车。整条的路是我一个人的，富有！心变得好大，飘在路的上空中，鸟一样轻，沿着天飞，变鸟的梦就这么轻易地实现了。

雪下面的热闹到春天才苏醒过来，那时我的爱已经是陈年的酒了，车一开上路来，就已经微醺。

雪融时节，有早归的鸟成群地落在田里，啄食去年收割后的残渣，冬春交界青黄不接的时候，残渣使饥肠辘辘的鸟儿们充满了欢乐。忍不住把车停在路边，从车窗里看着鸟们快乐地就餐。我数一、二、三，希望有鸟儿抬起小脑瓜儿看我一眼。从不会失望，和鸟儿小而亮的眼睛对视之后，鸟的欢乐过给了我，微笑之后，继续上路。心想，生活多好，做个鸟儿秋去春来，也不种也不收，自有上帝的关照，很好！做个看鸟的人，不紧不慢，不必焦、不必躁，有大路朝天可行，有清水一池可游，也是神的安排，完美地很好，很好。

回程是朝着端点往回开的，少了朝天的宽广和无限，却多了运动后浑身洋溢的舒坦、自信和快乐。阳光下的路面泛着青光，水似地飘着晃动的影，近前来，才恢复了灰白的水泥路面。路的端点处有红绿灯，红绿灯过去，是密密麻麻的屋顶，那里是繁华人世。远远地逼近端点，就有从天而降、下凡的感觉。仍是没人，于是尽情超速，车外的风奔跑着闪开。超得爽快，超得自在，反正是我一个人的路。

日复一日，我离不开这条朝天的路，虽然只有六分钟长，却如同穿进一个属于我一个人的通天胡同，进去出来，再进去再出来。多少人世间的疲惫与无奈都甩在路外，在这一进一出之间，化为流云飞霞，该走的都走吧，该散的也都散吧，人生，本应如此而已。

我的路，好一条朝天的路！

病

发起烧来，突然就病了。

人常说"病来如山倒"。从来没仔细想过"山倒"是什么样子，病在床上的时候，才懂了坚硬的山突然变成了巨大一团松土，哗啦一下摊开来松垮垮软塌塌站不起来的模样。山的特点是上小下大，自然界里根基最稳重而坚实的东西。山倒的时候，大义凛然，不会往左，不会往右，自己的峰散落在自己的根上，砸的不是别人，是自己。

人啊，无论往日里多么朝气蓬勃，铁打的身躯在疾病面前也是无奈，铁化成了泥，疼着心，苦着身，失着神。自己砸自己的感觉是什么？病病就明白了。

不想吃，不想喝，不想动，连上厕所都觉得是负担的时候，才知道生命是如此脆弱，你不抓住今天，真是大错特错。

人们说小孩子病一次长大一回，做了人母，才知道这是千真万确的道理。每次小孩儿病好之后都会感觉孩子懂事儿了很多，眼睛里的智慧又多了一圈。其实，大人又何尝不是如此？每次病完，寻医问药的医学知识自然会见长，加上得了眼病就懂了眼的重要，得了腿病就懂了腿的重要，病来病去，全身病过几遭，身上哪儿哪儿都重要就全翻明白了。聪明人开始学会好好地对待自己的眼呀腿呀这儿呀那儿呀，饮食、锻炼都用上了功，上满了劲儿，防患于未然的功课做得有板有眼。

可也并不是所有人都聪明。病好了，病的时候，叫天天不应、叫地地不灵的滋味就全忘干了，照吃照喝照懒，样样都和病前没两样，真一个潇洒两字了得。人要对自己都不在乎到如此，也算是一种洒脱的境界了。面对这种大度的人，很多病反而不攻自破，比如忧郁症。

疾病最怕什么？怕你有个好心情！

从小我就是个体弱多病的孩子，加上多愁善感，一贯被老师冠以林黛玉的称号。这许多年病下来，病一次就长大一点，真的感觉自己比同龄人都早熟，凡事想得开看得淡，瘦弱的身躯里努力地装进一颗宽敞的心。对疾病不再畏惧，太上老君的丹炉里炼过一样，好像有了金刚不坏之身，病来之则安之，即使死亡就在眼前，也不过瞬间的事，有什么可怕？一切自有上帝的安排。

人到中年，反倒常常感激疾病的到来，忙碌的生活中生病时，我就躲进了自己的避风港湾，远离人群和繁华人世，在疾病中体会身体的点滴难受，真实的肉体的痛苦让我对平时的健康充满感激，感觉生活已经给了自己太多太多，就病病吧，凡事不可完美，太完美的东西不易存留。比如天上那轮满月，满过之后，一定得亏。

　　从病里挣脱出来的时候，眼前的阳光总是更明亮，心中的希望总是更茁壮，精神空间总是更宽广，正在康复的身体像婴儿一样渴望成长。

　　能够生病，也是一种福气啊！

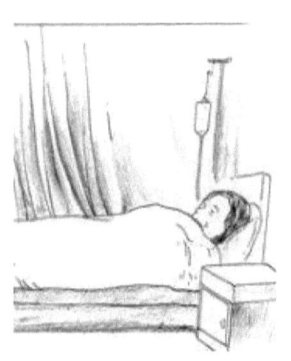

享受孤独

　　熟悉我的人，都认为我是开朗乐观的，热情好客像血液一样流淌在身体里，埋怨的声音基本上在我的语言里是绝迹的。很多的朋友、很多的应酬像花瓣儿簇拥着花心儿，组成花一样美丽的生活。陌生人也不例外，有爱看我文章的人会说出这样的话，你好像生活在蜜罐里一样幸福似的，怎么小小的事情到你眼里都变成大喜事儿了，你好像总是高兴得不得了，简直令人嫉妒。我浅笑，笑里有着别样滋味。

　　试图搞清自己，总是失败。乐观热情是与生俱来的天性流露，自己无法控制地东溜西窜，而孤独却是个懂事以后的真爱，与我朝夕相处也决不厌倦。记得六七岁时，我就会在睡前望着天花板上一个暗黄的印记出神凝望，幻想的翅膀飞呀飞，眼睛里是自己长大的模样，一个大大的孤单的身影，那一刻我小小的心里就会有着淡淡的、孤独的哀愁，孤独的沉醉。老师说我是林黛玉，并不会吟诗作画，悄悄地、默默地淌眼泪确是常有的事。小学和中学时，我的文艺才能已经充分显露，除了常常被老师拎到讲台上表情朗读自己的作文，还成了学校表演节目时的台柱子。台上活泼大方的我在台下却喜欢一个人跑到校园里没人去的地方傻坐，甚至在全班同学安心上自习课的时候，偷偷溜出去看电影，一个人坐在空荡荡的电影院里享受孤独。上大学以后，我的自由主义和矛盾个性就更加显着，一边当着体育委员、节目主持人、学生会女生部长，活跃在人前人后，一边又总是独来独往，常常在宿舍里拉着帘子躲在床上，听着靡靡之音，捧着弗罗依德的"梦的解释"莫名其妙地掉眼泪。

　　时光荏苒，现在的我真的变成永远开朗乐观的人了么？确实每天做着和人打交道的工作，知心朋友一大堆，社会活动圈一层又一层，中国人，外国人，教会，读书俱乐部，早餐俱乐部，运动伙伴等等，日子像是被友情、亲情、真情织出的五彩图画，温馨而热闹。可坦白说，我最享受的时刻却是夜深人静、万籁俱寂的时刻，整个的世界安静了，整个的时间归我了，整个的空间被自己无边的思想充满了。灯下，面对自己的影子，身体不必像白日里被责任缠绕而去忙碌，而去心甘情愿地被分割，分一点给孩子，分一点给老公，分一点给客人，分一点给朋友，分一点给柴米油盐，留给自己的就所剩无几了。夜里的我，身体是完整的属于自己的，心更是一颗自由的心。这自由的心于是可以像脱了缰的野马，四野驰骋。回忆、伤感、忧虑、烦恼夹在安详、喜乐的缝隙里，肆无忌惮地涌来。面对自己，我往往是不笑的，尽管成熟了的我也同时不再经常地落泪。孤独时刻，思想的潮水涌来时，眉头是微皱的，眼神是凝固的，表情是木纳的，心思是沉重的。孤独中，静静地咀嚼过去、现在和未来，悄悄地品味喜怒哀乐，如一杯无糖的咖啡，虽然苦了点，留在嘴里的醇香却能更长久地停留。长大了的我不再喜欢把烦忧传递出去，人们的日子还不够累吗？谁愿意去承载更多的重压，看一张愁苦的脸呢？那个喜乐平安的我也许能够借了这只寸管之笔带给人们一点欢乐，一点思考，也就心满意足了。

　　享受孤独，就像吃夹心面包，菠萝包还是叉烧包，外表是看不出来的，里面的馅儿只有尝了才会知道。感谢神造了我们人类这样一种复杂的动物，能喜能乐，能哀能怒。我的确觉得自己是个幸运儿。其实，你也是！

不开计算机

　　记得在北欧念心理学时有个讲感知疗法的女老师提到现今社会上的上瘾现象，她说除了酒瘾、烟瘾、赌瘾、毒瘾之外，还有一种瘾正在严重地干扰人们的正常生活，问大家是什么瘾，有同学答色瘾，有同学答工作瘾，还有同学答买东西瘾，老师直摇头，教室里静悄悄没人再想得出答案的时候，老师一语道破："计算机瘾！"对啊，计算机瘾！好像人人都有得这种瘾的趋势啊！教室里一片喧哗。

　　那时我们住学校宿舍，网络只是刚兴起的东西，家里没计算机。每天上完课就拎着书包到系里机房排队上机，长长的队里人们耐心地端着课本东倒西歪地看书等待，蹲着的站着的坐在地上的都有，你是绝没心思占住机器在网上乱逛的，作业打印出来就完事儿，赶紧走人让出机器。没课的时候我常坐火车跑到计算机系的机房去上机，那里一整座楼都是机房，好阔气啊，从不用排队。只是去一趟满辛苦，远在城市的另一头，下了火车还得步行二十几分钟。我仍是常常乐此不疲地专门跑去，一坐坐一天，做完作业，就自己跟着 Tool Bar 上的 Help 研究 Word 和 PowerPoint，一个功能一个功能地试着玩儿，累了就上网看民主刊物"华夏文摘"，觉得自己在国内时简直是井底之蛙，幼稚地从不知道自己是一只井底之蛙。芬兰大学打印数据不收钱，有时就不太自觉，大着胆子把好文章打出一大摞背回家去看，和先生一起感叹井外的天空有多大。

　　那时虽然天天上机，却还谈不上上瘾，每天捧书本的时间远远多于面对显示器的时间，在整个生活中，计算机还是得和新生事物化为同一范畴。即便先生以教计算机用计算机为职业多年，那时也想不起来要自己拥有一部计算机。没有计算机的日子是很可爱的，你的眼可以看身边的风景，你的嘴可以和身边的人讲话，你可以读书，可以运动，可以更多地使用身体和知觉触摸身边的生活。

　　十年，说长吧，排队上机的情景就好像昨天，说短吧，一夜之间怎么这个世界就被铺天盖地的计算机和网络占领了？占领了你谋生的出路，占领了你业余的时间，占领了你思想的空间，甚至占领了你的喜怒哀乐。这个庞大的蜘蛛网就这么明目张胆地爬满了你生活的每个角落，粘在蛛网上的芸芸众生伸胳膊蹬腿儿也没办法摆脱这张蛛网的超级粘合力，大蜘蛛悠然自得又合情合理地吞噬着一众网民们的精力和时间。被蜘蛛吸食了精华的人们常常眉头紧锁紧张不安，急匆匆地活，潦草草地过。信息时代，时代病毒"计算机瘾"无孔不入地见人就感染，得病的无计其数，无药可医。许多人身在病中不知病，病入膏肓仍网中自乐沾沾自喜。见过上班在计算机面前坐了一整天，回家又在计算机前面坐到熄灯上床的人吗？几乎家家都有。你简直不敢想，没有计算机可怎么活？

我是个抵抗力很低的人，染上这种病毒正在情理之中。好在工作不需要天天面对计算机，病毒只能瞅空偶尔发作。但为这"偶尔"，已经可以称得上代价惨重。和孩子玩耍的时间被挤压，和先生聊天的时间被挤压，睡眠的时间被挤压，读书的时间被挤压，一切业余爱好都被挤得动弹不得。更可悲的是病毒还常常在全家四个人身上同时发作，各自关在自己房间面对面前一块花花绿绿的四方屏幕敲打自己喜欢的那个隐形世界的大门，身边这个有形之家就变得形同虚设，集体主义正败在个人主义的脚下俯首称臣。听着五岁的贝贝时而大叫时而大笑在隔壁网上玩游戏的声音，我不知该笑还是该哭，这种大笑在面对真人的时候怎么不大听得到啊！啪地关上计算机，就想，我五岁的时候在干什么？在地上扔皮球翻羊嘎剌（羊骨头），不玩儿到小手黢黑跳个十级八级，决不罢手。跳皮筋儿能跳到大举，唱一天"马兰花，马兰花，风吹雨打都不怕，勤劳的人儿说了话，请你马上就开花！"也不闲腻。小伙伴儿今天你俩一伙儿，明天我俩一对儿，晚上要哥哥到处去找，拖着嗓子喊"回家吃饭-----"，那才真叫童年啊。现在的孩子小手不用玩儿脏就能在计算机上和满世界作战当英雄，凯旋着大乐，要找个朋友玩玩儿，却得家长先打电话预约，复杂得像要会见国家领导，玩儿不玩儿吧，不玩儿也罢。这现代社会现代得什么都带了"电"，计算机电视电话，没电就玩不转，这带电的现代都快让人忘了人类这种高等动物也是光溜溜来到这个世界上的，并且还将光溜溜地回去，有没有电，又真能奈你如何？

一贯比较善于自我教育的我，终于开始认真地制定全家的戒瘾计划。手段简单-----不开计算机！

你看每个人经过自己计算机时那贼眉鼠眼的模样，难受啊！Email要查啊，什么什么网站是不是有什么好玩儿的新消息了？现在谁在聊天室正好可以大聊特聊一翻啊。和这个世界千丝万缕的联系都在那小小一块屏幕里呀，真就不开计算机了？且慢且慢，戒的是"瘾"，戒的不是"计算机"。挺住，等到开不开计算机都不觉得扯心揪肺了，瘾就不再是瘾，亲爱的计算机还是可以回到面前的。

给孩子施加高压总能短平快地奏效，禁止就是禁止，没有商量，两三天下来，孩子好像都快忘了计算机是什么东西了。狠心对待自己也并不艰难，因为发现在计算机问题上狠一狠，就能在娱乐问题上松一松。不开计算机的时候，有书可看，有琴可弹，有画可画，有毛衣可打，有孩子可笑可玩，有先生可爱可嗔，有朋友可倾诉可倾听，窗外有高天广地，屋内有密意浓情，小小显示屏怎可与天地万物人间冷暖同日而语之？Email 三天不查有什么要紧，天一定不会砸在身上，地也不会陷到地球那头去，什么什么网上不上，什么什么天聊不聊，也全不打紧，一日还是三餐照旧，东边日升，西边日落。有个道理其实很简单又很难懂，就是每个自己都没你想得那么重要，这个世界谁离了谁都会继续前进的。一旦想明白，就像从茧里脱身出来的蝴蝶，束缚没有了，可以浑身清爽自由自在地飞了。开计算机也罢，不开计算机也罢，和屏幕里的人物、屏幕里的故事你好哈罗拜拜再会，变得自然而然无牵无绊，"瘾"就"隐"得无影无踪了。

不开计算机，这项时时要复习的功课已经成了我的必修课，这门课让我学会和世接口对面地拥抱，用我真正的肉体的胸怀去拥抱。

箪食瓢饮，乐在其中

　　西人家长问孩子最多一句话是"Did you have fun？"我们的家长问孩子最多一句话是"考了第几名？"记忆里，父母从不问我"你快乐吗？"这样"愚蠢"的问题。"成功成仁"和"享受生活"在很多国人眼里因果相连。节衣缩食、愁苦度日，怎能快乐地享受生活？那么，真的难道只有温饱安逸的温床才可酿出快乐的美酒来吗？

　　事隔多年，儿时见过的一幅动人画面常常停留在脑海里挥之不去。那时我们街头住着一对捡破烂儿的中年夫妻，两人衣衫破旧，一年四季只是一件从不更换的深蓝褂子。男的推一架小平车，堆放拣来的破铜烂铁，女的手里握一个铁丝做的长钩子专拣废纸。傍晚日落西山，手推车骨碌碌回家，夕阳的菊色光影里妻往往搭坐在平车边上，夫咧着嘴推着妻和一天的战利品，妻的脸上挂着永远灿烂的微笑。我们一群疯玩儿的孩子就会让出路来，让他们过去。有时不知他俩在谈什么，两人在满满的破烂车边一边走一边大声说笑，那些爽朗的笑声在我童年的记忆里回响了很多年。当时就立志长大当个捡垃圾的，而且一定嫁个同样爱捡垃圾的老公，那样就能永远幸福地笑口常开了啊。

　　这对夫妻可有锦衣华服、山珍海味？可有丰厚的物质生活做欢乐的后盾？即使在当时那样艰苦的年代他们的生活也属艰苦中的艰苦者，他们的心里却拥有着快乐中持久而真切的快乐。

　　出国深造，勤工俭学的苦日子渐渐被稳定的工作替代时，物质生活基本进入了小康。"Enjoy Life"成了生命中随时随刻、绵长持久存在着的一个概念。从生活的点滴中体会快乐，成为缓解紧张生活压力的手段。树立一颗平常心让阳光进来，感激现在你所拥有的一切，比追求无边的功名更加重要。在融入西方文化过程中学到这样一种珍贵的人生态度，不能不说是一种收获。我们传统的文化教育里，这一项是空缺。取而代之的是"成功成仁"。当快乐与名利紧密相连时，快乐被物质欲望左右，实难真正实现。

　　现在想来，这对贫贱夫妻永恒的快乐，来自何方？内心，念由心生。无钱无势、节衣缩食的生活同样可以因为目光聚集在已经拥有的一切而欢欣快乐。金钱荣耀铺满的日子也会因为看到那许多还没到手的东西而愁苦不安。

东坡有诗曰：蜗角虚名，蝇头微利，算来着甚堪忙。事皆前定，谁弱又谁强……能几许，忧愁风雨，一半相妨。又何须，抵死说短论长……且趁前身未老，尽放我，些子疏狂……所以，只有物质的享受淡然处之，箪食瓢饮，生活才能真正乐在其中啊。

想家

　　"想"是一种感觉，一种历练，又是一种享受。没有一个人在这个世界上没有"想"过。小时候我们想得到一个好陀螺新沙包儿，想有一个崭新的铅笔盒，想在繁重的学习期间有一天轻松的集体春游，想成为一个名牌大学的学生。上了大学，我们为一个帅哥而想，为做个家教赚点钱而想，为考试及格而想，为毕业分配而想，工作以后我们为多涨一级工资而想，为送男朋友一件合适的礼物而想，成了家之后，我们为生不生孩子而想，为怎么讨婆婆欢喜而想，为要不要继续深造而想。出了国，我们为选择职业找工作而想，为买辆汽车而想，为在哪个小区买个房子而想，为一个月还多少房贷而想，为接不接父母来而同住而想，为全家到哪儿度度假而想。

　　耕耘不断，硕果累累，小草长成了大树。生活日新月异的时候，我们想的事情却总是滔滔江河一般，一波刚平一波又起。不过这些"想"，都是现实有目标的想，是可以通过努力来满足的想，是想过之后就消失了的想，就好像饥饿的人添饱了肚子就不饿了一样。

　　可是有一种"想"却是起起伏伏，时断时续，绵绵长长，无边无际的想，是身在异国他乡就永远无法消除的想。是无论你富有还是贫穷，成功还是失败，年轻还是年老，坚强还是软弱，沉静还是开朗，都无法排解的想。它血液一样流淌在你心里，灵魂一样伴随着你，不需要邀请它就光顾你。它在你心中舞蹈时，你会唱你会跳你会哭你会笑。这就是------"想家"。

　　想家是苦的，苦在想的时候心神不定，坐立不安却无药可医。于是古有"心在天山，身老沧州"的慨叹，今有歌词"梦回故乡"之说，也就是只能借梦境去缓解心中的思念。然而梦醒时分，身在他乡，一切依然如旧，这想家的感觉只会如河底的流沙虽然随波逐流，却总是越积越厚；

　　想家又是甜的，甜在天涯茫茫你还有一处地方可以牵挂，你的身体就是走到天涯海角，你的心也不会失去依靠，你的心里有个根，你就不会如一片树叶从树上飘落下来一样，随风而逝。

　　想家是抽象的，它来无影去无踪，如阳光一样天天与你相伴，没有它生命就会干涸，你却不留意它的存在，不注意它的力量。它在你失意的时候来拥抱你，叫你提起一支笔写一封家信诉诉心头之苦；它在你风光的时候，叫你拿起话筒，让你的喜讯飘洋过海和亲人一同分享欢乐；它在你疲倦时，让你驻足回望，听听家乡的消息，看看老朋友的近况，想想自己的去路；它在你愉快时，让你和儿女同坐，讲一段儿时的趣事，重温那深街陋巷里的欢笑。

想家也是具体的，它是拿起电话听见老母亲的问寒问暖，喉头涌起的哽噎，它是看一盘春节联欢会录像带眼中莫明其妙泛上来的潮湿，它是省吃俭用买了名贵的西洋参寄回国内的一个包裹，它是邮件里扫描给家人的一摞近照，它是得知长江发水灾心中涌起的焦虑，它是听见我们自己的宇宙飞船载人上天的消息几天都无法平静的心跳，它是看见Sports illustrated 的封面上姚明的大照片就好像他是咱哥咱弟似的那份骄傲，它是得知女排再领风骚之后逢人就讲的兴奋。

男人想家，矜持而含蓄，喝一杯酒，抽一根烟，默默无言；女人想家，热烈而奔放，话如水流，泪如泉涌，风摇树动。年轻人想家，一想就做，所有积蓄都买了机票，无怨无悔；老人想家，唉声叹气，一沓照片在手，老泪纵横。

想家是美丽的，美丽的内容，美丽的心境。想过去黄土高原上的一把温暖的黄土和黄土下埋葬的爷爷奶奶，想现在一座座积木似的楼房和街头巷尾张大妈李大婶叽叽喳喳的笑骂，想侄子外甥过春节一声嗲叫换来压岁钱时喜悦的小脸，想家门口那地摊儿上一碗滋味浓厚，余味几天不散的酸辣粉，想巷子口那个一年四季坐在小马扎上修鞋的刘大爷，想同学们校庆团聚时久违而亲切的笑容和家长里短的问候。

想着家，你不再觉得孤单，因为你的心有记忆相随，温情相伴。你不再觉得弱小，因为你的背后有一个脊梁骨一样结结实实的家的支撑。你不再觉得迷茫，因为任何时候你都有一个返航的方向，你背后那个家是一个不会飘摇的，坚定的，永远不拒绝你的停泊港。

想着家，在融入西方社会的艰难路程上，你也不再觉得力不能支，你是一个群体中的个体，这个来自黄河的群体以着这共同的血脉和共同的想念与你并着肩在陌生的环境里抗争着，是这扎实的想念给了我们勇气和团结，鼓励和支持，信心和乐观。"你是华人吗？""是""你说国语还是广东话？"三言两语抹掉了陌生人之间的距离，因为我们有着同样的黄皮肤黑眼睛，同样出生在那块富饶的土地，心里有着那个共同的家。

想家让我们阴翳的天空充满阳光，想家给我们跋涉着的心注入力量。想家是我们的充电器，是游泳游不动时面前的一个救生圈，是寒天雪地里的一件又厚又软的棉大衣。想家，真好！

给他一张微笑的脸

　　"上得厅堂，下得厨房"似乎是现代社会里人们评价一个能干女人的通用标准，浅笑苟同之余，我还另有感触，能每天都给丈夫一张笑脸的能干女人才算得上真正的花团锦簇呢。

　　在国外过着树大无根的生活，无论多么才华横溢血气方刚都不可能像在国内一样轻易地呼风唤雨，种豆得豆，种瓜得瓜。没工作的难免如热锅上的蚂蚁焦躁不安自不必说，有工作的也常似惊弓之鸟随时做好被炒的打算。于是曾经顶天立地大包大揽的男人们变得小心翼翼起来，老婆能不能分担家庭的经济重担有了不能忽略的意义。女人们于是改行的改行，读书的读书，山爬了一重重，沟跨了一道道，总算工作找到了，柳暗花明了，日子却在早九晚五的紧张忙碌中干燥无味起来，原来粉嫩的脸孔泛起灰黄，花朵一样的笑脸上了锁，定格在秀眉微皱满脸厌烦的神情上。上班，程序老出错，烦烦烦；下班，家里乱成一团，孩子又不听话，更加烦烦烦。于是，老公面前晃着的这张面孔变得呆板滞涩，怒气冲冲，甚至偶尔目露狰狞。老公呢，面对这样一付寒冷的面孔，原来的甜言蜜语就变成了不言不语，本来计划的温柔体贴就半途搁浅变成了牢骚怨烦。一个恶性循环的圆圈就这样越画越黑。虽然钱赚得越来越多，房子越来越大，房贷越来越少，日子却干巴巴的要裂口子了。

　　这时候，女人，你得停下来，问一问自己，你还爱你的丈夫么？你愿意再过这样没有柔情失却浪漫的生活吗？聪明的你想过之后发现自己并不是对丈夫失去了兴趣，而是在生活的重压下忽视了本质的感情，而烦躁则像一支慢性尼古丁使你变得对他有些麻木了。知道吗？这时你就该想起女人无坚不摧的秘密武器了：微笑！

　　最喜欢曹雪芹形容女人是水做的骨肉，女人的柔和，女人的清纯，女人漫溢的欲望，都像水一样有着流动的轻柔质感。而微笑就是那水中柔软的涟漪，它能软化他的烦恼，销蚀你的麻木，唤起你的蜜意，掀起他的柔情。面对一张笑着的脸，人是很难愤怒的，面对一张笑着的脸，人是很容易被传染的。微笑着的你可以轻易地心平气和，可以坦然地正视客观，可以快乐地接受反面意见，还可以勇敢地提出恳求。你的武器不是阴谋掌握你的丈夫，而是用它来打开冻结的情感之门，让生活充满乐趣和滋味。不论他是对是错，你的笑都是转变的起点，能笑着解开疙瘩，能笑着活得更好，为什么不笑呢？

　　所以，女人，你愿意试一试吗？今天回家，给丈夫一张微笑的脸吧！

享乐与快乐

生活日新月异。这几年，温饱在中产阶级的人群中已经不再是谈论的话题，哪里可以吃、可以玩、可以运动、可以旅游、可以享受、可以消费成了白领阶级孜孜乐道的事。国外打拼多年的中年 IT 族，回国探亲访友，被国内那些同样功成名就、在各行各业中担当中流砥柱的中年精英们请吃请喝请玩请乐，成了必不可少的节目。国内的奢侈豪华，国外的消闲自由，都是通过一定方式的享乐达到使压力缓解，身体松弛，精神愉悦的目的。享乐之后，所思所得，千秋各异。

近观渥太华，虽然全球经济危机乌云笼罩，诸多 IT 精英朝不保夕，人们生活的外观却还是平静无波。雪场热火朝天，火锅饭店新张，车水马龙人声鼎沸，午餐聚会喜气洋洋、笑语喧哗，舞蹈队歌唱队排球队网球队训练、表演、比赛按部就班，观众热情高涨、呼啦队积极喝彩。没公交车，孩子大人互助搭车照常上班上学。丢了工作，让简历天女散花，日子虽然紧巴，却大多早有打算，合理开支日子照过。地球不管兴旺还是低落，一圈一圈自然沉着地转着。生活不管阴天还是晴朗，一日一日不紧不慢地翻着。

雪天，眼前一片洁白，心里心外被干净充满着，你想激动却好像没有动力，想低沉又好像没有缘由。 你感觉镇静，感觉平安。你开窗，面对阳光下晶莹的反光想象积雪下春的蠕动，心中涌起涟漪般的快乐，静静的不可抑制的、安宁的快乐，你禁不住舒心地微笑了。

一直笃信人的快乐是基于精神层面的，是一种精神内部源出的本真，是来自内心的舒服、惬意、喜乐、幸福等感觉你缠我绕的综合体。那种心里的安宁、和谐、滋润和开心，不是外部的什么能够掠夺和侵占的，也不是依赖于外部享乐可以轻易得到的。这种境界虽然少有人可以真正达到，却世世代代被无数渴望心灵充实的人努力追求。一杯淡茶，一本好书，一段对话，甚至一个眼神都可以触发这个心灵快乐的按钮。

境界之高远有高低之分，追求之过程有难易之别。寻求快乐，却是每个人从呱呱落地到鬓发苍白一生苦求的理想，完美而持久的快乐是不存在的，这使快乐多了层追求过程的欣喜和满足，追来的快乐似乎比不追即来的快乐更加充实、更加快乐。

常有人把享乐与快乐混为一坛。我却认定享乐是来自外部的，快乐是来自内部的，所以享乐不能够与快乐直接挂钩。健康的积极的享乐可以使内心的快乐加倍，反之，堕落的、放肆的、淫荡的享乐，不但不能给人快乐，反而给人痛苦。因为享乐是一种通过外部刺激来获得快乐的方式，刺激一停止，就会百无聊赖。它可以时有时无，时多时少，因为它的到来依赖外物的帮助。

　　真正的快乐是不必完全依赖外物的，它可以持久地、绵长地停留在心中。站在一种超然物我的境界，做一个内心喜乐平安的人，你会发现享乐这东西，既来之则安之，多则多得，少则少得，无则不得。看透这一点，你就会很容易变成一个快乐的人，因为你拥有想快乐的愿望，就已经拥有了快乐的种子，快乐之树生根发芽还会远吗？老子说："夫唯无以生为者，是贤贵生。"是说，只有不在生活方面十分看重享受的人，才比贪求个人生活奢侈享受的人高明。所以世界上风云变幻，高潮低谷，只要你看淡了享乐与快乐的关系，即使身处低谷，你还是可以寻到心灵快乐的港湾去停泊 。

荒凉的绿

院子里的荒凉是碧绿的，少有人把碧绿称做荒凉，这不合理。绿的生气，绿的蓬勃，绿的欣欣向荣都给人生命旺盛的信号，怎可"荒凉"？可这片绿却在夏末的雨后给眼睛抹上无法拒绝的荒凉色彩。

花是艳丽地开放着的，红的白的桔色的，一堆一簇一捧，可是花间的杂草与花朵竞相争艳，半人高的挺拔顿时让身边的花簇黯然失色，它们密集地拥挤在花丛之中，扎扎刺刺，占据了所有空闲的土地，这是野地的风度，野花的浪漫。这样的花圃如果长在苇塘、长在河堤会是一道让人回头的风景，长在家里的后院就刺了眼睛，那是少了人气的散漫，缺了呵护的无奈。

草坪是油绿的，均匀的草叶间却猝不及防点缀着无数宽宽窄窄的其他叶片和零零星星的野花，草坪于是变得不够纯粹，绿，有了断点，有了丝丝缕缕的疤痕。蒲公英圆嘟嘟的种子七七八八地站在草坪四处，骄傲地昂首伫立，飘逸自然，随时准备迎接风的爱抚，然后潇潇洒洒地播撒在草坪深处，幸福地生根孕育发芽。

想起当年刚落地加拿大的时候，隔着车窗观望春天一望无际的草坪和草坪上星星点点的黄色蒲公英花朵，心中漾溢的兴奋，这些美丽的黄花，曾怎样撩拨起我对这方土地新鲜的热爱啊。多年后，面对油绿的草坪，我对那些黄花和承载黄花的茎蔓充满无奈，它们是草坪的敌人，它们以强大的播种力和生命力侵犯着草坪的翠绿，打破着那绿的纯洁。自从开始禁止使用化学除杂草剂，草坪上的蒲公英就不得不被一根根地铲除，那个设计独特，不必弯腰弓背的拔草器用坏了两只，院子才持久保持了一份喜人而纯粹的油绿，那些草叶和油绿里有着主人滴滴汗水的滋养。可是现在，久违的草坪，女主人的远离放任了所有杂草的自由，它们张狂任性，它们如此无拘无束，它们大大咧咧地住在后院的碧草之间，泰然自若地和草坪分享土壤的营养、阳光的温煦和风雨的抚摸，涂抹出一个荒凉的院落。杂草丛生处，悠悠何人住？凭栏抬望眼，翠影无人顾。

院子的一角，曾开出一片菜园，早春时节，用上好的牛粪土铺盖，随便撒种，就会收获新鲜菜蔬点缀餐桌，原生态的生活滋味在诱人的清香中弥漫。而今，那块菜地上供奉着骄傲的的野草，它们横横竖竖占据着蔬菜的地盘，肆无忌惮。因为高大健硕无遮无拦，在院子里显得格外突出，好像士兵把守着野地的原生状态，理所当然地彪悍着，草坪的荒凉竟然因此壮观起来。

院子成了这个野地的模样，并非无人居住。女主人久别之后站在杂草丛中，心头五颜六色七上八下，酱缸翻掉，盐桶倾倒，酸甜苦辣不知哪个滋味占了上风，与其说恨着这些乌七八糟的杂草，不如说怨着草坪的另一位主人！唉，难道绿的不是同一扇窗？难道青的不是同一份田？难道这庭院的椅子没给你片刻的惬意？难道这草坪的翠绿没滋润过你的心田？变化着的是院子的模样，还是那颗一贯充满责任感的家长之心？

女人穿戴整齐，大檐的太阳帽，防水的草地鞋，胶皮手掌的帆布手套，适合弯腰弓腿的弹力紧身裤。她站在院子里，俨然是个时髦的劳动者，那是个城市农人的特有姿态，即使劳作也保持着美丽的风度。她的手触摸着壮硕的杂草，心一梗，连根拔起。一次次弯腰，一次次直起，一根根地消灭，显然效率颇低，稍许，已经气喘嘘嘘。她于是改变策略，使用铁锹。一脚踩下去，长满杂草的泥土整块掀起，她惊诧于如此高大的草棘，根基竟如此浅薄，不属于这片土地的毕竟不属于。她猛地翻转铁锹，草根就根根外露出来，一群彪悍的"士兵"瞬间被翻倒横卧，她蹲下去，一根根抖落根上的泥土，把寿终正寝的野草塞进专用的回收大纸袋。整个下午，她重复着同样的动作，同样的内容。天色将晚，她的脊骨隐隐作痛，无汗，却浑身酸痛，面前裸露的黑色泥土映照着她脸上疲倦但欣慰的笑容，花圃已经干净得像个花圃了。她甩甩自己纤细的臂膀，收拾工具，心里酝酿着和男主人的对话。

"我收拾我们的野草园了！你看，花圃是不是很漂亮？"女人漫不经心地说。男人站在阳台上，面前的草地杂草仍密，花圃却干干净净地裸露着，一丛一簇一捧，红着，白着，纯粹地开放着。他无语沉思。夕阳映着窗棂，泛着橘黄色的光芒，草地笼罩在温暖的夏夜里，有虫鸣轻聊。

入夜，男人给女人腰下塞了一只热敷袋，他说："周末我来收拾院子，你别再逞能！你，不要怪我，没有女主人的家，干什么都没劲！Well，还是有一件事情愿意做的，等你回来！"

半梦半醒之间，女人的脑海飘扬着诗句：荒凉的绿啊，生命蓬勃，仍可长满荒凉，因为眼前少了绿的主人；荒凉的心啊，虽然跳动，仍可表现沉寂，因为身边没有爱着的人……

No，并不难说

　　人类需要节日来打破生活的平淡，像给一件单调的衬衫系一条色彩浓郁的领带；人类也需要节日来疏散工作的压力，像一座给长跑者提供矿泉水的服务站，疲软的心脏在补充了清凉之水之后，恢复了跳动的力度，激励着更加坚实有力的脚步；人类更需要节日来联络慢待了的亲情和友情，礼物的进进出出，派对的红红火火，让"惦记"和"关怀"化作具体的形式，窗外的冰天雪地被心中的温暖隔离开来，圣诞树下的礼物热烘烘散发出亲密的气息。撕开彩色包装纸的惊喜会使每张面孔笑逐颜开，杯盏叮当的瞬间，家长里短的闲嗑儿将随同食物的香味悠悠弥漫和传递。

　　感谢生活中有"节日"这样东西的存在，让爱静的有了动的热情，让灰暗被鲜艳遮挡，让疲累转化为欢欣。

　　一个令血流加速的节日，能给大多数人带来喜乐，却时常撩起我淡淡的负担和忧伤。母亲总是在年节的休息时间洗衣做饭收拾屋子，嘴里唠叨着生活的辛苦和繁杂，爸妈的口角也因了这些辛苦繁杂在节日前后额外增多。肉饺子、新衣新裤、压岁钱都不能抵消浸泡在贫穷的政治社会里那些灰色记忆。这些琐碎记忆于是给我的童年烙下了一个忧郁的痕迹，印在所有本该快乐的节日里。岁月的脚步从童年踱入中年，从太平洋东边挪到西边，那忧伤的痕迹仍然清晰可见，难以抹去。有时我们不得不感叹时间的多重个性，它可以如此有力地改变一切，却也可以如此无能，固执地坚守一些人性里冥顽不化的弱点。

　　如今的生活，早已可以不辛苦、不繁杂地度过。有车有房衣食无忧的日子也早已无法与"艰难困苦"画等号。如果你辛苦，是你选择了辛苦，如果你感觉繁杂，是因为你选择了繁杂。

　　移民十几年的人们已经从"新移民"的创业期进入了"老华侨"的安定期。许多人在下班之后开始"辛苦地"健身、跳舞、打球和参加各种聚会，忙于穿梭在人群之中。如果不这样穿梭，一定会变得"三高一少一坏"，高龄高血压高胆固醇，血糖少，脾气坏；另外许多人每天"辛苦地"围着孩子团团转，孩子学了钢琴学羽毛球，学了 Kumon 学下棋，学了绘画学舞蹈，如果不这样以这些小祖宗为中心地旋转，他们怎么能健康地出人头地？他们甚至连长大都会成问题；还有许多人在业余时间辛苦地买房、租房、卖房，买了一套又一套，卖了一座又一座，往返沉迷于房子之间，如果现在不买，房子一涨价，我不就吃了大亏？人人都搞投资，如果我不投资，岂不掉队了？这些"辛苦"着的人们见面的寒暄是匆忙的，口里"忙忙忙"地抱怨着，脸上却是从心底里泛上来的成就感、自信和高傲。遗憾的是我们可以从这些荣耀的面孔上轻易地发现一层洗脸洗不掉的紧张和疲惫。

现代社会多层次的生活所带来的多层次的欲望，延伸出的应酬和繁琐事物就这样吞没着人们的业余时间、闲暇感和平常心。忙，是忙其身，累，是累其心。假期，在这样忙碌的现代生活里变得比以往任何时候都更加重要和迫切。可是，即便应酬和聚会也在给人增添额外的负担：该买什么礼物？该做什么菜？该选哪家餐馆？该说什么话？人们不再有时间单独面对自己，单独面对家人，安静思考，安静休闲。有的人甚至连度假都要攀比一下，今年你家去了加勒比，明年我家一定也要去，好像那地方明年不去就会消失一样。这时这个度假所满足的就不仅仅是需要休息的身体和精神，还附加了虚荣心的满足和显示优越生活的成就感。

身为一个社会人，我们无法摆脱社会气氛，也不得不去迎合社会行进的脚步，但我们有能力停下来喝口水喘口气，如果你肯把长跑的名次看淡，而去专注长跑的健身和参与意义。

当节日悄然而至，我低头审视，发现自己和我正在描述的人群一模一样地被忙碌淹没和吞噬着。节日里，我愿意用心理学家的紧张缓解方法教育自己：学习说NO。

在"累"到来之前，让自己休息。在"忙"吞没自己之前，让自己"闲"下来。做"自己"并不是件容易的事，当"自己"负担着许多责任。做"自己的主人"更是艰难，当自己已经成了"繁琐事务"的奴隶。可我和每个人一样都想做主人，一个可以给"繁琐事务"当王做主的主人。

"对不起，不能去参加这个 Party。"我红着脸却坚决地对好友说。

在美丽的节日彩灯提醒节日来临的日子里，我很庆幸自己能够点亮心中一盏明灯，看清楚黑暗之中被奴役的自己，也看清了解放自己的途径。这时，我快乐地想到了吃了睡睡了吃、无忧无虑、不知道讲究清洁卫生的猪们，此时的我对他们充满敬仰之情。

我说："像猪一样活的简单，也是一种境界啊。"

朋友在电话那端发出了爽朗的笑声，她羡慕我对猪精神的分析、觉悟和渴望，她甚至说她也愿意加入我的行列，不洗脸不梳头不换睡衣地逍遥几天，拥有一个真正安静自在的假期。

　　休闲，在刚刚逝去的圣诞、新年和春节里彻底实现，庆幸自己的决然，当我们决定说 NO 的时候，才发现：No，并不难说。

失眠

一呼，一吸，侧身枕畔。瞳瞳凝目凝视没有特点的墙壁，它像没有目标的生活，一片苍白。女人和衣而卧，墙上滴答，一挂黑色行走的钟伴着寂寞，脚不停歇。细胞在身体里沙沙作响，似乎 Enya 的 Caribbean Blue 变成了血液，空灵的声音，唯美的图画，闪闪烁烁，单纯和复杂磕磕绊绊地拥抱着，安静流淌在夜的静谧里。

从床头抽出一本爱了十年的小人儿书，重复的诗句一遍又一遍翻转去，又翻转来："I'll love you forever/I'll love you for always/As long as I'm living/my baby you'll be."这是 Robert Munsch 这位儿童文学作家最严肃的作品了，严肃到把世上的母子之爱包含得一滴不剩，严肃到一个成年人读了十年亦未曾读够，每次重复，仍有雾水蒙了眼帘。一页，两页，共十五页。大概太薄，竟没有页码标识。这是一个爱的颂歌，母亲坐在摇椅上摇着儿子，一直摇到儿子成家立业，儿子又开始反过来摇垂老的母亲，结尾是儿子摇着他的女儿，吟诵相同的歌谣。薄薄几页走过了三代之情，世纪真爱。

这便是绝妙的好文好诗，世代重复的平常事，家家经历的早中晚。经文早就存在，却只有他念得出，没有片言只字的华章藻句，没有煽情动魄的矫揉造作，却念得让人心神激荡涕泪暗流。合上书，却怎么都合不上心中的共鸣和感动。想象有一天自己也可以写出这样的文字，荣华富贵都不要，此生足矣。

从形式探索，这篇也够得着现实主义和魔幻现实主义的结合之作，除了细节的真实以外，它具有现实主义的典型情节，比如小孩把母亲的手表冲进厕所，比如儿子青春期的杂乱烦躁使得母亲恨不得把他送进动物园，这些生活中的瑕疵同样无法阻挡爱之歌谣的反复重吟。同时作品也拥有非现实主义的强大想象成分，一个母亲凌晨 1 点开车穿越城市，架了高梯爬进成年儿子的卧房，抱着沉睡中的六尺大汉摇晃：I'll love you forever/I'll love you for always/As long as I'm living/my baby you'll be，是怎样一幅匪夷所思的图画？这样的魔幻便是一种爱的极致升华，升华到现实世界之外的无边境界，无论年轮怎样旋转，爱的轮回跨越现实，亘古持续。而那儿子抱着垂垂老矣的母亲在摇椅上摇晃的镜头就更加欲说还休：I'll love you forever/I'll love you for always/As long as I'm living/my mommy you'll be。

　　躲在夜的深处，我如一只翩翩飞舞的幽灵，黏附在这本小人书的画面里，难以自拔。女儿匀细的鼾声似乎透过墙壁月流烟渚，母亲粗重的喘息似乎隔着海洋画图难足，还有男女之爱，亲朋之爱，日月昭昭谁与共，哪待痴人梦醒时。我自己，便是那泼墨的羊毫一支，写意在白天与夜的缝隙。

情到深处

亲情篇

家有小女初长成

昏黄的台灯从侧面射过来，你的脸于是有了明暗的光影，睫毛正好躲在明暗的交接处，那毛茸茸的一层顿时有了生命，一眨，又一眨。时间好像停止了，只剩下那呼拉、呼拉的闪动。那张年轻的面孔即使在灯光下依然弹性饱满，侧影仿佛一流的浮雕，有种失真的美丽。

一动不动，你沉浸在计算机屏幕里那个迷人的世界中。

我站在一旁呆看，心儿好像被一只温暖柔软的手轻轻揉捏，感慨的汁液就缓缓从心中流出。孩子，我怎么能够相信，十五年弹指一挥间，你已经如花似玉，你婴儿时的啼哭还不时在我耳边回响，可面前的你已经高过我的身量，一把细腰挺在那袅袅婷婷的身体上，撑着一个独立自主的青春。不久的将来，你就要离我而去，好像成熟的花籽最终会随风而去，脱离孕育它的根脉支杆，去寻找适合它生长的土壤。发芽、生长、开花、结果。在一扇醇厚绚丽的大幕之后，一个未知的人生故事就要以它全新的方式登场。我静静地观望，等待幕布的开启。甜着，也苦着。甜，因为你是我滴滴乳汁养育成长的孩子，你的节目，无论演的好坏都是对我的回报。苦，因为我不得不面对你将离开我翅膀下温暖的遮护远走高飞的现实，那布景里的狂风骤雨抑或雷鸣电闪都将由你以主角的身份来独立面对了，我的苦，是不舍之苦。

浮雕终于移动了，你扭转脸，看见我，哂笑：妈妈，你干什么？这样一动不动，吓人扒拉地盯着人看。我竟有些慌乱，恐怕心思被你识破。哦，没有没有。我说着走了过去，搂了你，你的姿势是一边凑上来一边又要迅速挣脱去。你快去吧，妈妈，你打搅我呢。你蜻蜓点水一样亲了我一口，一边用手推着我。

走开的我，心中装着沉甸甸的幸福，恋恋不舍。这样的恋恋不舍每天都会在这个屋檐下重复多次。人们都说孩子的青春期如何难缠，如何反叛，如何不可理喻，如何与父母疏远。我似乎经历着这一切，又似乎没有。因为你的难缠里有着许多合理的理由，你的反叛里有着很多废旧立新的时代意义，你的不可理喻里有着很多个性的倔强和坚强，你的疏远里有着很多独立的坚韧和性格。属于你的是你自己生命的探索和磨练，属于我的是对你不同于我们这一代人的认可和理解。

青春，是应该在那拥有花香与鸟语的春天，也经常面对小雨淅沥和泥泞难行；是应该在枝头绽绿，生命蓬勃欲出的同时，也承受风的洗礼和雨的浇灌，甚至闪电的摧残。我试图理解青春，以我文字轻微的笔触，在你青春期的画册上，绘一页插图，记载你片刻的欢笑与痛苦。当时间已经成为陈旧的记忆，当你在若干年之后像我一样面对你自己的孩子心怀激动时，你会翻开这页母亲为你描绘过的插图吗？你会记得一个那样平常的夜晚，妈妈凝聚在你身上那层多情的目光吗？

爱，是可以传染和延续的，好像花粉在风中飞扬。孩子，如果说我对你有着一些希望，那不仅仅是希望你可以独立自主地生存与世，也不是希望你在人前赢得令人羡慕的荣耀。我希望的其实很少很少，我要你学会爱与被爱，学会用爱的力量支撑一切生命的元素。有了这个武装，你才可以成为战无不胜、坚无不催的将军。如果爱可以在文字里流淌，我愿意让自己的文字成为你生命中最好的礼物，在将来的岁岁年年里永不衰老枯竭，只要重读，就会充满喜悦和力量。

钢琴教师

开始教钢琴那年，你十岁。

我的好友带着儿子罗寒在家里进进出出，他们习惯了你练琴时流淌的琴声，那时你钢琴才五级。好友希望自己的家里也可以流淌这样音乐的河流，低头对五岁的罗寒说："你愿意跟丝丝姐姐学琴吗？" 罗寒欢蹦乱跳，因为学琴意味着可以规律地赖在丝丝姐姐家多玩儿一会儿。你也欢蹦乱跳，对罗寒说："你如果不听我的，我就咯吱你。"话没说完，就和罗寒滚在地上，互相格哩的大笑声，嘎嘎作响，好听得超过琴瑟喧嚣。

就这样，本身还是小学生的小女孩开始了每周半小时的第一份工作——钢琴教师。人说万事开头难，你的开头却分外轻松。这头一个学生是个天生的音乐神童，从零起点开始的进程可谓突飞猛进，每首新的乐曲重复一遍就可以演奏完美，对学生对老师，都无坎坷而言。而你半小时的低价教琴收费八块加币却比超市收银员一小时的工资还高，好友还闹着要多给。课上完之后的嬉闹自然而然地成了钢琴课的尾声，你的童心远远超过你的"传道授业解惑之心"。

这样轻松愉快的学习环境，很快就吸引了更多本地白人朋友的目光，一个来了，下一个也来了。你的学生从一个到三个、到五个、到七个，有男孩儿也有女孩儿，甚至有成人。你在家教琴，有时也会上门服务。来去匆匆，五年疏忽而逝，你"钢琴教师"的名声在外，不仅给你带来了稳定的小小收入，还大大增强了你的自信心，自己的钢琴也顺利地完成了十级。

在妈妈的朋友中间，在你自己的朋友中间，这个特殊身份使得你多少有些鹤立鸡群。我禁不住问："你会不会觉得自己挺了不起的？好像比身边的朋友都能干？"

"为什么我要和周围的朋友比呢，妈妈？我没觉得自己了不起，A 会踢足球，F 会做蛋糕，L 擅长看小孩，我从来没想过要和我的朋友比，你知道我最烦什么都觉得自己了不起的人了，我怎么会把自己变成自己讨厌的人呢？"你说完，冲我翻了翻大眼睛，否定着我的提问，那对葡萄眼睛晶莹剔透，黑油油地闪烁着纯洁的光芒。

欣慰地微笑，我感谢上帝赐你一颗对朋友懂得平等与尊重的宽和心肠。

干预你的授课，不是我故意的。琴房紧挨厨房，我没法不留心你对学生的态度。你急的时候，我比你还急。你急，为学生为什么学不会着急；我急，为了你为什么不能更加有耐心而急。学生走了，我掩不住自己的失望，对你说话免不了吊起了眉梢，你丝毫不示弱，每一句反驳都铿锵有力："我的学生都没抱怨，你为什么替他们抱怨？""这个歌儿已经弹了一个月，总犯同样的错误难道我应该容忍？""如果你不满意我的教学方法，你来教吧？"

我常常无言以对，在你面前，妈妈经常是弱小无助的。爸爸把我拉到一边，小声说："她在努力，你不是看见了吗？她毕竟是个孩子啊！你让她拥有成人有意识的容忍和耐心，也得循序渐进，是不是？难道同意她做老师不正是锻炼这种技能的过程吗？请给她时间，你得容忍让她去学习容忍的过程。"

我逐渐闭了嘴，因为看到你正在和学生相处的每堂课里悄悄地成长，你教着别人，也教着自己。

在这个世界上，来自书籍和长辈的教训在青春期自以为是的少年心中远不如实践得来的真知真识可信可靠。这条公理无需证明，几乎所有父母都有相同的体验。圣经上说，凡事自有定时。你的成熟正在你面前的生活轨道上按部就班地运行着，不慌张，不迷茫。看着一天天长大的你，我心存感激，满心喜乐。

时光如梭，它渐渐展示出我们在你身上倾注过的无数努力换来的硕果。妹妹成为你的学生之后，我惊诧于因为家中有个"钢琴老师"而缩减掉的开支和赚得的时间。让你学习钢琴，显而易见成为诸多教育投资中最合理而高效的投资。你在学琴和教琴中逐渐建立起的自信心、持久力和独立能力蕴藏在那八十八个平凡的琴键里，平稳地伴你走过了少年时光。感谢你纤纤细指弹出那些如水般的旋律给家庭带来的喜乐，我经常想为你欢呼。

我一直不认为你拥有过人的音乐天赋，但我是这样的以你为自豪。正是你这种"平常"让我觉得自己是如此幸运的母亲。一个平常的你，小小年纪就开始创造不平常的故事，开始积累不平常的经历。在我们平平常常的人生里，不正是这些小小的不平常把生活打扮得充满希望和乐趣吗？年轻的钢琴老师，前路迢迢，希望那八十八个琴键在今后漫长的人生中继续给你带来欢乐，祝福你，孩子！

点心发放员

"妈妈，这病好像没治呀，这么说她会死的？"你眼睛里透着惊惧，脸孔苍白。

计算机屏幕上是维基百科上关于 Sepsis 这种疾病的解释。

我推开计算机，转身面对你，说："我看她可能是你要面对的第一个绝症病人，比癌症还严重的绝症。你接受这份工作时已经知道自己会面对死亡来临的考验，对不对？"

你点了点头，叹着气。

"妈妈，我现在想着她的模样，就觉得害怕。她就那么大睁着眼睛盯着我，一动不动，眼皮都不眨，张着嘴。病房里关着灯，我怕病人有皮肤疾病，不能随便开灯的。旁边有电视机开着，闪着忽明忽暗的光，阴森森的。我笑着跟她讲话她也不动，也不知道她听到没有，可她的眼睛一直都是大大地瞪着我的。你想想，可怕不？"你垂下眼皮，想着心事儿，十五岁的面孔显得异常的成熟。

我伸手抚摸你，心里说不出的滋味，有些心疼，但必须假装坦然有力。过了一会儿，你才抬头笑了，说："妈妈，没事儿了。虽然她不能吃喝，我还是会去看她，你别担心。"说完，你留给妈妈一个沉着的微笑，转身走了。

自从你几经周折申请到在医院里做义工的这个固定职位，你就开始规律地面对疾病和患者。在将来的八个月到一年的时间里，你将和很多重病不起、甚至滞留在生命边缘的老人规律地见面，给他们端茶倒水，嘘寒问暖。

第一次送你去，我说："妈妈陪你进去。"你坚决抵制："妈妈，这是我的工作，不是你的，你陪我去，是我的保姆吗？不让人笑话？"

我心不安神不宁地等在车里，想象你推着小车，挨个儿病房送食品饮料，和病人聊天的情景。我甚至开始怀疑鼓励和帮助你到医院做义工的决定对一个十五岁的女孩子是不是太过严酷？你这个花季的年龄是不是应该面对更多阳光的东西，远离这些疾病、苦难和死亡呢？你的义工时间早都达标了，你本不必接受这个义工的工作。

一个半小时之后你坐回车里。"好吗？"我问。"很好！"你答。我耐心地等着你。你果然顿了顿，接着说："妈妈，其实我开始是有点害怕的，他们都好像快死了一样。有的人连话都不能说，有的人早就瘫痪了，还有人胡乱说话，一看就神志不清。有个人大喊大叫，我去找护士，护士也不理她，说她整天都是那样的。"

　　"那你和他们在一起做什么？"

　　"我？站着，笑着，听着呀！我也说话，但要小心，因为不可以说"how are you"之类的话。"

　　工作了几天之后，我问你："还会害怕吗？"

　　"不太怕了，妈妈。我的任务就是给他们发放点心，陪他们说说话。他们很孤独。有个九十多岁的老人抓住我的手就不放，每次跟我讲相同的家史，我都快背会了。我接受培训的时候知道我们不能和病人有身体接触，所以就犹豫应不应该让她抓我的手，可我怎么能抽出来呢？她会伤心的，就干脆让她抓着吧。妈妈，你知道吗？很多病人很可怜的，他们睁开眼睛只有一件事可做，就是浑身疼痛。他们见到外人，特别高兴。"

　　我微笑，这孩子心中有爱。"宝贝，你知道这份工作你要做至少八个月，可能会面对的挑战吗？随时随刻，哪张床空了，都是可能的。当你逐渐和病人熟悉了之后，你要准备好心里的承受能力去面对死亡的发生。死亡，虽然时时刻刻都在这个世界上发生，但发生在身边熟悉的人身上，是绝不一样的，你的情感会为此大大震动的。"我一边开车一边说。

　　你点头，很笃定。我欣慰，为你的笃定。

　　"妈妈，看到他们，我更加明白为什么你总教育我要学会感恩，拥有健康和平安，真的很幸福。"你的脸光洁粉嫩，笑容多么干净。

　　风雨无阻，除了过节你请过一次假，每周你都去医院做义工。你结识了很多患者，分享着他们生命的经历。你年轻的面孔和笑容给他们能带去多少生命的激励，你不知道，但你尽心尽力。有时我会问你几句，你谨守保密原则，适当透露些故事给我听。有时你则沉默，我在你的沉默中感受你的成长和坚定。床位空掉的时候，你已经不怕去面对，你对我说："妈妈，床空了，有多种可能。病好了，转院了，回家了，去逝了，都可能。我的工作不允许我探究，我也不必要去探究，是不是？无论他们去了哪里，我都在心里祝福他们。"我眼里出现了文章开始时你遇到那位 Sepsis 患者时的惊恐表情，短短的几个月，你的惊恐已经被沉着代替。

　　社会生活在你的脚下才刚刚开始，我很庆幸，你小小年纪就有这样的机会给需要关爱的人点滴关爱，小小年纪就可以通过直面生命的莫测与无常，来磨练自己的个性。脚踏实地走你的路吧，孩子，请保持这样的勇敢和坚定，未来的路还很长呢。

美发师

你手指上的水泡终于化脓肿为干爽了。"妈妈说过没事儿的，看把你吓的！"我甩掉你的手，一付漫不经心的样子，一转身却禁不住暗叹"谢天谢地"，手里划着十字架。如果那化脓的手指继续恶化，我怎么能够原谅自己？

水泡是理发剪刀磨出的，是你给妈妈剪头发磨的。你这是第二次给妈妈剪头发，就起了第二遍水泡。我不得不深怀负罪感地暗下决心，再也不让你剪了，哪怕你剪的头发比好莱坞明星造型师的手艺还好。

话得从你如何培养了自己一手"高超"的剪发手艺说起。

你的头发，密实、浓厚、油黑锃亮，黑丝绸一样，一看就是新社会幸福生活的产物，外加健康得有些营养过剩。那些黑丝绸天生有些轻微的自来卷，使得你本来就厚实的头发更加蓬松浓厚。在我眼里这是天然的美丽，在你却过于厚实庞大，缺少轻薄潇洒，不合现世的青春潮流。

从十二岁起，你对店里理发师的手艺就不再崇拜："妈妈，她们那几下，我也能。"于是，你开始自己摆弄头发。各种美发用品，从挤的、喷的、擦的各类定型发胶到各种规格的电发器在你的梳妆台上琳琅满目地排队。很多时候我会嫉妒它们的存在，每次进你房间，我都有把它们全扔掉的冲动，因为你和它们在一起'水乳交融'的时间比你和妈妈在一起的时间多很多，它们在你房间留下的刺鼻芳香也时常令我担心化学物质对你健康的侵害。

可是爱美的你是不屈不挠的，没有一头平展飞扬的头发，你不肯出门。你宁可拒绝屋外阳光的诱惑，也不肯牺牲电烫发棒折磨头发的时间。你折腾头发的时候，大门紧闭。我在你房间地板上发现无数碎发时，总是努力发挥想象力，想象一把剪刀在你纤细的小手里如何上下翻飞。开门面对我的你，是清爽干净的，头发的层次错落有致，刘海刚巧在美丽的大眼睛上方漫不经心地搭个漂亮的屋檐，耳边飘着头发尖尖活波的韵动，背后颈上的头发微微翘起，音乐般动人，飘扬着青春的骄傲。没有人能够看出这样完美的发型出自一个少年自己未经过训练的手指。我不得不一边唠叨你花太多时间摆弄头发，一边在心里惊叹你的聪明灵巧和好学自主。

除了摆弄自己的头发，你和同龄朋友们在一起时还会互相拿对方的头发做试验品，叽叽嘎嘎笑着闹着练习手艺，切磋技艺，结束时提高的就不仅是美发技巧了，还多了一层青春期过人的自信和骄傲。可幸的是你们从未出过差错，青春的靓丽被你们几双稚嫩的小手折腾得格外精致齐整。"哇塞！"我叹着，忍耐不住心中的赞叹。

清晨的淋浴是必不可少的，无论前夜多晚入睡，你都会留出清晨沐浴后的时间来款待自己的头发，以此来款待他人的目光，那头黑发是无论如何都得以顺直潇洒的完美姿态公诸于世的。我闭住了唠叨的嘴巴，开始接受你的习惯。如果你在头发上"浪费"掉的时间可以为你的每一天翻开健康、自信、愉快的一页，我愿意无条件地支持你。

看着你越来越成熟的手艺，我终于耐不住羡慕的性子："我看你打薄头发的手艺不比妈妈的理发师差，愿意在妈妈头上试试？"

"没问题！"你爽快的好像中了大奖，脸上开着花样的笑容。

原计划半小时的打薄工程历时近两小时，你说："妈妈，你的头发比三个人的还多。"卡擦卡擦，卡擦卡擦，好像永远不会结束一样。一个小时之后，你的手指就被剪刀磨出了水泡，你竟然不言不语，转身贴了创可贴就回来继续工作，我目睹着你的坚韧和耐心，十分吃惊。你平日的毛糙劲儿都不见了，仔仔细细，聚精会神，缠着创可贴的手指在我眼前上下翻飞，我没法儿不用感恩和感动来描述自己的心情，事后奖励给你的二十元奖金只能算作这份感动的微小表示。很快，这份感恩和感动又被骄傲和自豪代替了，因为剪好的头发得到了极好的社会评价，谁剪的？你女儿？哪儿来的手艺？难以置信！

写到这里，我几乎要改变自己因为心痛你的手指不准备再让你给我剪发了那个重大决定。有道是"能者多劳"，有了"能"，不"劳"就好像在浪费。这中间的道理怎么理得清？算了，还是把未来交给时间，让你灵巧的双手顺其灵巧的自然吧，为你自己或者为你身边的人，永永远远，兴高采烈，灵巧自如。

打工族族员

十岁就开始有固定"工作"的孩子，即使在讲求锻炼儿童独立自主精神的西方国家也还是极少见的。你的工作不是送报纸，也不是帮邻居割草，而是教比你更小的孩子弹钢琴，那时你钢琴只有五级，还弹得磕磕巴巴。因为有技术成分在内，你当时半小时的收费是七块，是音乐学校钢琴老师收费的三分之一，却比超市收银员一小时七块五高出近一倍。一眨眼，五年过来，你已经成为老资格的"钢琴教师"，学生一个又一个，收费也随着你钢琴弹到了十级逐年上涨。时常有朋友问，你女儿还教不教了？小弟想来学呢。我就有些支吾：这我得问问她，怕是时间满了。的确，你上学、做作业、参加各种活动之后空闲的时间很有限。虽然你还是个孩子，我却坚持把教琴的决定权留给你自己。经济上的小小独立，使我不得不从十岁就把你当大人看。

你外出打的第一份工对我来说是个惊喜，那时你还不足法定打工年龄，宽松的餐饮业却敞开大门给了你机会。你自己上门，简历一递，就摇身一变，成了"劳动者"。我被这个消息吓了一跳，不是因为你轻而易举地找到工作，而是为你那漫不经心的样子，好像这么小的年纪牺牲周末娱乐的时间出去打工是个理所当然的事情，你的自觉自愿自主多少有些令我感动。

在餐馆厨房的油烟里进进出出被充分熏陶过的你，对食物的品味有了显著提高，再去餐馆吃饭，从来不点菜的你开始指手划脚，餐馆的趣闻轶事也从那张灵巧的小嘴儿里涓涓流淌出来。这份工显然不仅使你拥有经济收入，也使你拥有了更多对生活的理解。比如对食物的理解，以及对食物面前的众生百态的理解。餐桌旁一坐，无论你是狼吞虎咽还是细嚼慢咽，都得一样地遵循"民以食为天"的原则，不分种族，不分老幼。你从种族的不同里看出了饮食习惯的差别，你从男女老幼点菜的倾向里猜测得出他们的生活背景和出了餐馆的生计。这个持续上映在餐馆里的电影在你面前规律地播放，成为你认识真实社会的一个窗口，你看着"电影"，丰富着阅历，堆积着经验。

你通知我过节期间要天天打工时，我再次愕然。这份工是在繁华的大 Mall 里一家高档皮衣店。你的年龄仍然未到，我惊诧于为什么你找工从来不会遭遇困难，更惊讶于你有勇气牺牲节日的轻松欢愉而甘心进入零售行业去承担一年最繁忙销售季节的辛苦。对于你的决定，我即使想要反对，也是无能为力，你的先斩后奏显示着你超常的独立自主，这样积极、勤劳而健康的心态令我哑然无语。我笑着说：如果你这两周每天把那 8、9 个小时支在双腿上站下来，倒是好大的一个考验，医治懒惰。你笑着说："您等着瞧！"

不用瞧，我已经知道你会做得好。被动出击时，你往往是既懒惰又懒散，主动出击时你一贯兴高采烈，旗开得胜。有朋友在商店里遇到你，惊讶于你的成熟与美丽，在我面前啧啧称赞。我有什么理由不感到欣慰？安静的时候，我会思想你的成长，深深体会"内因是外因的基础"这个不变的真理在你身上的具体体现。因势利导的教育原则用在你身上的具体做法就是无论干什么都要先调动你对事物的内在热情，那团热情在你心中熊熊燃烧的时候，任何艰难险阻你都会去直面面对，坦然克服。

站了十小时的工作日结束的时候，你摊在沙发上，露出了孩子的软弱娇嫩："妈妈，我的脚站得痛死了。"我端来电动按摩脚盆，滴了熏衣草芳香油给你泡脚，我的笑遮掩着我的心痛。孩子，生活的磨练才刚刚开始，妈妈愿意陪着你，就这样，在你脚痛的时候，给你一盆散发着香味的安慰。肉体的苦痛是不必惧怕的，如果你的精神里贯注着力量，你的心灵里充满着喜乐，你就永远可以做你肉体快乐的主人。

小小年纪，你已经成了经验丰富的打工族族员。我静静地端详你，注视你青春的枝丫在生命之树上发芽、开花，你应该热爱春天的明媚，夏日的骄阳，你也同样应该懂得电闪雷鸣和风雪交加。在四季更替之间，你会这样悄悄地长成大树，稳稳地向下扎根，向上结果。

富有人生

　　和同龄孩子相比，你是一个"富有"的小孩儿。你的"富有"体现在你从十岁就开始拥有自己稳定的劳动所得，加上后来早早踏入社会，参加教会，打工，做义工，这"富有"除了金钱就多了一层早熟的经验和对社会的认识。有了可以自己随意支配的金钱和较为成熟的社会观，就有了较大管理自己的空间和能力，这使得父母的管理不得不相对宽松，以尊重你的独立。习惯了宽松，紧身衣就不容易感觉舒适好穿了。正像一个人总是穿大一码的鞋子，如果让他穿应该的尺寸，他的脚就会十分拘谨抱怨，哪怕那是一双正好的鞋子。

　　从物质的"富有"角度讲，你大手大脚又满不在乎的习惯在这大一码的"鞋子"里循序渐进。在你书桌上发现点儿新玩意儿，在你卫生间里发现些新的护肤美容美发用品，在你十二岁时就已经不再稀奇。如今十五岁的你，每日的着装都常常会令我惊奇，壁橱里挂着数不清的时装，堆着时尚的围巾首饰，却几乎没有一件是我给你买的。你建立着自己独立经济的同时，也建立着自己日趋成熟的品味和个性。我的审美观和你无法苟同的时候，我开始放弃坚持。每个人都是上帝创造的独一无二的个体，个体区别于群体的根据就是个性的独立和区别于群体的差异性，我没有理由要求你苟同。我开始以欣赏的目光接受你的审美观。家里家外添置任何服装或者对象，论颜色，论式样，论潮流，你都会成为最后板上钉钉的那位裁判。"好，闺女说这个就是这个了！"我和你爸爸兴高采烈地附和你。你女孩儿的细腻除了用在自己身上，还会缓缓地滋润家人，给家里添置些摆设，给妹妹买些小糖果，给妈妈买点儿小礼物。你以你的方式让家里流淌着十五岁的温暖。

　　对于热爱品牌的你，我虽无可厚非，但希望这只是一个人生必经的认识物质世界的阶段。有一天，当你不论富有还是贫穷，都可以用"不以物喜不以己悲"的态度去面对人生时，生活才可能归于平安和喜乐。不去迷恋物质的诱惑，重视精神上的丰收，最终拥有真正富有的人生，得依靠坚定而厚实的内心力量，这需要时间和阅历，需要走过平地之后，也登登高坡。

　　从阅历的"富有"角度讲，你孩子气的一惊一乍和成熟的宠辱不惊一直相伴而行。你会在嘎嘎耻笑他人之后，又耸耸肩膀说："其实也没什么，什么人都有，这个世界上奇怪的事情多的很呢，接受它吧。"你在医院做义工时遭遇垂危患者时，会恐惧害怕，流泪伤心，然后，你会破啼为笑："这是每个人的必经阶段，老了，病了，快去了，我、你早晚都会面对。妈妈，我现在面对我青春期这个阶段，你面对人到中年这个阶段，我们好好面对自己的每个阶段，就够了。"

你的现实、自信和坚强已经胜过母亲，时常你会劝我："妈妈，现实点儿！""妈妈，你太软弱了，不正常。""妈妈，你应该遵守原则。"恍惚间，母女关系颠倒，我对你的重视在这种颠倒中日增月累，除了向你询问购物的心得，我也开始经常和你一起探讨新闻、趣事、音乐、未来等等具体又抽象的存在。你和我同时享受着不定期的"母女之夜"，出了电影院，进了咖啡馆，出了饭店，进了商场，勾肩搭背，调侃嘻笑。时间在那每一分钟的快乐里消失着，我和你两代人的区别与默契却在那每一分钟的消失中积聚着。

面对一天天长大的你，面对如此"富有"的你，我有时会感觉到一种被离弃的失落，一种每个做父母的迟早都会经历的失落：小鸟儿翅膀硬了，快要离巢远飞了，不再需要鸟妈妈了。这种感觉让我与你近在咫尺，却仿佛远在天涯。我沉静地凝视这种距离，这种必然的距离。我看到这距离里有一根细细的线，结实的线，牵扯着正在越飘越高的风筝。这根线，是你"富有"的根基。我知道无论你和蓝天多么接近，和白云怎样亲吻，你和这根线的联系都不会中断。你飘累了的时候，我愿意把你一寸一寸地收回，以爱为你补充高飞的力量；当天空布满乌云，暴雨将临的时候，我愿意在地面给你这个永远稳固的基地，让爱给你一个避风的居所，等待明天的晴朗。飞吧，孩子，一个富有的人生正在那里等着你，天空的广阔和莫测够你一生的努力去探索呢。

电子世界里的青春

　　和所有青春期的少年一样，你生活在一个被电子产品充分包围的世界里。我说："我恨死了那些电子产品！它们让你远离现实世界，整天生活在一个声音、光线、电波、甚至思想你缠我绕的虚拟世界里，太不健康了。"你不以为然地说："妈妈，你真古董，这个时代就是个电子时代，你得面对现实。如果一天没有电子产品，你能生存吗？反正我不能。"你理直气壮。

　　你的每一天从早晨睁开眼睛的一刹那，就开始依赖于电子产品。那架电子闹钟是一个多功能的音乐设备，可以按插 iPod，也可以听广播。它总是以噪音般的喧嚣揭开新的一天，在不一定能闹醒沉睡的你的时候，先隔着几个房门把全家都闹醒。

　　每天出门上学你要乘一小时的公共汽车，那个小小的 iPod 就是你最亲密的伴侣。我想象着它过大的音量占据着你耳鼓的同时，怎样地占据你的心思。那些轻摇滚的音符扇动着你青春的热血，让你在摇摇晃晃的公交车上与近在咫尺的世界隔离。上车下车，过往人群，对你来说都好像电影屏幕，你是局外人，被那小小一片装着上千首音乐的金属玻璃盒阻隔分离，让你沉浸在自己那个声音的世界里。我时常怀疑那些过量的音乐对你的耳鼓和大脑早已造成了不可挽回的损失。

　　手机应该是你一天触摸最多的对象。你手指上下翻飞发送短信的速度是我的目光难以追随的，你却谦虚地说："这哪算快的？多伦多一个电话公司举办发短信大赛，一个 15 岁的女孩得了第一名，奖品是$5000。我可没有那种水平。"我说："如果我是那孩子的妈妈，会哭笑不得的。"你就讽刺地笑："你们做妈妈的都一样，落后于时代，那女孩接受采访时说她妈妈差点儿把她手机仍了。"说完，你不再理我，低头发那些来来去去没完没了的短信，脸上笑嘻嘻的。我知道你的心思早已和手机那头的朋友肩并肩手拉手了。看着专注的你，我想，如果让你一天没有手机，你是不是会使用"绝望"这个词？

　　结束了一天的学校生活回到家中，随身移动的电子产品暂时可以歇息一下，更为强大的电子空间却铺天盖地地包裹了你。电话粥如何在卫生间和你被窝儿里煲得稀烂绵软就搁下不提罢。我们来聊聊电子世界里最强大的侵入者——计算机。

计算机，早已成为你日常生活中不可缺少的工具。写作业需要它，查数据需要它，与人沟通需要他，听音乐看电影需要它，除了吃饭睡觉你不得不离开它，它几乎占据了你生活里最大的空间。曾和几个家长交换过心得，共同的感觉是，要把年轻人从计算机前赶走，难于上青天。我们可以锁住孩子上瘾的网站，但没法儿锁住你们上网的心思。MSN 锁了，还有 Ebuddy，Ebuddy 锁了，还有脸书，更有各种各样的搭桥网站可以帮你们冲破封锁，让所有的锁头不再需要钥匙就可以打开。你们在网络面前的游刃有余是超出父母想象力的，与其逼得你们想办法绕开父母的监视，还不如给你们自由和尊重，让你们的主观能动性发挥作用，自觉自愿地安排自己每天上网的时间和内容。MSN 上几百人的阵容、脸书上上千张的照片，对于我已经是个天文数字，对于你却那样平常自然。代沟，在这些天文数字里大摇大摆地形成着。

我一贯是信任你的，我对自己的放手究竟有多少信心并不肯定，但你功课出色，朋友众多，充满爱心，服务社会，建设自己，没有一样可以构成理由让我不去信任你。"随她去吧！"你爸爸安慰我，"这是个讲究 Multi-tasking 的时代，你我需要集中精力去做的事，她听着音乐、聊着天、发着短信就做完了，质量未必比我们做的差，别担心！"我藏起对你面前那块屏幕的嫉妒，从你身边经过，怀着复杂的心情努力萎缩自己想要管束你的欲望，我的"低科技"倾向是显而易见的。我不愿相信代沟，但不得不面对这条沟壑的存在，我希望那座在这条沟壑上可以顺利通行的桥梁不要中断倒塌，让你我可以随时跨越沟壑欣赏对面的风景，满怀喜悦。

"妈妈，你走，别盯着我了，我在干正事儿呢。你歇着去，喝喝茶，看看书。"你扭头笑嘻嘻地撵我走。

我走开。心潮起伏。电子世界啊，我多么希望自己变成键盘上的一个键，手机上的一个链，耳机上的一根线啊！那样，我就可以环绕在你身边，日夜与你厮守，目睹你未知的百味人生了。

巧舌

你出生的时候，哭声响亮，那声音充电器一样把筋疲力尽的我一瞬间充足了精神，我几乎毫不费劲地坐起来张望护士手中的你，漆黑茂密的头发覆盖着一个小小的头颅，那个夸张的小嘴儿奋力地发出哭喊，生命的力量蓬勃地从你微小的肺部喷涌而出，这是你第一次向世界发言：我来了！我惊奇于你声音的嘹亮，暗想，也许你会有个美好的歌喉。

从此，你的声音进入了我的生命，没有预告就肆无忌惮地驻扎在我耳鼓里，喜怒哀乐，冷暖温饱，都凭了它来宣告。烦过没？烦过！当你无端地在夜深人静之时发出惊人的怒吼把我从睡梦中唤醒时。欣慰吧？欣慰！乳头塞进你小嘴的瞬间，那惊天动地的哭声就嘎然而止，无论是在月上枝头的夜晚，还是艳阳高照的白天，那神奇的乳白液体总能平息你一切的焦躁不安。你懂得使用声音的力量，你哭，你哭，你很爱哭，哭得惊天动地，哭得撕心扯肺，哭得我瘦弱的臂膀里总是摇晃着沉重的你，哭得我疲惫的心脏只有一个念想：不哭了，孩子，求求你，请你别哭了。一个会哭的孩子总能赢得大人最多的注意力，在抚养你成长的日日夜夜里，我的注意力始终成功地被你霸道地独占着。

你嘹亮的哭声没有使你成为歌唱家，持久震荡的哭喊毁了你声带的柔软纤细，造就了一个粗犷的有些阳刚的嗓音。经过持久锻炼、哭得分外开阔的心肝脾肺口舌鼻耳成就了你的巧舌如簧。你十个月张口学话就唇齿清晰，十六个月就可以背诵"小白兔，白又白，两只耳朵竖起来，三瓣嘴，两分开，爱吃萝卜和青菜。"十八个月就有本事把医院的护士奶奶吓坏，你说："奶奶，您给我扎针轻一点，别扎得太痛了，我才一岁半。"两岁时，你已经成了院子里的明星，认得八百多个汉子，步履尚且蹒跚，却已经可以指着墙上的标语大声念："绿化祖国，人人有责！"家里来客人，你站在椅子上，摇头晃脑："关关雎鸠，在河之洲，窈窕淑女，君子好逑。"这是你小脑瓜儿里装的那五十多首唐诗里你最爱的一首。大家鼓着掌，笑着赞着。我抱你下来，想象着未来的你将如何窈窕，心中甜蜜无比。

长大的你果然窈窕，明眸皓齿，一笑生媚，端的一朵玉立的花枝微风中摇曳。你出众，人群中显着的除了细腰一把的身段儿，更有那肆无忌惮的爽朗笑声和语速快捷敏锐的言谈。从小学一年级至今，无论更换多少老师，你的学期报告里都会有一条永久存在的中性评语：话多。这

118

种评语年复一年以各种委婉的方式表达出来，我摇头啧嘴，你呵呵笑着辩解说："妈妈，我是社交磁铁，别人爱跟我说话可不是我的错。"

　　语言这东西一通百通，我笃信在一种语言的运用上敏感而熟练的人定会在其他语言上融会贯通，"一勤生百巧"，一只勤奋的舌头自然而然会成就一片可爱的巧舌。中文是家中坚持的交流语言，你应用自如；英语是家门之外的通行证，你土生土长，游刃有余；法语是你双语学习多年的成熟硕果，你信手拈来，落地开花；西班牙语是高中以来你始终的擅长，你勤恳不懈，高分鹤立。学习语言，你毫不费力，吃饭穿衣一般按部就班，春来秋往一样循序渐进。你成为父母的语言顾问已经是不争的事实，你尖锐，甚至无情，你批评说："妈妈，这是严肃的话题，你不该使用缩写。""妈妈，这样讲话太移民化了，英语不是这样的语言习惯。"

　　你早熟的经历和思想使你早熟的语言充满魅力和聪慧，"心中有物"方可"言中有物"。和你争论，我不得不经常采用保守退让的策略，不是委屈苟同，而是欣然认可你我的距离。和你打语言官司我难以取胜，我心中的"物"和你心中的"物"差别显着，它们有着文化的距离，年龄的距离，时代的距离，思想的距离。距离产生美感，我珍惜这距离，正如喜爱新衫艳丽色彩的同时，也不舍旧衣的柔软贴身。上帝造人，各归其类，自有定时。他给你巧舌擅辩的语言能力，自会给你一个塞满内容的丰富心脏供给语言需要的力量。我能做什么呢？我能给与你的，只是一个母亲有限的经验、对生活的理解和满怀的希望，你的路却延伸在你自己脚下，坦坦荡荡抑或磕磕绊绊，都得你自己去经历、体会、历练和言说了。

啊，朋友

"我放弃竞选。"你很坚决。

"为什么？"我有些遗憾，"你肯定?"

"我最好的朋友R要参加竞选，R社会能力超群，我不和她争，我支持她，我要做她的竞选经理人，帮她拉选票。"你笑嘻嘻地说。

那次竞选你朋友R成功地当上了学生会年级代表，她对你这个"竞选经理人"的作为感激不尽。据说你在Facebook上大规模宣传R，并且在你所在的天才班里争取了很多本来对学习平平的R并不熟悉的同学们的大力支持。你战功显赫，连R的母亲也对你大加夸赞："了不起啊，S，R当选多亏了你的努力，谢谢你啊！"你很自豪，满心喜悦，比R还高兴。

"如果是你竞选这个角色你能成功吗？你跟R说过你也想竞选的事吗？"我问。

"妈妈，我当然不会说，我既然准备支持她，就全力以赴，我为什么要说出我本来也想竞选这个角色的计划来让R感觉负罪感或者让她感觉我崇高呢？至于我如果竞选能不能成功，既然没去做，想它也无意义，我不想。"你干脆利落地说。

面对你成熟的理智、对朋友的仗义之气和稳定的自我定位，我无言以对。十五岁，"开花"的年龄，却好像在做着"结果"的伟业。追忆自己十五岁时的作为，我望尘莫及。原来"青"是必然出于"蓝"而胜于"蓝"的啊！

你朋友众多，多到令我目瞪口呆的地步。"有九百人在你的Facebook上？你认识每个人？开玩笑吧？"如果一天可以交一个朋友，你需要900天来交这么多朋友，如果一天和一个朋友聊一句，你需要900天才能和所有朋友说上话。这Facebook不成了你的专业时光消磨器了？无言的时候，我就摇头。面对这个被庞大的朋友圈紧密环绕的青春女孩儿，面对你无边的热情和超强的能力，我不摇头怎么办？有时候生活就是让你非摇头不可。

从小，你就喜欢交朋友，每个年龄阶段你都会被不同的朋友圈一圈一圈地环绕，你和同校的同学交朋友，和异校的同学交朋友，和小区里的同龄人交朋友，还和朋友的朋友交朋友。你和朋友的交情深浅不一，有多年如一日的挚交密友，可以无话不谈、无密可保；

你有云烟飘散的过客朋友，今朝相聚相会，明朝各自东西；你有派对朋友，吃饭朋友，逛街朋友，短信朋友，网上聊天朋友，学习朋友，男性朋友，女性朋友……你的业余时间大量地、奢侈地被各种各样的朋友分割占用着。我抱怨，"我需要你的时间，宝贝，我要你给妈妈点儿时间和我在一起。"你很乖，但很权威，"好的妈妈，我这就安排和你在一起的时间，周六五点我取消和 A 的计划，和你去 Starbuck 喝咖啡再去看电影怎么样？"你的脸上露着慷慨的笑容，好像给了妈妈一晚上时间，一点儿都不小气。

我开始严肃地面对和思考"朋友"在你这代人的这个年龄段里的重要性。如果你是一滴水，我只能是那天空泼下雨水的云层，你掉了下来，就开始远离我，而你的朋友却是你汇入的河流，他们和你挤在一起，不分你我，气势磅礴地奔向海洋，无论前方是一马平川还是礁石林立，你都会和整条河流同呼吸同患难，义无反顾。给你生命的是我，伴你前行的却是你生命中将遭遇的不同层次的朋友，他们在组成你生命的一部分的同时，也在帮你组建你的世界观与方法论。他们给你欢笑，给你满足，给你信心，给你希望，也给你忧郁，给你不安，给你打击，给你失望。与人相处，是人生最难的一门功课，你是个好学的好学生，我没有理由不鼓励你在这门功课上执着努力，争取高分。

如果一片云可以全部化作水滴，我愿意随你一同降下，在你人生的大河里与你携手相拥，滚滚东流。把我看作你身旁最近的那滴水吧，孩子，让我陪你穿越险滩和荆棘，让我陪你体会朝霞和黄昏，海洋虽然还很遥远，但我们一定会流到那里，一定。

"姐姐说的……"

妹妹比你小八岁。八年啊，抗战都胜利了，这可不是一个微小的数字。没有妹妹的那八个年头，你享尽了爹娘专注的关爱。妹妹出生以前，我没有像很多母亲一样担心你会霸道会嫉妒会欺负妹妹，你渴望姐妹。你说，妈妈，为什么是个妹妹？你能不能再给我生个姐姐呢？

妹妹是个温顺安静的小孩，和你的开朗热闹朝夕相伴，就好像黑夜与白天，冬雪与夏日。你奔放地表示着你对妹妹的喜爱，捧着妹妹的小脸儿，你两手不停揉捏，嘴里咬牙切齿地说：你怎么这么亲，亲亲亲，亲死了！妹妹肉长的脸是有知觉的，她的眼泪出来了，小嘴儿朝下撇着，妹妹即使哭起来也是沉静的，温柔的，丝毫不夸张的，她那沉默委屈的泪水，胜过一千个孩子哇哇大叫，你猛地把她搂进怀里，还是咬牙切齿地：不哭不哭不哭，姐姐喜欢你，喜欢死你了，你是世界上最亲的小孩儿，最亲最亲了。你粗暴的臂膀把个小妹妹拥得窒息，我拉开你，说，你就不能温柔点儿？你回嘴，她这么可爱，我没法儿温柔。

爱，是需要形式的，好像水需要容器盛装，用什么容器盛装，水就是什么形状。你的爱是用激烈的形式展示的，拥抱，就抱得紧如环箍，亲吻，就亲得响彻四维。你得去揉捏，去用力，去咬牙切齿，才能表达你的爱。在你这种奔放而夸张的爱滋润下长大的妹妹，对你俯首帖耳，惟命是从。"姐姐说的！"妹妹在反抗我指令的时候搬出了你。很多时候你在妹妹心中的权威性高于一切。我不去摧毁这种权威的力量，在这个世界上，父母只能陪你走过生命中有限的青少年时光，当你独立成人，和你同属一个时代的将是妹妹。而父母年迈最终被时间淘汰的时候，也只有手足之爱能伴随你那些孤单而缺少牵挂的日子。我要你这种权威在你们长大的日子里变做不弃不离的惦记，永远维持这种血与肉的亲密。

自从你有了自己的小小收入，你就是个慷慨的姐姐，Max、Gimboree 那些昂贵的童衣成了你在妹妹身上显示能力的手段，你时尚的审美观也在妹妹的小小身体上展露风采，穿了你买的时装，妹妹的窈窕文静在人群中顿时就鹤立鸡群了。你对妹妹粗线条加细线条、大大咧咧加温温吞吞的爱，换来的是妹妹对你无时无刻的念想。"这个给我，这个给姐姐吧？"在妹妹稚嫩的生命中，身边屈指可数朝夕相伴的人里，你是亲近而神圣的，是值得时刻挂在心坎来惦记的。出门带她购物，她从不自私霸道，无论挑选到什么喜爱的东西，总会请求为姐姐也买一个。

这多出来的一样东西，显示了你对妹妹潜移默化而强大的影响，她以这种时刻的牵挂回报着你。于是，即使你不在身边，有妹妹在的时候，我也经常是与无形的你形影不离的。我揣着你们姐俩儿的相互牵挂，生活在这繁华世界上，充实而自豪。

如花似玉的两个宝贝，有了你们，做母亲的还有什么他求？世间最奢华的物质和权力在人间之爱面前也是微不足道的，血脉相连、生生不息的力量在你和妹妹从母体降生哇哇啼哭的一霎那就注定了。回味你们成长的日日夜夜，我心中充满感激，如果有人用整个世界的荣耀来换你们给妈妈心中带来的温暖，我也会拒绝。我希望，"姐姐说的……"不只是个童年的口头禅，我希望这句话在你们姐妹的生命中无限延续，成为心中一个千千结，永远不去解开。

"姐姐说的……""姐姐说的……"

"妈妈，我爱你！"

"给妈妈说句好听的！"从你开始牙牙学语，妈妈就常常环拥着你恳求你。

"妈妈，我爱你！"你嗲嗲地说。

我就缩紧了拥抱你的臂膀，小心翼翼地吻你的额头，心头荡漾着温暖的波澜，这简单的几个字，是世界上最美的语言，胜过千言万语，在妈妈的世界里，它是永不耗竭的充电器，只要听到，就有强大的电流摄入，生活中的疲惫瞬间就消失殆尽了，只剩下无尽的感恩和幸福。

十六岁的花季转眼就来了，我和你比肩同行，你窈窕的身姿已经高过母亲，青春的朝气吸引着行人注视的目光。我不再经常拥你入怀，我的臂膀在你健康结实的身体面前显得软弱无力。你长大了，需要更多自己的空间，母女的亲密更多的时候是通过心灵的接触来完成。那几个充电的字眼也只有在晚安的时候才跳出来润湿妈妈的心尖。

直到那天，我与你分离，电话那边，你莺莺娇软，每次挂机前一定会说："妈妈，我爱你！"好像一个句号，结束着所有远距离的交谈。这样的结束语不是我们含蓄的民族固有的习惯，在西方社会里它却无时无刻不存在，父母儿女之间，夫妻之间，兄弟姐妹之间，公交车上，商场里，你可以随时随刻听到电话里这样的结束语。我对他人的结束语充满怀疑，当一滴香水变作一桶香水的时候，它还珍贵吗？可是，这样的语言从你的口里涌出，无论多么频繁，我都格外珍惜，我对着电话机感谢距离给我频繁聆听你的机会，我对这每一个字的热爱正如我爱你的肌肤，爱你的神情，爱你的娇嗔，甚至爱你的胡闹。我不知道你是否看得到我嘴角淡淡的微笑，那笑容里藏着无限的甜蜜和满足，我回答："我也爱你，孩子"！

爱，是一门功课。是从诞生就开始入学，直到生命的尽头才能毕业的功课。我有幸可以担任你的教师，不，确切地说是和你进入同一个教室里互帮互学，这是上帝给我的恩赐，我们要珍惜。在这个一生的课堂里，你我要手拉手走下去，虽然前途可能是泥泞坎坷曲折不平的，我们却迈得出坚实的脚步，因为"爱"是我们的脊骨，它给我们支撑一切的力量。有了它，狂风暴雨可以笑对，黑暗打击可以挺住，诽谤诬陷可以坦然。眼中的风景源出心中的风景，美丽的心灵戴着"爱"的眼镜，必然看出"爱"的世界来。孩子，前路遥遥，让你我在这个课堂上走出一道亮丽的风景，互相搀扶，互相激励，互相进步。

文章就要终结，你十六岁的生命在我笔下只是些零散的碎片，真正的你比我笔下的你生动百倍，鲜活百倍。我的编织是乏力的，但我喜欢为你编织，坚持不懈，当你二十六岁，三十六岁，四十六岁……

孩子，我知道，"妈妈，我爱你！"将伴随着我走过生命的旅程，它不息的回声将鸣响在你我世界，播散希望的光芒，开启明天！

我的小太阳....

走出深谷

那年你两岁。一颗花生给了人生这样一种生离死别的考验，是福还是祸，不想去审度。上天总是用各种各样的坎坷考验人类，我们真诚领受的时候，我感激万里平川，也珍惜崎岖山径。那潜过幽幽深谷的双足，更加懂得一马平川的珍贵，览过众山之小的双眸，更懂得困苦攀登的意义所在。孩子，你所经历的一切，都是妈妈的财富，包括你的顺利与欢笑，也包括你的困苦与忧伤，还有疾病，还有意外......

中国南端的一个城市。爸爸回国出差，我们全家同往，接了爷爷奶奶来同住。

傍晚，你爬在桌上吃花生。从小我就很皮实地带你，你的小牙牙一开始长出咀嚼的能力，我就开始给你吃一切可以咀嚼的食物。你从来不挑食，对食物有着广泛的、积极的热爱。

被花生呛住，只在瞬间。你剧烈的咳嗽吸引了全家的注意力，我把你抱到卫生间努力拍打着你的后背帮你咳出异物时，你的眼睛突出，小脸小脖子泣血紫红，那种艳丽令我血液倒流，心跳间断，呼吸窒息。

终于，你停止了咳嗽，小脸儿恢复了平常颜色。爷爷奶奶舒展出欣慰的笑容，大大的爸爸抱着小小的你左右摇晃，姐姐一直不停地问："怎么了？怎么了？""呛了"，我踮脚一手给你擦去咳出的眼泪，一手拍着姐姐的头说："没事儿，妹妹被花生呛了一下。"

那晚，你仍然闹着笑着唱着跳着，你跑到我身边时大口喘气，呼吸有些粗。略微皱眉，我觉得你累了，抱你到妈妈床上同睡。

夜里，和平常一样，你略微移动身体，发出梦吟，我就会半梦半醒着拍你哄你。有时，妈妈感觉自己的觉都被你沉沉的睡眠抢去了。自从有了姐姐和你，妈妈再没有过完整而深沉的睡眠，妈妈幸福地、心甘情愿地失去睡眠，身体也为着这种幸福，自然地适应着这种持久的半梦半醒。

那夜，你间断地咳，深沉的睡眠伴着轻微的啸鸣音。我彻底惊醒了两次，脑子里是你做医生的外婆几十年前对还是小孩子的我说过的一段话："有个病人，呛了，情况危急。异物穿过声门到了肺子里，人就不再咳嗽，但肺子是装空气的，不是装食物的，问题就来了。"

早晨，你起床之后照旧玩耍，跑两三步，就如翻山越岭，气喘嘘嘘。观察了半小时，我告诉爸爸我的顾虑，决定带你去医院检查。

那所医院是李嘉诚投资的现代化医院，庞大的建筑、宽敞的电梯、医生面前闪烁的计算机都令妈妈信心倍增。花生是非金属，X 光片不宜显示，异物的存在是透视时观察你的肺部活动确认的。医生没有二话，建议立即住院，手术取出。"手术本身，危险系数很大。不手术，异物留在气管里，小孩气道短，活动时异物如果上升堵住气管声门，几分钟就会死亡，救都来不及。如果异物留在肺子里，会化脓感染，同样十分危险。手术是唯一手段。"医生面无表情地说。

我傻了。抱着你在医院楼道里一边给正在上班的爸爸打电话，一边流眼泪。爸爸到了以后，我们再次坐到专家面前。"这种不开刀手术，是用纤细支气管镜来操作，两岁的小孩肺子里的气管非常薄弱狭窄而密集，异物没有定位，气管镜操作随时可能有意外，所以危险。"专家平静地说。爸爸问："危险，到底是指什么？"医生避开我热切的目光，抬头看着爸爸，静静地说；"死亡或植物人。"

脑子空白一片，我感觉热辣辣的眼泪哗哗地在脸上泛滥，医生和爸爸好像千里万里般遥远。隐约听到爸爸问这个医院类似的手术病例有过多少，"二三十例吧！"专家回答。

我手里攥着住院单和爸爸抱着仍然笑嘻嘻的你走出医院大门。爸爸的脸前所未有地凝重着。怎么办？难道手术真是唯一手段吗？如果手术，这家医院可靠吗？仅仅二三十例的经验，能够信赖吗？不手术可能吗？还有什么别的选择吗？

生命的分量在那短短几小时里重重地压在我们肩上，太沉太重了，压得我们喘不过气来。有眼睛，眼睛看不见蓝天白云，有口舌，口舌尝不出酸甜苦辣，有思想，思想里除了你的生命，一切都化为虚无。我们什么都不需要，孩子，我们只要你平安地活着，健健康康地活着。

打的，奔到知名的儿童医院。窄小的院子里被无数的病孩子和神色疲惫的父母挤满了，垃圾在院子里零星堆放着。医院很老，虽然是儿童医院，到处却是衰老而陈旧的房屋和桌椅床铺，一种苍老、阴暗、沉闷的气氛渗透着整个空间。

"没有选择，立即住院！"年轻大夫果断地说，"你们去办住院手续，我立刻跟主任确认手术安排。"

　　我和爸爸拿着又一张住院单站在拥挤的通道里，眼前繁忙嘈杂显得陈旧而混乱的医院走廊不能平复我们的焦虑，这样条件的医院能信靠吗？

　　"先回家吧，打几个电话研究一下情况。"爸爸终于开了口。我的眼睛已经流泪流累了，低垂着，把你紧紧、紧紧地抱在怀里，手里用了劲，好像一松手，你就会空气一样化掉了似的。楼道外面的天空是阴沉灰暗的，没有太阳照下来。

　　打电话，与医生出身的外婆联系，回答是肯定的，手术。爸爸和国际 ISO 组织北京办事处通了电话。家属在雇员出差期间发生意外情况，单位建议雇员与国际卫生急救组织联络以得到最及时有效的治疗。北京 ISO 办事处的资深医生肯定了手术是唯一途径，并提供了几个可以选择的医院，其中有北京的，也有香港的，但强调让我们自己做最后选择，本地医院应该是最节省时间的，因为意外随时可能发生。该组织还记录了你的病情，准备稍后直接与就诊医院联系，以便远程督促观察你病情的发展状况和处理方法。

　　那一天的漫长是跨世纪的，那一天的痛苦是呕心沥血的，我和爸爸经历了人生最艰难的一次选择。

　　手术是躲不过了。生死攸关的手术在哪家医院做最安全、最能保全你的性命安然无恙呢？北京太远，不作考虑。香港医院整体医疗条件可能会好些，但毕竟去香港需要耽搁至少一天时间，医生的技术是否高过国内的医生呢？从经验看，还是大陆类似的手术病历会更多，医生的经验更丰富。怎么办？怎么办呢？

　　孩子，爸爸妈妈那天面对选择时的艰难和痛苦，你能明白吗？这种艰难和痛苦是把你的生命在手里掂来掂去的滋味啊！没有一个水晶玻璃球可以告诉我们哪家医院可以救你，做错了决定，付出的代价就可能是你的生命啊！

　　爸爸脸色灰暗，神情专注，没有笑容，额上的皱纹短短几小时深了两寸。爷爷奶奶看到爸爸瞬间的衰老与沉默，大气不出，默默地烧饭，陪姐姐做功课。姐姐很乖，虽然没有人向她解释正在发生的事情，但家里凝重的气氛使她变得异常沉静。妈妈的眼睛早就血丝密布，仍一眨不眨地盯着你气喘嘘嘘地玩耍，因为害怕那个可怕的异物上下浮动堵住气道，我严禁你跑跳，严禁你大声说话，严禁你大笑大闹。时不时我抱你坐进妈妈的怀抱，给你讲故事，让你安静。

你浓黑的头发、柔软的小脸儿蹭着妈妈的脸。你是多么的小啊，你的小脸儿是多么的软啊！讲着讲着，妈妈就讲不下去了，湿漉漉的一滴泪就滴在你头发上。抱你更紧了，妈妈不能没有你，妈妈要你健健康康地长大，一直长到这些黑发变成白发，这柔软的皮肤变成皱巴巴的，我要你经历人生各个阶段的的精彩，经历这个世界五颜六色的故事，我要你活！孩子，如果倾家荡产可以换来你的平安，换来不做手术就可让那块可恨的花生从你肺子里出来，我现在就愿意去换！妈妈只要你好好地活着！没事儿的，你一定没事儿的，我在心里不停地祷告。

儿童医院，晚上八点。我和爸爸带你办理住院手续。近，快，良好口碑，面对儿童经验丰富，最终坚定了我们选择它的决心，医生的经验在这时比医院的长相重要得多。

接待的医生恰好是早晨那位年轻大夫，他脸色阴沉，没好气地说："你们跑哪儿去了，本来今天都安排手术了，怎么没影儿了？有你们这样的父母吗？知道耽误了会出人命的，知道吗？"不敢吭声，我们敢说对医院脏乱的状态不信任吗？敢说在国外呆了这么多年，回国来遇到这样的突发事件，精神过度紧张，难以决断吗？我们敢去辩解正是因为我们如此爱惜孩子的生命才不得不反复斟酌调查情况，仔细选择医院的吗？

手术安排在第二天下午，主任亲自执镜。当晚主任来和我们签手术协议，再次对我们严厉训斥，我们默默地低头领受斥骂，小学生听老师讲话一样乖巧。手术协议像一张巨大的判决书，手术失败的可能性白纸黑字写得清清楚楚：死亡，植物人，意外情况割喉救命终生外插气管……主任的冷静近乎残忍。"成功系数很大吧？"爸爸怯怯地问。"这个，对别人是 100%的成功，对你就可能是 100%的失败，反之亦然，所以这个问题对你不重要。"主任的理性与客观一针见血。他接着说："年初刚有一个孩子瓜子进了肺子，手术失败，成了植物人。最坏的情况我都告诉你们，没什么可隐瞒的。"

爸爸握笔的手像风中的树叶，从来没见过一贯镇静沉着、稳定如止水的爸爸这样抖动过……孩子，知道吗，爸爸的墨迹落在那张簿纸上的时候，我们的心几乎碎成千万片，没法完整地跳动了，我们在把你的生命双手交托出去啊……

"被你们耽误了一天，不知道肺部是不是已经感染了，你们这些父母，真是！"主任拿着签好的协议书离开，没忘记继续重重地敲打我们。无言地体会着医生至高无上的权威，对着接待台上鲜明的标语"向医生行贿，是对医生最大的侮辱。"我忽然感觉神经"豁"地一跳，此地无银三百两啊。这些斥骂不会是一种态度和暗示吧？你们这些从外面回来的傻子们，国内这些不成文的习惯与桌子下面的哲学你们懂得一点没有呢？

当一边是孩子的性命与平安，一边是道德的失衡时，我感觉十分羞愧，孩子这边的天平明显沉重得多得多。决定几秒钟就做出了，一贯光明磊落、坦荡正直的爸爸完全不知所措，但他默然，他明白妈妈是对的。数钱，揣进信封。直到行动结束，我都云里雾里一般眩晕着，不知道自己说了什么，做了什么，我眼睛里只有你躺在床上那张白白的文静的小脸儿。孩子，原谅妈妈无法不为你的平安和性命弯屈自己的道德标尺，原谅我为一种肮脏一种丑陋一种不正之风加了一块砖添了一块瓦，原谅我，孩子，这是你永远不该看到的一幕。

你的手术戏剧化地被提到了早晨第一个。我和爸爸通宵未睡，守着睡着的你，听你粗重的喘息，我的眼睛无法离开你一秒钟。孩子，明早太阳升起，你就会面临一场战争。你来到世上两年了，妈妈从来没有求过你什么，今天，妈妈要求你，面对这场没有硝烟的战争，孩子，我只允许你胜利，不允许你失败！妈妈求你！上帝保佑！

如果早一点看到这个高级的现代化手术中心，爸妈也许不会那么艰难地选择医院。手术中心是全自动的透明钢化玻璃大门，从门外看通道里一尘不染的大理石地板泛着青光，几十间手术室分列两边，偶尔进出的医生护士航天员一样全副武装，蓝色的口罩、蓝色的手术服、雪白的胶皮手套连接着里面的病员与外面大厅里家属的信心。

已经开始麻醉的你静静的闭着眼睛，小脸前所未有的苍白。你被推进去的时候，我躲开了。泣不成声，妈妈的眼泪已经决堤如黄河长江。孩子，你这样能说能闹能跑能跳地、完完整整地进去，我不知道你会不会同样完完整整地出来，我不敢想象，却一直在想象着那许多的如果，如果手术失败……如果你喉头被割断，终身外插气管……如果你成了植物人……如果你死了……

人们常常用"煎熬"来形容痛苦，这个词被用得太多太平常太随便，以至于人们失去了对它感官的理解和刺激。想象一下那种活的生命被放进滚水里翻腾烹煮的滋味吧，火焰在身下炽热地燃烧着，皮肤和肌肉在灼热中脱落着，你钻心地痛着，你知道自己快不行了，你在接近完结，可你的生命还在拼命地挣扎，你被动地被火焰、高温、开水控制着，你想逃离，但你无能为力，你就那样一点点品尝着苦难，品尝着痛苦，品尝着烹煮……这，就是"煎熬"！那半个小时，妈妈用自己的身体、自己的精神，自己的心灵实践了这个词的真正含义。那半个小时是终身难忘的半小时，孩子，你在里面战斗，我在外面备受煎熬，煎熬，煎熬……

那样高风险的手术仅仅半个小时就结束，是我们完全没料到的。我和爸爸在手术中心的等候大厅里呆坐，混在众多神色焦虑的家属中间。没有声音，每个平静的外表下都藏着惊涛骇浪，藏着祝福祈祷，藏着忧虑不安，也藏着闪光的希望。人们的目光时不时盯着那扇漂亮的玻璃门，一颗颗心被那扇大门偶尔的开启揪扯撕拉着。

那扇大门就是那时静静地打开了，一个从头到脚包裹严实的蓝色"航天员"站在门口，冲着爸爸和我摆手，口罩后面发出声音："你俩过来，就是你俩！"我和爸爸炯炯懂懂地走过去，心提到嗓子眼，走到近前，才从口罩上面的眼睛看出是主任。"手术成功！孩子平安，肺子已经化脓了，得在危重病室隔离观察 24 小时。你俩放心吧！"

浓云在瞬间被阳光刺穿！天晴了？！我还没来得及反应过来怎么回事，就被爸爸紧紧抱在了怀里，从不掉泪的爸爸，呜呜的哭声在我耳边肆无忌惮地响着。我被抱得喘不过气来，眼泪刷刷地淌，刷刷地，刷刷地……

事后我曾想，爸爸所受的煎熬又岂止弱于我？他那个拥抱妈妈这辈子永远不会忘记。孩子，知道吗，爸爸是一个在街上和妈妈手都不愿拉的、含蓄传统而保守严谨的男人，大庭广众之下如此不管不顾的拥抱妈妈，失声痛哭，不是心灵的压抑到了极限是万万不会发生的。那一刻，世界在他眼里只剩下了你生命无恙的赞歌，他要和妈妈分享这种无与伦比的喜悦，他要释放这种感动天感动地的快乐，他完全忘我了！孩子，你懂得这种爱吗？你懂得这种使世间所有言语变得苍白无力的爱吗？能够拥有它，你知道你有多么幸福吗？

下午 2 点，来到危重病人隔离室探望你，时间只限十分钟。有生以来，你第一次要和妈妈分离 24 小时。寂静的夜晚，没有妈妈在近前，渴了饿了尿了，怎么办？睁开眼睛，没有熟悉的环境，没有可以随时呼唤的母亲，你会不会紧张害怕？会不会大哭大闹？我不知道在护士的照顾下你会怎样度过今夜，但我知道自己将整夜无眠。这 10 分钟的会见，对妈妈来说好像茫茫大海上一个可以歇脚的孤岛，多希望这孤岛可以延长为陆地，让我们不再回到那惊涛骇浪中去经历危险和考验啊！

更换了无菌罩衣，爸爸妈妈也变成了航天员的模样。

危重病室里一片雪白，雪白的床，雪白的墙，雪白的灯光，雪白的护士。闪烁的计算机屏幕和屏幕上浮动的电波图形多少给了这种雪白一点生气、一点感情。我们被带到你面前，眼泪立刻模糊了我的眼睛。你躺在那儿像一个小小的白色蜘蛛人，全身上下插满了管子，你的脸白得和床单一个颜色，眼睛微睁，萎靡地睁着。看到妈妈的时候，那眼神里闪过一股爆亮，小脸儿浮出一层笑意："妈妈！"你轻声说。我惊奇于你透过"太空服"可以一眼认出妈妈。穿过牵牵拌拌的管子，我搂住你的头，不敢用力，我感觉着你松软的皮肤，感觉着你冰冰的温度，和着眼泪，我亲你，孩子，我可怜的宝贝，你可受了罪了。我的嘴却咧的很大，是最开心的笑，终于见到我的小宝贝了，终于摸到你柔软的皮肤了，我的孩子打仗打赢了，我的孩子终于挺过来了！

你忽然说："妈妈我要尿尿。"站在旁边的护士接嘴道："我们给她上了尿片，她不尿。"我一听就有些急，说："她早就不带尿片了，她要坐起来才能尿啊，我来帮她吧？"护士说："她现在不能起来，没事儿，我们一会儿给她插尿管排尿，你不用担心。"护士的态度是温和而坚定的，妈妈只好不情愿地住了口，这是她们卫护你的地盘，不是妈妈能做主的家。

爸爸拿出事先准备好的相机给你拍照，我们想把你战斗胜利后的模样在你生命的纪念册上记录下来。几张照片还没照完，护士就催促我们离开，说："孩子在这里安全舒适，你们走吧，把孩子和你们的粘糊劲儿勾出来就麻烦了。"你安静地目送我们离开，没哭，没闹，弱弱地。妈妈一步三回头，眼睛是淅沥小雨，嘴巴是鲜花笑口。不怕，宝贝娃娃，明天就可以回到妈妈身边了，啊？明天，明天是来得很快的。

那二十四小时我掐着分钟一秒一秒度过。一次又一次，我跑到危重病室门口去张望，毛玻璃门中间有条细缝，我把一只眼睛贴在上面，看里面白茫茫的一片和护士走来走去的影子，脑子里想象着你那小小白色蜘蛛人的身体和你看见妈妈时目光里瞬间闪耀的亮点。这条可爱的细缝就把妈妈的心紧紧和你拴在了一起，你身体的温度、你依恋的眼神都漫进了妈妈的身体，妈妈的心就软软地放了下来，好温柔好平静好放心了。

危重病室紧挨着另一个病区的住院部。我这样反来复去间谍一样在门口窥视的举止引起了邻近一个病房主人的注意。那间病房很特别，非常窄小，一张小床，一个两三岁瘦弱的小男孩躺在床上安静地听旁边坐着的母亲讲故事。门大敞着，我的行动都看在那母亲眼里。孩子好像睡着了，那瘦弱的女人从病房里踱了出来，关切地问："孩子还在抢救？"

我点点头，又摇摇头，不知该说什么好。女人说："不要紧的，进了这门里的孩子都是脱离了危险的，反倒是我们这种住不进这间隔离病室的是病重的。"她苍白的脸孔淡淡地苦笑着，近看没有一丝血色。

　　我收回自己门缝儿里的心思，和她一同坐在走廊里的座椅上。

　　"看见我儿子了吗？"她指着病房瑞安静入睡的小男孩，继续说，"癌！我儿子可能最多还有两个月的生命了。"她一动不动地盯着儿子，异常平静地说。

　　惊呆的我，无法言语。

　　"两年了，我辞了工作，倾家荡产，欠了无数外债。没用……没用……救不活他了，救不活了……"她仍然一动不动地盯着儿子，眼睛一眨不眨，脸孔雕塑一样没有表情。

　　我把手搭在她手上，捏了捏，眼睛早就湿了。

　　她收回目光，竟然对我笑了，说："你孩子怎样了？"

　　我抬手擦去眼角一滴清泪，哎，这两天我好像把一生的泪水都用完了。"大夫说，明天从危重室出来，再住几天院，把炎症消下去，就可以……就可以……出院了。"我说出院时，几乎难以启齿，面对这个绝望的、无助的母亲，我孩子的平安无恙是一种怎样的奢侈与炫耀啊。

　　抿了抿嘴，宽厚地笑着，她说："哎，你肯定没离开过孩子吧？我看着这个玻璃门的日子也不短了，没见过像你这样放心不下的。不早了，回去睡觉吧，总这么扒门缝，也扒不出孩子来。"说着，她站起身来，跟我道了别，身影一瞬间就被那扇病房的小门关紧了，留给我一片无奈的空洞，这空洞里却又塞满了东西，塞得太满，让人喘不过气来。

　　大凡人生没有比较时，我们不知道自己拥有了多少。我们抱怨，不知道有人连抱怨的对象都找不到；我们叹息，不知道有人连叹息的力气都没有；我们哭泣，不知道有人眼泪早已哭干。两天来我所经历的精神的跋涉、颠簸与煎熬，对我好像已经到了可以承受的极限，可是面对这个瘦弱的母亲，面对她苍白的笑脸，我的痛苦是多么的渺小，我的煎熬又是多么的不堪一提。放弃一切的一切，专注地看着自己的骨肉，滴答，滴答，一滴一滴地耗尽生命的鲜血，走向死亡，是怎样一种撕心裂肺的折磨？我不敢去想，不愿去想，不能去想。

　　对着这扇关紧的病房小门，我向上天祈祷，求你怜悯这位母亲，求你给她生存的力量，求你在今后的日子里赐福与她。对着这扇病房小门，我还要向上天献上感恩，感谢你对我孩子的关顾，感谢你丰厚的赐予，为人之母，我，知足。

一周以后，你出院了。呼吸平缓均匀，和从前一样活蹦乱跳。

你还是从前的你，爸爸妈妈却感觉眼里的生活完全变了样。孩子，懂得吗？经历过了生命的抉择，生活里还有什么不可以宽心放下呢？功名利禄在生命面前如此的轻如鸿毛。珍惜 whatever 我们已经拥有的，满怀感激，就是我们对人生的最好回报，因为，生命无价。

孩子，故事接近尾声，一件有趣的事情妈妈不得不提。给你在危重病室拍的照片，最后全部丢失了。那年数码相机还是个新鲜事物，爸爸拿着相机里取下来的内存片直接去商店洗印，那里的机器突然发生故障，莫名其妙地删了几张照片，不偏不倚，删掉的都是你变成白色蜘蛛人的照片。我想，上天是安排我们忘记那段过于紧张而痛苦的记忆，让我们走出过去，用全力热爱今天、体会今天、活着今天、珍惜今天。上天的用意是何等智慧高深啊！妈妈诚心领受。

孩子，因为一颗小小的花生米引发的这个故事，让我们有机会经历了这么多感情和思想的动荡，忧愁、焦虑、不安、痛苦、迷茫、释重、解脱、兴奋、快乐、感激，那短短几天给了我们这样的机会，让我们接触了很多人一生都无缘触及的生命的真谛。你现在仍然弱小的生命和思想还不能体会这一切，生命的艰苦与收获得你自己用毕生的实践去经历、去品尝、去回味、去拥有……

此时此刻，妈妈回想着这一切惊心动魄与酸甜苦辣，仿佛刚刚走出深谷、迷路的旅人，无法不去热爱头顶湛蓝的青天，和煦的微风，耀眼的艳阳。深谷赐予我们的磨练与教诲，让我们懂得在感激蓝天和艳阳的同时，无限地珍爱它们！我尤其要感谢你，我的孩子，是姐姐和你的存在，赐给妈妈一所大得学不完的人生课堂，我愿意在这所学校里做那个最无知的小学生，和你们一同耐心地长大，分分秒秒，时时刻刻，年年月月，肩并肩手拉手，走进未知但充满希望的远方……

小鱼是这样练成的

大凡母亲，没有一个不为女儿的成就沾沾自喜的。如果女儿在母亲精心呵护下碰巧学会了一项母亲擅长的本事，并且青出于蓝而胜于蓝的话，这个母亲毫无遮掩地对孩子舒展出欣慰的笑容，对朋友袒露出眉梢扬起的骄傲，对生活显示出无限的满足就一点不稀奇了。

贝贝像小鱼一样在池中畅游的时候，我的状态就是如此。有时会对自己张扬的笑容感到惭愧，试图压制自己满心的欢喜，收敛招摇的眼神，却总是失败。孩子，妈妈没法儿不为你骄傲啊，就像绿叶没法儿不为鲜花骄傲，白云没法儿不为天空骄傲，春天没法儿不为田野的盛开骄傲一模一样。

水，一向是妈妈最爱的东西，现在怎么竟也成了你的最爱呢？我睁着惊奇欣喜的目光，询问水中自由的你。知道吗，孩子，水，一向担任着妈妈心灵软化剂的角色。它的柔软从四面八方包裹着肌肤时，瞬间，你眼前世界的一切棱角就变得圆润光滑了，尖锐不安的思绪变得松弛懒散了，生活的疲惫不安化入它宽广的包容了，你觉得身体的每个细胞都松散地化进了水里，你轻松了，你没有捆绑了，但你又被它软软地轻轻地拥抱着、爱抚着、限制着。这是怎样一种神奇的物质啊，它使一切坚硬转化成柔和，它的柔和又是如此强大，大到可以顷刻颠覆一艘巨轮，淹没一座城市，吞噬无数生命。于是，当你爱上它的时候，你不得不学会适应它，像鱼一样适应它。

第一次带你游泳，你刚刚五个月大。托着你胖乎乎柔软的小身体在水中起伏，我陶醉于你出奇的镇静。不哭，不闹，你学者一样用身体感受研究着被水浸透的感觉，你的目光几乎是专注思考型的。我笑你，逗你，上下忽悠你，让水起起伏伏地泼溅你。你小小的新鲜的大脑被这奇特的环境弄得不知所措，周围五颜六色的泳衣，孩子们高声的喧哗，大人们裸露的臂膀，水的多变、飘浮、轻柔都是全新的，兴奋的，好看的。你专注而好奇的表情就那样在那张娇嫩无比的小脸上瞬息变幻着。一个小时长吗？长不过你小脑瓜里连成串的大问号。一个小时短吗？短不过你小脑袋里被这无数惊奇点燃的小火花的爆亮。一个小时结束时，你已经放弃了脸上的严肃紧张，绽开了轻松活泼的笑容，你的小手扑腾着，拍打出水花，浪沫溅在你咧着的没牙的小嘴上。我捧着你，不停地亲吻，多棒啊！我的宝贝不怕水了！

出入小区泳池，是一件不规律坚持的事业。长于游泳的母亲却没有能力使贪玩的你肯在家庭休闲游泳时间变休闲为学习。你不肯脱掉救生衣，不肯听妈妈的话练习用自己的身体适应水的变化，用"游"来抵消水的强大。救生衣的漂浮是如此的容易，它轻易地使你和水失去了战斗的意义，无论水深还是水浅，你都可以做水的主人，让它任意在你身下托扶着你。可是，孩子，借助外力的确可以成功，但对外力的依赖是凭借外力的存在与否而决定的，外力的强弱是在你的控制之外的啊！你要学会做自己的主人，做支配外力的主人，你要学会用自己的能力来支持自己啊。

来日方长，我说服着自己，你还是这么小这么弱的一个生命，你有着无目的嬉闹的权利。玩儿吧，和水玩儿出朋友般的信任和相濡以沫的默契，长长的日子总有一天会让你成为自己的主人，成为水的主人，急什么呢？

穿着救生衣在泳池里任意玩耍嬉闹了几年之后，你逐渐具备了对水自然的亲近感，你对去泳池玩水的认可和往池中随意蹦跳的勇敢使我做出让你该跟班学习的决心。妈妈既然不能表演老师的角色，就让老师来表演老师的角色吧。

这年夏天，妈妈和你的日子每一天都是和池水密不可分的。你用身体学习适应水，我用眼睛跟随你的进步，跟随你一天强似一天的适应力，适应你的进步给妈妈带来的快乐。

适应力的培养，只有一个窍门，就是不断地去适应。

这种一天不停的强化适应，很快就桔子开花节节高了。你并不是一个运动素质出众、体力强壮的孩子，你重复了一级，又重复了一级。我不急。我们不急。我们知道坚持就是胜利！

我微笑着把浴巾披在你刚刚出水后打着冷战的小肩膀上，蹲下来面对你，我搂抱你，亲吻你："游得真棒，宝贝！"我的脸绽开着收不拢的笑容。我给你的永远是夸奖，因为没有什么值得我去抱怨。你总是平平静静地接受着一切，那付平和满足的小模样，总是令妈妈的心无限地柔软，无限地心痛。鼓励，永远是我给你的奖赏，外加一枚泳池门口自动售货机里二十五分硬币换来的一颗口香糖。你旋着那个大大的按钮，听着格拉拉，格拉拉的按钮旋转声，兴奋地等待着那颗糖穿过那个小小的通道来到你面前。掀开金属盖，你终于看到了那颗糖，你立刻满脸阳光了，你欢天喜地了，你兴高采烈了。孩子啊，孩子，你是多么容易快乐啊！我的生活因为有了你多么容易快乐啊！

一个暑假，八周之后，你顺利地通过了两级。每个周六，我和你还要再在泳池里泡三个小时，从不会游，到会游，到游得好，游得长，你经历着水的磨练和考验，也享受着水的宽容与爱恋。我说，我们去游泳？你立刻欢呼雀跃，Yeah！

六岁的你，可以半小时不停顿地与水水乳交融。自由泳过去，仰泳回来，一圈又一圈。你那小小的身体就那样一截一截分割着泳池的长度，从这头分割到那头，再从那头衔接到这头。

朋友说："哇，她很棒啊！"心中的幸福如这一池碧水，柔和地荡漾着、弥漫着，漫出了眼睛，化作眼神追着你伸展着身体越来越远。微笑着，我的心仿佛化成了托着你身体的池水，柔软宽容博大。妈妈在这儿，孩子，托着你，伴着你，软软地，大大地，直到你的未来，永远，永远……

永恒的图画

和你在一起的每一刻，都是一段在记忆的磨盘上无法以时间的巨碾磨碎的记忆。

枫叶殷红，秋阳明净的林荫小路上，小鹿一样的你，欢乐地飞驰着。我的心比风更加轻快，努力尾随你甩头丢下的笑声："妈妈，你追不上我...哈哈...你快追我呀..."。你激扬的情绪撩着心中幸福的音符，我知道自己被你的欢笑映照得红光满面，心潮荡漾。加快蹬车的双腿，追随着你，就像追随着快乐，追随着教导我快乐的老师。请让我的追随不要终止，小路啊，请你延长到天边，融进那无沿的白云蓝天的巨画，让爱就这样无限广大地包容我浸透我，让我和她一同做那画中人吧......

孩子，生活中有了你是一件多么奇妙的事情！六年的路漫长如这望不到边的小径，又具体到一圈一圈的车轮、一寸一寸的脚步可以从这头走到那头。这一圈又一圈一寸又一寸，在你奋力吸吮妈妈的奶水时经过，在你张着没牙的小嘴嘎嘎笑着前仰后合时经过，在你蹒跚着跌倒了又爬起的行走中经过，在你叽叽呀呀说着混沌不清的中英文混合语言中经过，在你小小的肩膀背上了第一个书包挥手跟我说 bye-bye 时经过......飞驰的时间把你推到了今天，你脚下的车轮载着你娇小而有力的生命在我面前引领着我，让我不能停，不敢停，不想停......

是阳光太明亮刺眼了吗？还是风的恩宠降临？眼睛的潮湿漫过面颊的时候，我知道自己被拥有你的幸福打湿了心尖。每每想到因了我和你爸爸的生命产生你这样可爱的生命，又因了你的生命使我们的生命充实而快乐，我就不得不感叹路边的花草树木，天上的阳光雨露，上帝的关照在怎样一个瞬间创造了这神奇的一切，就是怎样在一瞬间创造了你，我的快乐天使，我们幸福的源泉！

和你一同骑车，规划已久。早在两年前，你还在三轮自行车上歪歪扭扭的时候，妈妈已经开始了规律地骑车锻炼，我就常常想象如果和你一同骑在这寂静的 TransCanada 小路上，会是怎样一幅美伦美奂的油彩图画。一高一矮，一大一小，小的奋力猛赶，大的驻足等待，阳光从背后射在两个远去的背影上，远处的白云懒散地飘在清澈的蓝天上，小路两旁是红的、黄的、绿的层次分明的枫林，我俩的身体绕着一圈柔和的金色光环，图像越来越远，越来越模糊，快要退出视线了，却卡擦一下定了格，那泛着光圈的两个背影停在了时间的空隙处，停在了空间的空隙处，云和树静悄悄地美着那幅图画，还有那图画里谁也打扰不了的宁静和平。过了几百年后，这幅画里的人早已化作尘土，这幅画却挂在一个墙壁上，画里的温暖持续地融化在那间屋子里，好像画中人的爱一丝丝绵绵不断地和房里的人同呼吸共命运，一直延伸到时间的尽头，那个永远走不完的终点......

和你骑车，常常会有些动人心弦的插曲使我们的林间旅行充满戏剧色彩。记得吗？贝贝，那个漫长的走不到尽头的密林小路？你刚刚甩掉辅助车轮，小自行车转三圈才能赶上妈妈的一圈，一双小腿兴奋地倒腾着，妈妈被你昂扬的激情冲昏了头脑，竟引你骑进了一条人迹罕至的密林小径。虽然也是专供骑车的人出入的自行车道，却隐在百年老树的浓荫中，阳光的罕至使道路潮湿，多有泥泞坎坷，水洼随着地势起伏或大或小地袒露着，我高声教导你绕开水洼，你却无法抵抗积水在轮下四溅的诱惑，你嘎嘎的笑声总是伴着没有挡泥板的车轮溅起高高的泥浆在你的小后背上画出瞬间成就的水墨山水画。我叹着气，一边苦想着怎样把你那件崭新的体恤衫重新变成白色，一边被你的快乐感染着，心甘情愿地放弃对你的教导。算了，既然已经脏了，就让这"脏"带来的 FUN 绵延持续吧。孩子，这世界上，有什么比你的快乐更加重要呢？

那天的路是从哪里开始感觉漫长的？上坡的时候你摔倒在坡上，摔倒了就不肯再爬起来，腻歪着说："妈妈，我累了！" 那天的林子怎么那么大？完全不见尽头。前不着村后不着店，孩子，你要是骑不动了，我们可怎么办呢？掩饰着心中的恐惧，我仍笑着说："妈妈也累了，歇一会儿就不累了，不累了就上路，啊？"我背转身去摘路边野丁香树上成串的紫色花朵，那浓郁醉人的香气弥漫在空中，头微晕，不知是被这野花熏的，还是被自己胆大包天孤身带你误闯森林吓的。我知道必须鼓励自己，鼓励你骑出森林，别无他法。手机没带，周围没人，叫天不应，叫地不灵，扛不动你，拖不动你，前路未卜。但小区里的树林一定有个尽头，方法只有一个，就是一圈圈一寸寸地骑出去。

孩子，你是多么了不起啊，那一个多小时的穿行对你那小小的身体仿佛小船与大海的对峙，一浪又一浪，小船多少次快要被浪头翻倒了，又坚强地拨正了船头，挺了过来。雨过天晴，小船终于靠岸了。一圈又一圈，你就那样骑了出来，你的腿比路长。

妈妈焦虑不安的心情可以在你面前掩饰，心急火燎的汗水却无法遮掩。当森林终于被我们甩在了背后，妈妈的汗水几乎发出叮咚泉响。记得妈妈的眼睛是怎样潮湿的吗？那是怎样一种长久荫翳之后见到阳光的欣喜啊！那是怎样一份食不果腹的饥饿之后见到一片面包的欢呼啊！

······

　　一次又一次，我们一起画着这幅画，像白石先生的虾，一个一个，每个都活灵活现、神态迥异；像梵高的向日葵，一朵又一朵，每朵的不同里都蓄满着阳光的温暖气息。从春天小草在积雪的缝隙中开始冒出尖尖的嫩绿，到盛夏的野花缀满路边的树林，还有这层次分明满树金黄艳红的丰收之秋，你我一同在这林间的小路上画着这幅四季轮回的图画。爱，这个亘古不尽的话题，就是我们作画的大笔。孩子，去爱吧，让你的心懂得爱自然，爱世界，爱和你近的、远的、认识的、不认识的人类，爱生命和生命蕴藏的活力。也让我来爱你，爱你带给我的一切，欢乐，烦恼，满足，厌烦，骄傲，失望，欣慰······我们手把手握紧这只画笔来做这幅画，画出它永恒的魅力，直到永远、永远、永远······

看台上的目光

被托着两腋，你五个月大就开始游泳。与其说是游泳，不如说是与水嬉戏，母亲对水的热情，基因一样在向你强制性地灌输。你却没有鱼儿天然的本领，妈妈不急，妈妈做鱼亦是得益于后天的修练。这是你出生后妈妈第一件要你拥有的本领，相比起吃奶这项天然本领，变鱼，需要你通过努力去学习和掌握。它不是为了基本的生存，却能够使生命拥有鱼的幸福和趣味。

你不怕水，粘着母亲的臂膀，不离不弃。你的胚胎曾在母亲温暖湿润的身体内发芽、成熟、诞生，你熟悉母亲的温度和味道，你感到安全。可是孩子，我想对你说，当你我之间有了水的离间，妈妈想要"离"你，想要"弃"你。让水去充当妈妈的臂膀和胸怀吧，我要你做水的主人，挥手乾坤，你像鱼一样在水中展示全部的自由和美丽。我渴望有一天，在生活的万顷波涛中，我可以欣赏你搏击海浪的勇猛，笑对风雨的傲然，我要你不仅拥有鱼儿对水的依恋，我更要你拥有鱼儿简单、自由的质量。我的希望过分吗，孩子？不！你欢畅的小脸正绽放着欢笑，你稚嫩的小手正拍打出快乐的浪花。妈妈信心十足，扶着你腋下的双手暖化着水的温度，我们有一生的时间来学习，我们不急。

五年倏忽而逝，你对水的适应停留在玩耍快乐中。母亲显然不具有教授游泳的威严，我面对你欢笑的小脸，心慈手软，变鱼的期望遥遥无期。暑假，我放下一切，把你送进游泳班突击训练，一天一小时，一天不拉。2月之后，你不负母望，可以不停不止地游几个五十米的来回。你小小的身体在那长长的泳池里多么小啊，似乎因了你的存在，泳池长得遥不可及。可你如此轻松地从这头到那头一段一段地克服着那个长度，你真了不起！我感叹于人类的力量，你用自己的身体丈量着泳池，一遍又一遍。我的脸盛开了花朵，世界上还有什么比孩子的成长可以给母亲带来更巨大的快乐和骄傲？

妈妈笃信，掌握生活中的具体技能并将其合理运用，会增进你应付纷繁世界和面对抽象人生的能力。六岁，你考进了游泳俱乐部，开始系统学习四种标准泳姿，一周两次训练，积攒耐力和经验，我总是心怀爱抚地坐在泳池边观望你的进步。是的，规律的游泳训练，使你学习四肢协调运作，让你懂得用大脑控制肢体，教你在疲惫的时刻学习坚持，在竞技的时刻懂得奋争和努力，在落后的时候不气馁，在领先的时候不骄傲。妈妈愿意把母亲所有的希望都化作你游动的力量，变成你鱼儿均匀的呼吸，鱼尾优美的摆动，鱼鳍笔直前进的方向。你的耐力在循序渐进地增长着，技巧在一天一天进步着。风里雨里雪里，我开着车拉你奔向泳池，不亦乐乎。

八岁那年，你进入了竞技级，一周两次增加为三次。除了接送任务，我兴高采烈地考了计时员，乐此不彼地在你参加的各种比赛中做着义工。工作中我和家长们交换信息，建设友谊。生活因为你游泳这项运动变得快乐充实、紧张忙碌甚至富有挑战性。感谢生活的赐予，　妈妈因为近距离参与你的这项运动，也在'好好学习，天天向上'。一年之后，你获得了同龄孩子"进步最大"奖杯。我吃惊，你的循序渐进竟在不知不觉之间造就了这个奖杯。有形奖杯之外，无形的奖杯也在接二连三地到来。

你游出来的耐力使你成为学校的长跑健将，被选去参加地区长跑比赛，我的笑容不仅绽放在脸上，心脏也菊花一样开放出迷人的灿烂；你小时候的哮喘症状悄然遁去，这　每周三次大肺活量的呼吸运动使你的肺子得到药物无法换得的力量，免疫力和抵抗力的增强，让你告别了哮喘，告别了人生的一种限制。我不知道怎样欢呼才能表达一个母亲的松弛和欣慰，生活之门，正因为你健康的身体敞开得越来越宽大和明亮；你身体的日益强壮和这项特殊的爱好，使羞怯胆小的你变得大方和自信，你小脑袋一摇一晃，骄傲地说：我是个游泳健将！　小脸现出无法遮挡的荣耀。你的荣耀立刻传染了母亲，我把你自信的神情拥进怀里，我无数次亲吻你，像在施肥，我要让这"自信"野草一样生根发芽，长满你生活的每个角落。

孩子，就是这样，世界上没有任何可怕的事情值得你去害怕。就是这样，只要你满脸微笑，日积月累，从不气馁，生活就会把微笑还给你。圣经曰：万事互相效力！这亘古不变的真理正在你的游泳训练上彰显荣光。

但是，一帆风顺从来不是人生的唯一状态，我的欣慰里也掺杂着担忧。你的仰泳和自由泳一直有着明显的障碍，你瘦小的身体水蛇一样扭动，消耗着不必要的能量，降低着你竞技的速度。我不知道你的病跟在哪里，我疑惑，教练专门针对你的弱点进行的指导似乎不够有效。我开始前前后后地给教练发邮件，交流你的泳技。每次交流完毕，就满怀期望地观察你训练中是否得到提醒，是否有了进步。这是一个气氛轻松的俱乐部，竞技意识建立在快乐第一的基础上，对此，我无异议。但是，当时间、精力、金钱都达到一定程度的付出时，我对你进步的程度产生了怀疑。坐在看台上，你每一下错误的泳姿都让我感到不安和急迫，这种不安每周规律地重复，重复了再重复，把我的担忧堆积得又沉又重。

我开始给你请私人教练，每周额外地送你去遥远的地方和一个经验丰富的游泳健将进行个别辅导。一对一针对性的训练给你带来了明显的进步，本来虚弱的仰泳迅速成为你的长项。可是时间与精力的额外付出使"坚持"成为困难，我不得不考虑放弃这个额外的小灶。我开始对城市里其他竞技俱乐部进行调查研究，终于抵抗着爸爸和姐姐犹豫的态度，做出了转会的决定。转会，意味着你羞怯的性格面临新一次的适应和挑战，意味着家长要做更多的义工，意味着你将面临众多优秀选手所带来的竞技压力。

你乖，你总是服从。你不舍，对旧俱乐部里的小朋友不依不舍；你害怕，你对新环境充满怀疑和恐惧。面临转折，总是艰难的，这也是人生需要学习的一项功课。我和你一样不能放松，我在担忧我的期望是不是违背了你柔弱的本性，是不是在给你增加不应有的负担，会不会对你的心理造成负面影响。我认认真真地坐在高高的看台上观望你，心提在喉间。头几次训练，我掩藏着自己的焦虑，对你遥远地摆手，遥远地的微笑，遥远地给你鼓劲儿。你下水之前潮红胆怯的小脸儿几乎令我心碎，"妈妈，你坐在这儿看我，不要离开！"我到底是错还是对？我难道也成了"虎妈""推妈"？

教练经验丰富，友善慈爱，俱乐部的管理规范有效。我一直担心的你姿势的误区在逐渐拨开迷雾见阳光，教练大声的提醒响在每次训练中，我看台上满意的目光远远地射向你，融进你每一下拨动水花的努力之中。

在学校的同龄儿童之中，你显然已经是个游泳健将，但在竞技的游泳儿童中，你还有长长的路要走。感谢我们居住的这个小区可以有好的运动俱乐部给孩子们提供培养一技之长的领地，让运动成为生活里不可或缺的一部分。

看台上的我，悄悄地比较着你我的共同和距离，你的游泳速度早已超过妈妈的健身速度，多年来妈妈保持着游 100 米 3 分钟的匀速，你200 米却只要 4 分钟；妈妈需要几种泳姿间隔游才能保持体力的均衡，你可以一种泳姿不停游 500 米；妈妈可以半小时不间断，你可以一个半小时不间断。

生活怎样在时间里日积月累成熟的力量，在变化中促进人的成长，我在你的游泳训练中得到直接的提醒和教育。十岁了，你很少生病，精瘦的身体包裹着饱满坚实的肌肉；你饭量良好，情绪快乐，信心十足。我终于松了一口气，转会，没有给你带来很多困难，我的担心是多余的。短短几周，你已经有了很多新朋友，一周四次训练，一次 1.5 小时，你背着装满脚蹼、手蹼、平衡板、呼吸训练器的巨大 Speedo 游泳包，兴高采烈。

　　你在竞技中泰然的态度，虽然仍不能让你在人群中显山露水，却给妈妈带来了平稳的信心.你天生具有不以物喜不以己悲的品性，正像鱼一样自由自在、平安泰然。乌龟平稳的前进有时会赛过兔子短暂的疾行。我别无他求，只要你快乐着，和自己比较，天天都在成长，妈妈便快乐。只要你有一秒钟的进步，妈妈就有一百倍于一秒钟的欣喜，一千倍于一秒钟的骄傲。当竞技成为一种自然状态的时候，我知道面对生活里的困难，你正在培养一种在失败和挫折中不气馁不灰心的坦然。

　　游泳，如今已经成为你吃饭和睡觉一样的日常活动。你闻起来像条鱼，我是多么爱闻这条小鱼啊，这条散发着漂白剂味道的化学鱼。

　　孩子，我不知道你还会在泳池里积累多少距离，我愿意用我看台上的目光测量下去，伴随着你，直到你可以在生命的海洋里自由遨游。我知道那个日子并不遥远，好像明天，很快就会成为今天，今天很快就可以成为昨天。在你每一个成长的日子里，记住，孩子，不管我在不在你身边，都有一双执着的眼睛，在看台上远远地注视你，向你发射着一种不朽的力量，这就是：爱。

水样的你

你是个乖顺的小姑娘，长着中国人细长的眼睛，陌生人面前言语不多，只会抿嘴儿羞羞地笑，那淑女的温柔是从皮肉和眼神里生下来就携带的。有时你安静得像一幅画一样呆在时间里，不骄不躁，守着自己图画中舒淡的色彩，宁望眼前世界的喧嚣波动，谦和而大度地安静着，心甘情愿地做个美丽的背景。

你喜欢玩儿绳子，可以和一根绳子作几小时的伴，让绳子充当各种各样的任务，捆绑、测量、剪切、打结、解结，你咯咯笑着，好像那个听话的绳子和你传达着一种别人不懂的默契语言……你喜爱磁石玩具，让那些吸力强大的小圆弹小圆棍排列组合出你想象空间里一座又一座古怪神秘的城堡和宫殿，你让一个又一个小动物住进去，使那些想象的组合成为现实而有意义的存在……你喜欢搭 LEGO，那些彩色的塑料片在你小小的脑瓜儿里可以制造整个世界，和它们面对面时你充满自信，一双小手果断沉着地指点乾坤，你人前的扭捏在这些受你操纵的塑料面前变为领袖般的刚毅和坚定……你喜欢睡在地上，无数柔软的小猫小狗小狮子小老虎团团把你包围，你在那个柔软的温柔乡瑞安全地入睡，你平静的小脸混在那些"保护神"的拥抱之中，几乎没有了喘息的空间，你变成了他们中的一员，无论天上的飞禽还是地上的走兽都平等相待，一同享受梦中的平安……你是个"博学"的 Pokémon 专家，那个虚拟世界里大大小小、凶狠温柔、天上地下的口袋魔都是你熟悉的朋友，他们攻势强大地以不同形式进入你的生活，口袋魔动画片、口袋魔卡片、口袋魔玩具、口袋魔游戏，你滞钝的小嘴在谈论 Pokémon 时好象上了润滑剂，小舌头拼命地转着，你的"博学"使你和许多同样喜爱口袋魔的大孩子成为朋友……你热爱游泳，每周你都有几个小时固定的时间沉浸在泳池里，你带着泳帽和防水镜的小脸儿湿淋淋地笑着，幸福得像条自由自在的鱼……你和朋友玩耍不争不抢不抱怨不做主，平和之态不似年少反若年老，笑眯眯你来我往，别人指使操纵着你，你也迟钝得不敏感不反抗，喜滋滋地快乐着，倒是看得旁边的大人心急火燎，担心你受欺负……你很少索要东西，给你穿什么，你喜欢穿什么，给你吃什么，即使不喜欢，你也会吃光……你温和听话，好像一片云听风的话，一棵小树听季节的话，一滴水听河流的话……

第一次听朋友说你像水，我震动，尽管你游泳的时候我曾经多次怀疑你天生就与水有着奇妙的缘。那日正在研读《道德经》中关于 "上善若水" 的章节："上善若水。水善利万物而不争；处众人之所恶，故几于道。居善地，心善渊，与善仁，言善信，政善治，事善能，动善时。夫唯不争，故无尤。"是说最高层次的善就像水一样，水有利于万物却不和万物相争，所以最接近大道，行为处事像水一样随物成型发挥才能，又像水一样涵溢随时顺应天时万物，因为不夸耀不与人争而没有忧虑。

"像水一样！"这高级的评价对一个7岁孩童只是一个事实，对于一个母亲却仿佛一个意想不到的奖赏，好像在初秋的早晨推开窗子，眼前的一片金黄给了你那一瞬间出人意料地惊喜和快乐，尽管那些绿叶变黄早已是年复一年的事实。

我的水样的娃娃，在一个多水的秋天，夜幕沉沉，淅沥碎雨敲着窗棱，你早已进入梦乡。我思想着你，心头一片温柔。可以爱你是怎样一个福分啊，这福分正如水一样慷慨地弥漫着我们的生活，在时间的每一秒滴答里无止无歇……

发际

　　侧面。细细看你，你不知。我手里假装捧着书，眼神凝滞在几米外计算机前的你。

　　前额宽阔，发际后移，灯光下那片光滑的皮肤光亮柔和，没有任何曾经生长过头发的痕迹。人这一生，许多过去的往事，就像这片宽阔的皮肤，曾经拥有过的，只藏在记忆深处。或许有些老照片可以证明，往事确实存在，比如一张光嫩的笑脸上头皮顶着的那堆年轻的浓密。单薄的表面，如这片皮肤，简单得不能再简单，提醒我生活不过如此：逝去的复杂，无论在时间里曾经多么沉重，最终只留下简简单单，大风刮过一样，痕迹全无。

　　二十年，我们手拉手，如一瞬，眨眼般迅速。婚礼的宴席上，我曾站在椅子上唱：你问我爱你有多深，我爱你有多真。那时我不喜欢理所应当的大红色婚装，一套铁锈暗红的印花裙装裹上身，自己卷了长发，人本青涩，却做成熟状，出嫁。歌词如深年老酒，伴着二十载岁月，香味醇香浓郁，证明着：月亮代表我的心。

　　只要月亮在，我的心便在。月圆月缺，月明月暗，只是视觉的摄入，有时也有云的作怪。月却永远是月，不变的永恒。

　　我把你单独甩在书房。你面前的计算机里是文字、是数字符元元、是图片，银行账单、旅行计划、日常费用，设计师尽职履行设计的职责。从来不曾抱怨妻对数字的厌倦，你知道，有个对文字、对人生、对家倾心倾意的女主人，家，便充满情调和别样滋味。你满意，你微笑。你总是满意，总是微笑，一笑就笑了20年。

　　卧室里高悬着当年的结婚照，淡妆是自己化的，原版照片，那年代没有 PS。一对璧人，好俊俏！好年轻！婚纱是照相馆提供的，长长的白纱在地上铺了一个厚而美丽的圆，我的娃娃脸水灵水秀，十分灿烂。你的头发时髦地烫了，高高地耸出欢欣与骄傲，俊朗的笑容赛过所有的新郎。发迹，水平地拦在额头，不宽不窄，完美如地平线。

　　我从什么时候开始丈量你的发际？隔三差五，我量着。有时候用软尺，有时候用指尖，更多的时候是用心。日升日落，我量着。从中国量到欧洲，从欧洲量到北美，从青春年少量到人到中年。尺上的刻度，开始是一毫米一毫米的速度，后来便一厘米一厘米地进步了。最近几年，

147

我不再用尺，尺子早已多余。我拎着你头顶心那几根残留的发丝，犹豫不决，是剪呢还是不剪呢？我赞叹自己技巧高超，他们虽然稀少，仍巧妙地盖住些许头皮，不长不短。去理发店早已没有意义，我熟悉你头上每根头发的气息，没有任何一个理发师比我更熟悉、更宝贝、更珍惜你的每根头发，我的剪刀不是杀戮，是拯救，尽管我心有余力不足。

曾有一段时间我专注所有"生发"广告，甚至不惜昂贵，买了生发精华素给你用。你却总是笑我痴笑我呆，抗拒我在你头皮上做生发实验。心平气和地顺其自然，是你面对一切的基本纲领。"自然规律，何必人为抗拒？"你淡淡地说。我竟渐渐被你传染，面对你前进的发际，淡然处之。

抬头呆呆看着床头的婚照，满心柔软。不大喜亦不大悲，不焦躁亦不低沉。我把眼球刚刚记录下来的测量结果与照片里新郎整齐的发际去吻合，这几个公分前进的距离，你用了 20 年，你把那些永远失去的发丝，都给了我，给了我们的家。

如果有一天，你没有了头发，你仍然是你，和墙上的新郎一样定格在我生命的许多瞬间，不变。生命已经画了一个大大的圆，圈起了你与我。我愿意，愿意和你一起做这圈中的奴隶，在明天和明天的明天里，相依相守不弃不离。我也许还会经常用心灵去测量你的发际，这已成为习惯，不必改正，直到发际已经不再成为发际。如果我还能唱，我想有首歌我会一直唱下去，柔声似水：你问我爱你有多深，我爱你有多真，我的情不移，我的爱不变，月亮代表我的心。

爱的约定

多少年来，身边是清一色的娘子军。日复一日，睁眼闭眼全是女人，唯一的男人在眼前晃来晃去就是先生。这个"唯一"始终不知道，为了他这个"唯一"，从嫁他那天起，小小的我就做了一个大大的决定：令他不安的事儿我不做！从此不再和任何男性单独交往。

在国内时，单位包舞厅跳舞，我一概不参加，大学时曾经参加过市交谊舞大赛的我彻底戒了舞。跳交谊舞时的肌肤相亲，从来都是不能不令人心生杂念的，敏感的触觉总是告诉我这是在河边走路，脚底板不沾水，不大可能。舞伴转着转着，手上的劲道一时强、一时弱，一时松、一时紧，腰上出点儿汗也就顺理成章。你不能把带舞的动作归类为动手动脚，这样形容有点庸俗，但你也同时不能否定很多带舞的动作的确有着异曲同工之效。出完汗，如果舞伴在换舞曲时再请一杯茶，问问工作啊住址啊，故事就可能成为连续剧。所以，压根儿不去故事里做角儿，故事也就没得演。这种自闭的招数，灵。

关了自己在单位的院子里，上班下班，静静的来静静地去。做个小小的默默的女人，也是一件很不易的事儿，可一旦做到了，就好像自己占有了大大一块单纯而自我的天地，外面的世界再精彩也不过是过眼的云烟，聚聚散散，全是自然与安然。守得住心里这份宁静，雨来了，也不过就是撑把伞罢了，雨又怎奈何得了你？

就这么很想做河里的一朵睡莲，悄悄地就能美了自己这一河活着的水。

那年和"唯一"分离，每天给"唯一"写一封信，三天合起来寄一次，塞一份他在国内时最喜欢看的足球报，邮资是六元四角人民币。扔进邮箱时，想象着他在那遥远的国度，拆信时颤抖的手，心里就又软又甜，鼻子自然会酸，泪是早就规定了自己不许掉的。

那时单位里常常有人端着茶水来我办公室聊天，有点儿颜色的笑话总是人们的最爱。A君打着哈欠进门说："早晨做了十几个俯卧撑，想不到这么累！"B君接嘴："早晨还做俯卧撑啊？"说完就嘿嘿怪笑。A君马上会意，说："你晚上做，我早晨做，俯卧撑本来就是人人都该做的运动，小杜，你说是不是？"这半句话讲完，我的全身就在人们的哄堂大笑中被钉满了目光。"唯一"不在身边，我的智慧都跟了他去，脑筋迟钝，听不懂笑话。久而久之，笑话就不惹人笑了，笑话制造者们的口渐渐就哑了。刚出笼屉的热包子摆进冰冷的雪地里，不消片刻，热气儿就散得一干二净也是自然而然。

出来念书，扎着马尾巴，背着大书包在教室图书馆之间跑来跑去，很容易被人当作一个好学的毛丫头，在饭厅吃饭时有男孩子凑过来坐，我带了结婚戒指的手就有意摆在盘子前面，提醒着这道菜不好吃。

后来选了一个专门面对女人的职业，迎来送往的都是水做的骨肉，清清丽丽的女人世界里浸泡着，不需要警惕什么，也不需要刻意告诫自己，就能够做那安静的睡莲。笃定安然地做着安家立业中母亲和妻子光荣的角色，和同样笃定安然的"唯一"肩并肩手拉手行在陌生的人群、陌生的土地上，地球绕了大半个圈，那份从头发梢儿到脚趾尖静静流淌的默契里又揽进了更多同甘共苦的成分，感情纽带如浸了油的藤，越发坚韧刚强。

有时翻出那两摞日期都可以连起来串满柔情蜜意的信扎，我寄给他的一摞，他寄给我的一摞，静静地摆在一起，也不翻，也不读，就可以看上半天。他从我身旁经过，停了脚步，一只手在我的头顶轻轻揉搓我的头发。不说话，就好像说了一千年的话。两颗静止的心在寂静的空气里咚哒、咚哒地跳着，永远不嫌长。

常常会想象白了头发的这一对老头儿老太太在夕阳里漫步的情景，皱巴巴的手有意无意地拉着，有点蹒跚的步子踏着走惯的林间小路，风撩拨着一两缕白发在面颊上扫过，有鸟儿在树梢上偶尔鸣叫。默默地，不需要讲话，就那么走下去，永远地走下去。

当我们变做一捧黄土的时候，漫长的一生无论是风平浪静还是疾风骤雨，无论是村晚轻晖还是都市艳阳，都不过是一个逝去的古老童话。进入了纷繁复杂的信息时代又怎样？爱着，并持久拥有爱的约定，该是令人叹息的、亘古不变的男女法则。

在爱河里游泳的鱼

丈夫要回国探望老人，我将独自带着两个孩子在渥太华白雪皑皑的季节中度过一段冷清的时光。结婚多年，这样的分别是从未有过的事。离他走的日子一天一天地近了，我的心也一天一天地空旷起来。

丈夫上班，孩子上学，四周很静，只有鱼缸里的水在掬掬地淌。我跪在地上往老公的行李箱里放内衣，摸着他那件棕色体恤衫，隐约闻得到他温暖而粗犷的体香，就忍不住把脸贴到衣服上去，眼泪就莫名其妙地滚下来。分别的惆怅就那样肆无忌惮地在眼泪里奔腾着涌出。爱人，没有你的日子里，回忆能够填满我的空虚吗？思念能够支撑我的日子吗？孩子能够分散阻挡我想念你的情潮吗？

老公下班时，我正在灶前炒菜，满家飘着鱼香肉丝的香味。老公悄悄从背后环抱住我的腰，低头把脸埋在我的后脖颈里。我忘了拨菜，任锅里的肉丝粘在锅底兹兹地响，眼泪滴滴答答落在围裙上，画出一朵朵潮湿的花。虽然还没有分别，我却已经明白李清照"花自飘零水自流。一种相思，两处闲愁。此情无计可消除，才下眉头，却上心头。"的心境了。

有时忍不住笑自己，什么年代了，还过着如此这般嫁鸡随鸡嫁狗随狗的日子，满腹的爱全倾注在老公和孩子身上，没有一点"红杏出墙"的妄想。去年回国，老朋友里最其貌不扬又老实巴交的 A 女士，竟也用私房钱租一个单元房和情人幽会，稍微有点姿色有点气质的同学，好听的故事就更多了。谁也想不到我这当年最有交际花潜力的，竟成了地道的贤妻良母，安分守己，乖乖地在家做小女人，过着安稳平静，无风无浪，相夫教子的淡泊日子。朋友们问我："结婚这么多年，守着一个人，你不觉得腻歪吗？"我摇头，淡淡地说："那是爱情。"朋友们哈哈大笑，在这万物更新，到处充满金钱，诱惑和肉欲的年代，我这屈指可数还相信爱情的人，的确像怪物一样令人发笑。那一刻，我却感觉从未有过的舒坦而自豪，我觉得自己是一条小鱼，正在爱情的河里，舒舒服服，自由自在地游荡。

鱼儿离不开水。我是一条没有"爱"的河水就不能生存的小鱼。"爱"在我的世界里是有形的，具体的，现实的。它是水一样盛在不同的容器里就会显示出不同形状的。白天，它是一个问候的电话，一碗端到面前的饭，一个微笑的眼神。晚上，它是从浴室出来散发着热气凑过来的湿头发，是你睡着时，他替你拉好的被踢掉的被子，是枕边毫无戒备均匀放松的呼吸声。冬天，它是那顶你没舍得买，圣诞节出现在圣诞树下的羊绒帽，是从你手里夺过来的大雪铲，是你出门前他替你提早发动了的汽车。夏天，它是一团替你涂在背上的防晒霜，是郊游时替你带的一把太阳伞，是一袋你最珍视的玫瑰树需要的农家肥……在爱的河里游泳，不会干渴，在爱的河里游泳，逍遥自在。河水清澈甘甜，小鱼健康快活。

　　真的，在爱河里游泳的鱼是一条幸福的鱼，我很庆幸，自己能是这样的鱼。

巧匠当家

写下这个题目，嘴角就变月牙儿了，称 Handyman 作"巧匠"，尽管为了方便书写，省了"能工"二字，却仍灵气十足，比那英文单字多了层淳厚的中国韵味，横着看竖着看，在"Handyman"这几个单薄的英文字母里都看不出"巧匠"里那股心思上的专注和手艺里一份精致的味道。

把这么个韵味十足的词儿用在老公身上，是结婚十年以后的事儿了。过去那瞎眼的十年，不能怪我视力不好，怪只怪没米下锅，"巧妇"之"巧"无法在"炊"中显露，换个说法，"英雄"没有"用武之地"，何谓英雄？直白地就事论事，就叫"巧匠无用巧之所"吧！

在国内，住在单位分的房子里，别说在国内不兴自己动手收拾装修房子，就算有这个心，你也没地儿买工具和材料，就更别提那时候"巧"心思压根儿没有土壤，"孕育"的种子也没有半个。

来加拿大后，买的头一个房子是连体镇屋中靠边的一户，二手房，完成好的地下室，完成好的花池，完成好的围墙。房子不大，却五脏六腑俱全，搬进去顿觉筋骨舒展、没牵没挂，和住惯了的大门套小门、人来人往的楼房相比，原来是旧社会，现在几乎就是共产主义了。"巧"心思还是没什么土壤，米缸满满的时候，怎么想得起来要去种田？

嫁老公时，是冲着老公智慧的头脑和爱我之心嫁的，老公的身体在我眼里一直是个笨冬瓜，大小家务一概不通，你要让他削个土豆皮，他能削一年，一年以后一看，还没削干净，肚子可是早就瘪成一片儿了。自认倒霉的时候，我就劝自己，人无完人，结婚以前难道你不知道此君乃用脑之人，非动手之士吗？算了算了，动手的就都由我来做吧。

老公的"巧"是搬进独立屋后，牙膏似的一点一滴挤出来的。

请人来装洗碗机，阴差阳错，那人两次失约，碰巧全家逛 Home Depot，老公看见一套装洗碗机的材料和工具，二十多块钱，比请人来做省了一百块，哎？干嘛不试试？就顺手放进小车，那时谁也没想到，付钱的那一刻，一个"巧匠"就这么诞生了。现在想起来，这个新生命的产生，还得感谢那个不守约的安装工人呢。

老公下班回家，饭还没吃，就钻到水池下面锯水管去了，看着他露在外面那半个笨重的身体，我不停地揉眼睛，难道这是真的？连土豆皮都不会削的大冬瓜，自己装洗碗机？

洗碗机是三天后装好的，运转正常。听着洗碗机里哗啦哗啦的水声，想着里面那些杯盘碗筷正快乐地洗着热水澡，我悄悄瞟了一眼老公，这人，还真有两下哩，看来的确不能把"土豆皮"与洗碗机同等看待。

洗碗机的成功安装像奶水一样喂养了老公用"巧"的信心，婴儿好像吃了催生素，刺溜刺溜地往大里长。

车库自动门的安装又是三天后完成的。因为是双门车库，沉重的吊顶装置需要有人辅佐一下，我跃跃欲试，老公说，你腰疼，离远点儿，这儿没你的事儿。大女儿受到邀请，给老公打了一晚上下手。一直到按着墙边的密码键看着车库门哗啦啦卷上去，我都像做梦似的。

后院里有七棵大树，本来是买房子时专门让留下的，"大树底下好乘凉"嘛，荫荫树下，日子该何等惬意啊。可惜搬进来的第二年，几棵树就集体变成了光头，那颗最粗壮的参天松树也片叶不生了。有懂行的说，是房子离树太近，打地基时伤了树们的主脉，死树是相当危险的，如果砸了别人家的房子，得我们负责修缮不说，最怕的就是伤了人，麻烦就大了。紧接着一次大风天，一棵半死不活大树的一条大胳膊就被刮折，断在了邻居的院子里，耷拉着，差点儿把人家的围墙砸歪，几家邻居一起帮忙才把断枝弄走，老公就动了砍树的心思。打电话征求官方意见，官家说危树死树可以砍，老公这才放心大胆地开始了砍树计划。我站在后院里，仰头看那参天的枯树，浑身冒汗，这要是砍的时候砸了自己，可就要了命了。不敢再往下想，转身跑回家翻电话本，终于寻着一家砍树公司，不问则已，一问倒吸一口凉气，砍一棵树500块钱，七棵树就是三千五百块，这、这、这，有点太离谱了吧？人家说要用升降机，一节一节地砍，至少要三四个人同时操作，所以贵。得，还是由胆大妄为的老公计划去吧。

七棵树是在一个月之内分别砍倒的。一本专业伐树书看了三天，两百多元买了一个专用伐木电锯，先从细树矮树砍起，积累经验。头戴安全帽，防锯末眼罩、呼吸面罩，防噪音护耳耳塞，一身工装衣裤，手持大电锯，还没开锯呢，老公就像模象样地专业化了。几棵树都是从离根部半米左右的地方下锯的，当时我们左右两侧还没有邻居，高大的树木，倒下去都会占用别人家的后院。老公研究计算好大树的倾倒方向，用粉笔画好下锯的精确位置，把大树锯出个三角形缺口，树就沿着缺口方向轰然倒地。最紧张的是那颗五十多岁的参天大松树，倒地时占了整整两个半院子的长度，巨大身躯摔到地上的动静天崩地裂一般。电锯的轰鸣声中，我隔着玻璃张望的心忽紧忽慢，担心他被砸住，担心砍歪了砸住房子，紧张得不知道该为什么紧张了。

大树们都很听老公的话，不偏不斜地乖乖倒向他指定的方向。倒地后的大树被老公花几天时间耐心地锯成小块，在网上赠送给冬天点明火壁炉的人家，Free 的东西总是受欢迎，来拉木头的人络绎不绝。留了几个木墩送朋友当菜板，因为不懂得浸油防裂，后来都裂成废物。树根是老公沿着根部划圈，挖了大坑一点点锯掉的，本来指望有漂亮的树根可用来做根雕，竟没一个奇形怪状的，只好作罢。院子里平平整整铺上草坪的时候，望着那一眼的碧绿，我对老公的胆量、勤劳、信心、细心、耐心、聪慧心都佩服得五体投地，崇敬啊！

院子里少了自己曾经渴望的那几朵阴凉，心里这树却根深蒂固、浓荫密罩。一生厮守，女人瘦弱的肩膀可随时倚靠歇息，今生何求？老公啊，我的树！老婆再不敢把"土豆皮"和这参天大树相提并论了。

爱花爱草，我心所向，我神所往。老公说，给你造个好看的花池怎么样？我俩就开始闷头设计门前花池和砖地（interlock）的草案，本来自以为很有想象力和创造力的我发现不管怎么努力，我的图样都比不过他的科学美观，这个科学脑瓜甚至连雅致都不逊于我。我最终把笔一丢，得了，甘拜下风吧，就让巧匠能者多劳去吧。

后来的两个月，巧匠白天上班，晚上和周末就和沙、土、石、泥亲密无间了，门前车道上一吨一吨的沙子石头，一堆一堆地从巨大逐渐变小、消失，转移到了脚下，今天租来震石机轰鸣着压实碎石，明天租来砖石切割机，在刺耳声中把花砖割出需要的形状，垒砖砌石，巧匠没用我帮过一次忙，运过一块石头。完工的花坛，大，别致，漂亮，一条独一无二的砖砌台阶高高长长地深到后院，是通地下室出口的，有人说单这台阶就够"史无前例"。一个人完成这样庞大精致的工程，怎不令人叹为观止。两个多月的忙碌，他腰间瘦回去两个皮带扣眼。朋友来访，进门前总会在门前驻足，望着这一眼红砖、满池怒放的鲜花，叹，专业水平，你这老公堪称能粗能细，能文能武啊！

庞大的地下室工程应该是巧匠耗力耗时最多、用心最久、最专业完美的大手笔了。从设计地下室的格局，竖木梁分隔段，到装墙板上房顶，接电路焊水管，巧匠的身份不停地变换着，木工、电工、泥瓦工、管道工、粉刷工，巧匠都能有板有眼地做，整个工程里里外外上上下下没找

155

过一人帮忙，墙壁之平整，地板之光滑，电线布局之完美，卫生间之标准规范，木工活儿之精细，绝非我这支寸管可担当得起，笔下生涩，言语苍白，只好请您用用想象力了。检测电路的官员来验收时转了一圈，问，你是电力工程师吗？开发商 Urbandale 来人修东西，笑说，你不用怕高科技单公司面临的失业危机，失了业，到 Urbandale 来造房子就成了。

住进这座房子几年了，巧匠当家，各种各样的工程绵延不断，拆墙挖地、锯木垒石，成了巧匠的业余爱好和运动方式。庆幸他这点儿爱好的运动功效，可以让这计算机桌前缺乏运动的科学脑袋，指挥出身体的纯机械性的活动功能，让健康的心灵、健康的头脑和健康的身体结伴同行。

常想，能力大小且放在一旁，能完成这些工程，没有踏实勤劳、坚韧耐心是万万不成的。这两年人们有点儿钱后，以请佣雇人为荣，有钱花钱，原本没错，少了自己劳动时的磨练和完工时成功的喜悦，却多少算得上一种缺失。如果再染上好逸恶劳、以钱势取人的势利眼病，人生的损失就不是金钱可以计算的了。

这文章写出来，有违巧匠不喜张扬一贯内敛的个性，做妻子的却心有所感，情有所依，笔下不管不顾，也就情有可原。写我眼见，写我心怡，人生幸事，无罪无过。有一个踏实勤劳、聪明能干的人做家中领袖，原本就是家之福份，妻之幸运，尽管领袖先生仍不会削土豆皮。巧匠当家，自给自足、平安喜乐的日子还会远吗？

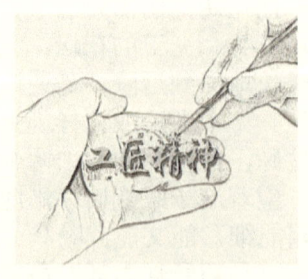

家有球迷

老公是球迷，谈恋爱时就警告我说，赶上世界杯熬夜看球赛是断断不可干涉的，哪怕天天日子黑白颠倒着过，否则就坚决不从男朋友晋升为老公。嘿嘿，这可难不倒人，我这个球盲有一点儿好处，就是对球迷充满尊敬。心中没有热情的人是变不成球迷的，心中有着热情的人是很可爱的！本着这个简单的理论，球盲和球迷顺理成章地结合在一个屋檐之下了，甜蜜地和平共处，一晃就是十几年。

十几年相濡以沫的日子里，虽然凡事包容谦让，球迷企图变球盲为球迷的阴谋却始终没能得逞。球盲还是两眼一抹黑，什么球都不迷。

球迷在国内时就是各种体育运动的观赏专家，美其名曰"观赏专家"，是因为该同志对于各类体育运动从不参与，完全的"止于欣赏、不去拥有"。欣赏之余能使专家"迷"住的当然是足球。他的"迷"也是专家级的，从理论的足球发展史、历史上可圈可点的球赛、历朝历代令人倾倒的著名球星，到具体的、现实的欧美亚非拉赛场上的逸闻趣事、场外俱乐部之间的纷争、球星的良锈表现、球迷的激进行为等等，都是专家津津乐道的研究范围。

专家先生的记忆力超强，又是大学老师的出身，所以听他讲足球，你可以明白什么叫做"口若悬河"和"一泻千里"。可惜碰上球盲这样的木头脑袋，怎么都装不进去那个圆古龙冬的球，专家的演讲就很有对牛弹琴的滋味，这多少令专家有点失望。面对球盲半梦半醒的模样，专家的演讲往往只好中途打住，大度地说："去睡去睡，这么好听的东西又不是灌铅，看把你沉重的。"专家一边失望，一边想：哎，算了算了，这个球盲一门心思当贤妻良母，营造温馨家庭，每天有精致小菜热腾腾地上桌，孩子家务大包大揽，自己才能成为甩手掌柜，安心成为球迷专家啊。要说实惠，还是娶个球盲比球迷好多了。要是老婆也迷上球，每天眼睛粘在电视机里那个圆球上滚到终场，那家里的吃喝拉撒还不都得守门员面对马拉多纳似的，时刻险象环生？

来加拿大的第二年，专家发现没有世界杯可看了，而且国足的臭脚使出吃奶的力气也香不起来，他的重点研究方向就开始从足球转移到冰球上来了，这对专家来说是个全新的领域。球盲最先发现这个重大转变，是从一大摞图书馆借来的冰球书开始的，什么加拿大冰球发展史呀、五六十年前的球星相册呀、赛场习俗禁忌呀什么的，光看那高高一摞书，球盲就心惊肉跳了，心想，还不到巴掌大一个黑不溜秋的扁东西，名曰冰球，怎么能折腾出这么多书？

之后的日子就有趣了，每年枫叶一红，专家就热血高涨地迎接冰球季的到来。球季来了，NHL 什么边边角角的球队比赛，专家都能看得津津有味，手里一瓶啤酒品得有滋有味，体育频道就再没更换过，开车时放的是体育新闻台，上网看的全是体育网。搬到渥太华之后，自然而然地迷上了本地球队 Senators，这颗四处探索的心可算有个主心骨可以靠靠了。

女儿八九岁时开始成了专家的教育对象，女儿乐得到学校里有了显摆的资本，谁说我是女流之辈？哪个哪个球星，哪场哪场比赛咱都聊得来。看，不打冰球的，不仅能说出冰球的一二三，还能说出冰球的四五六呢！爷俩叽叽呱呱没完没了，谁谁谁后起之秀表现出色呀，最后两秒钟的球怎么进的带劲儿呀，谁打架打得过瘾啊，哪哪队打得好看不进球呀，哪哪队光防守死难看可就是能赢啊！老实说，专家同志平时是个心平气和不急不躁的人，话更是有必要的才说，没必要的就省在肚里烂到底，惜语如金的类型。这一聊起冰球，彻底改头换面了，眉飞色舞自不必说，满脸那个兴高采烈呀，满眼那个目光灼灼呀，让你觉得不被他感动都有点儿对他不住了。有一天，我在厨房干活儿，爷儿俩在连着厨房的起居室看球赛，听见女儿问："爸爸，到底什么是 Icing？"我一听就乐了，冲女儿说："这孩子怎么这么傻，怎么连 icing 都不知道呢？妈妈告诉你，icing 就是蛋糕上面那层厚厚的奶油糖呀！"爷俩听了，愣了一秒钟，哈哈大笑起来，乐得前仰后合的。女儿终于喘过气来，望着莫名其妙的我说："妈妈，你才是大傻子呢，我们说的是冰球比赛里的一项比赛规则呀！"

Senators 进了淘汰赛（Playoff）以后，整个渥太华都为淘汰赛发高烧。球盲认为专家的烧是高烧，专家说："差也差也，我既没有买季票，也不会为一场球飞到别的城市去呐喊助威，更不会像 San Jose Sharks 队的球迷那样把一条大鲨鱼搞进球场去庆祝进球，怎么能够算得上高烧？充其量也就是个中烧吧！"这时，满街 Senator 的小旗子正迎风招展，专家的小旗子也在车顶骄傲地飘扬。碰上孩子们在路边举着牌子要汽车响喇叭为 Senators 助威时，专家的喇叭就长鸣不绝震耳欲聋。带女儿到 Scotiabank Place 看几场现场的球赛是年年不可缺少的节目，电视上 Senators 的球赛更是每场必看，没有 Senators 的淘汰赛也几乎场场不落。一场精彩球赛看完还不过瘾，得到 TSN 网上去看球迷们的大嘴特侃。早上一两点了才开始考虑人是需要睡眠的这个严肃的问题，以及做着人夫人父是需要上班、需要养家糊口这个现实的问题。

Senators 那两年所向披靡地打进淘汰赛，一进淘汰赛就有点儿中国足球的味道，谓之约 Playoff Chocker。输一个球就镇不住手脚，一路出溜下去，要横劲儿没横劲儿，要韧劲儿没韧劲儿，没脊梁似的。一场关键的球赛输了，你看专家那个气呀，关了电视就变成闷葫芦了，你跟他说话，你指东他说西，老大不耐烦，好像 Senators 输球全是球盲的错似的。

这些年专家同志看球赛，看出个理论来，就是职业球赛完全是一种供人娱乐的东西，职业球员是演员，球迷是观众，娱乐（ENTERTAINMENT）！观赏球赛是一种现代社会里相当有效的疲劳缓解术和紧张缓解法。看比赛和看歌剧听音乐会旅游都是一码事儿。"友谊第一，比赛第二"就彻底 bye-bye 吧！

专家说，看 NHL 冰球的淘汰赛，你才知道人敬业的潜力有多大，你才明白什么叫拼命。那些高速度的猛烈冲撞全是用自己的身体当工具，断胳膊断腿脑震荡的危险都抛到九霄云外去了，"赢"是唯一的目标。单单所有球员都不再刮胡子这种做法就蕴含着怎样一种粗旷的执着啊，等你面对赛季结束时这群满身是伤的毛人时，需要开刀的、缝针的比比皆是，你要不感动就不是人了。

春风又绿渥太华，迄今为止，Senators 的表现是这些年来最好的一年，专家的脸上春光明媚。球盲虽然仍不看球，却悄悄暗自祷告，上帝啊，求你让 Senators 顺利打完淘汰赛吧，最好能捧上那个大银杯子（Stanley Cup）啊，等底座上也刻了 Senators 一众球星的名字上去，专家脸上的春天可就能够永驻了！

下午茶

他过来，拍我的肩："一起喝个下午茶吧？"

下午茶？稀罕。茶已经沏好，很清很清。舒服地坐下，舒服地啜一口。外面的阳光懒懒的，好像现在的心情，最适合闲聊。

"你真的从来不担心什么吗？比如工作，人人都在担心。"我说。

他一如既往地平静温和，眼神安详："怎么会不担心？只是比较迟钝，往往该担心的时候，已经过了时。你发现没有，世界上的事担心是没有任何作用的，该发生的总会发生，不该发生的不是浪费了担着的心？"

我转了转茶盅，抬眼看他，微笑.。我目视的那对眼睛很安宁，没有风，更没有波澜，在这样的下午，它会让一切心中的风浪停止。"嗯，所以，你拥有始终如一的淡定，像一枚永远不过期的镇静剂。"

他摇头，低下了目光，藏起宁静下突然浮起的波澜："言过其实。我们都是人，不是神。心里的波澜就算小，也是有的。你想想自然界，风吹就有草动，不是吗？何况人，这么复杂的内心。"

我抿了一口茶，因为加了干玫瑰花瓣，茶里有一丝异样的苦涩清香。"但不能否认，你是一枚精工细制、少量服用就十分管用的高档镇静剂，周围的人会因为你的存在而冷静，你知道自己的珍贵来自何处吗？"

他微笑，牙齿洁白光亮，眼神厚了起来，好像灌注了许多思想。他凝视我，说："记得我们在 Bush Garden 爬过的那个巨大的儿童网络构架吗？我们越爬越高，越高越害怕，虽然知道每根网线都有钢筋连接，但因为高而且凌空，心中充满恐惧。我还记得你吓坏了的样子。我们下脚都十分小心，每跨一步都要踩实，确信那根网线是结实可靠的。为什么孩子们不害怕？他们在那些网圈里大踏步地奔跑而去，因为他们不担心断裂，他们忽略高度，他们不懂得意外，他们相信给孩子玩儿的东西都是安全可靠的。他们的信靠是不含一丝怀疑的，就象你给孩子做了饭，她就吃，决不去怀疑饭是新鲜还是腐烂，健康还是有害，因为她对妈妈的信任不参假，是完全的信靠。"

他顿了顿，咕咚喝了一大口茶，好像这样的一大口才可以鼓足勇气把如此哲学的话题继续下去："其实，我们在生活里不也是如此吗？我们生活在一个网线编织的迷宫里，你的手、你的脚总是试图寻找一根结实的网线抓牢踩牢，迈出了一步，又去寻找新的一根，没完没了，心里充满未知与担忧。如果有人告诉你你可以大胆地走，下面有一个无形的巨手正托着你，不会叫你跌倒，你相信吗？你因为看不见那手，就不信，于是继续小心前行，每一步都是辛苦。"

我聚精会神，很久没有见识他如此长篇大论了。他笑了笑，淡淡的，无声无息，然后接着说："假设我们有着孩子那样单纯的信靠，放开你抓紧的手，放开你小心翼翼的脚，会怎样？你会走得又快又稳，还充满欢乐，是不是？所以，学习做个小孩子是件好事，把生命中力不能及的忧虑交给上天，单纯地笃信这只无形而又无所不能的巨手会托举着你，就反而因为无所畏惧而快速前进、充满欢乐了。淡定，来自信靠。"

恍惚之中传来天籁之声："你看天上的鸟不种也不收，天父尚且看护着他们，人啊为什么要担忧明天呢？一天的忧愁一天但就够了。"

这时，我注视他的眼神正像那片泡开了浮在水面上平平展展的玫瑰花瓣，细腻温馨平和，水乳交融。那口茶水于是不弃不离地带着那股平缓的清香流入口腔、流入食道，变作细胞，涌进血液，流遍全身。厮守多年之后的这天下午，我发现对他又有了一层更深的理解。啊，这顿下午茶！

足球

平房时代

那是一个城市的边缘，一边是通向城市的公路，坑坑洼洼的麻脸一路延伸出去，马车、自行车、拖拉机和汽车拥挤着你来我往，狭窄的道路永远狭窄不堪，如哮喘病人的气管，沉重地鸣响。另一边是两条长得没有尽头的铁路，有火车的时候，整个大地轰隆隆抖出人造地震，客车、货车一天跑过几十趟，大地就几十趟地震动，时刻提醒人的生命是有重量的，物品是有重量的，世界的运行是有重量的。

公路和铁路中间夹着一个类似村落的居民区，平房的形状与大小都相似，里面进进出出的大人小孩衣着也算清洁齐整，人们遵循着早出晚归的作息制度，上下班的时候，相跟着的人群一堆一伙一路喧哗，便看出这个外貌如村庄的所在并非村庄。市民与村民的区别在时间里滴滴答答显山露水，市民白天的时间属于城市里运行着的工作与学习，村民白天的时间则属于自己的村落和土地。这片平房白天里的寂静于是让邻近的村落自惭形秽，可不，平房里有一拧就出的自来水，不需踩着冰打着滑去井边拎水。

我的少年时代就是在这个好像村落的市民区里度过的。

房子是父亲单位分的，坐落在平房区的边缘，火车道与两排平房唇齿相邻，呼啸而过的火车声是我少年时代无法消除的记忆，如白纸上一道深深的铅笔痕，即使擦了仍是留了印，每每展开记忆，那声音就在耳边咣朗咣朗地响起。平房的每家每户有个公家修砌的院落，院子很小，红砖铺地，院门两侧一边是一个做厨房的小砖房，两人转身就满，三人便挤了。另一边是个堆放旧物和煤炭的仓房。

那时，烧饭都用砖砌的煤灶。我经常帮爸爸在院子里打煤糕，煤面掺了红土和成泥，模子一扣，干了的煤糕方方正正，耐烧且经济。被称做"糕"，打煤糕的劳动就有了"吃"的 联想、动力与乐趣。山西的红土一向出名，那火红的颜色，有着火焰的天性，卖土的农民总是忙着做不完的生意。生火是一项艰难的技术，印象里母亲那双拿手术刀的手摆弄起煤炉来常常不知所措，她端庄美丽的面孔在浓烟后面奋力地咳着，一顿饭有半顿要用在生火上，上班时压好的炉子动不动就灭了，给放学下班回来饥肠辘辘的全家一张冰冷的脸。这件不得不做的生火工作如此烟熏火燎，母亲劳累一天疲惫的身体就更加沉重，她的脸经过这么一番熏陶之后，便难得一笑了。

住在平房的日子里，我和哥有着许多楼房里不曾有过的快乐。哥是我心中的英雄，缠着哥，从懂事开始就是我业余时间唯一的任务。

从窗户缝里伸出长长的竹竿把仓房屋檐下的马蜂窝成功消灭，是哥率领我完成的最可歌可泣　的事业。马蜂呼啦啦一片慌慌张张痛苦地飞远了，哥仍小心翼翼，把摔在院子里的蜂窝用竹竿勾近，左弄右摆确定没有残留马蜂，才伸手抓来递进妹妹捧着的小手掌中。那千窗百孔的艺术品从此成为五斗橱上的装饰，那些小房屋小得如此均等而精致，树立了我从此对马蜂的无限崇敬，后来被马蜂叮咬留下坚硬伤痕，仍舍不得说马蜂一句坏话，直怨自己不慎碍了马蜂的大事。

用听诊器的胶皮管灌水喷耍亦是兄妹俩的至爱。黄色的胶皮管一头系死，本来指头般粗细的皮管被灌进的水涨成晶莹剔透的大肚气球，哥用手捏着气球在小院里转圈追赶，嗞出来的水准确地喷射在我的花衣服上，我叽哩哇啦尖声大叫，小院里盛装的欢乐操场上都装不下。

妈出来干涉了："不许欺负妹妹！"

"哥没欺负我，是我要他朝我嗞水的。"

我和哥只会相互袒护，兄弟姐妹之间反目成仇的事情从未有过，父母面前永远是一个战壕里的忠实伙伴。

院子里有个自己挖的菜窖，北方的寒冷使秋季的冬菜存储变得极为重要。那菜窖一入秋，就被大白菜，土豆，萝卜，大葱，苹果塞满了。揭开和地面水平的盖子，要踩着木头梯子一步一颤下去取菜，这项工作哥哥是当仁不让的，可饭烧好了，菜还没取来。哥在下面玩出的花样千奇百怪，土豆可以建设成城堡，白菜可以垒做战壕。妈偶尔下一趟菜窖，连下脚的地方也没有，上来免不了唠叨："玩儿玩儿玩儿，正忙不帮，只会帮倒忙！"

哥拉着我躲开妈，小声说："知道我们在屋里水池养的那条乌龟失踪到哪里去了吗？掉进菜窖摔死了！尸体早烂没了，只剩下个空壳。"

我握着那小小的黑色硬壳，两眼发直，第一次面对生命的脆弱，还有个活生生的残余尸体做见证，小心灵颤抖得不知所措。哥见我伤心，一把抓过空壳，说："我们去葬了它。"

两人到了后院，在罢了园的菜地上挖坑，埋出小小一个鼓包来，插上玉米秆做旌旗。风吹秆动，摇摆出一片凄凉，小院因此有了古战场的萧瑟，愣头愣脑跌进菜窖的乌龟于是升华成了英雄。哥见我乐了，赶我走，说要大解，怕熏臭了我。

现在想来，后院里的小粪坑是最原始的环保手段，竟吻合了三十年后的今天大力提倡的环保意识。现如今在北美要添一套居家院子里使用的环保回收设备需要花许多钞票，还有专门的课程来传授操作技巧，把树叶草梗果核粪便等反复搅拌深埋发酵，两三个季节一过，就可成就天然的肥沃土壤。我家那时的粪坑却是极其简易经济的，一个坑，两块脚踏的木板。冬天才启用，产品一离开身体就被零下的温度控制，不会造成空气污染，还节省了穿上厚棉袄跑公共厕所的时间和力气。公厕两排平房才有一座，蹲坑便池，臀部裸露的寒冷是无论如何都要受的，相比之下，自家的粪坑开门见坑，冷得短促，自在方便。开春一解冻，厚土一埋，粪坑不见踪影，上面豆角西红柿青椒茄子玉米向日葵旺旺地疯长，整个夏天吃的都是纯天然无公害菜蔬，产量大，菜品鲜，邻里乡亲送送，友情和胃同时得到了天然滋养。

那后院也是搬来就建好的封闭院落，长方形一块泥土地。爸妈的身影因了这土地，有了新鲜意义：都市农民。母亲不善生火的双手在菜地里显出手术台上的神奇和灵巧，配合了父亲灶台前舞刀弄铲的天赋，那些年的饭桌总是丰盛美好。一家人却都是瘦子，长长地直往竖里长，横着怎么看都是单薄可怜，缺乏营养。母亲带我测微量元素，少锌，于是每天加了一颗辛涩无比的小白药片，药片太小，我的瘦始终没有变过。

对门有户吕姓人家，四个小毛头一个跟一个，主妇是河南乡下人，专职在家，烧一手好吃的打卤面，面煮好了隔着院墙喊我去吃，我两条细腿跑得飞快，转眼之间鼓着小肚子回来，嚷着："吕娘做的面条太好吃了！二妞的作业我也帮她做完了。"吕娘疼我除了要我帮助二妞，还经常找我妈看病开药，四个娃娃泥里滚土里爬，家门口守着个医生，方便。吕娘有时会把我揽进她丰硕的怀抱，那种柔软而温暖的气息是城里单薄而细皮嫩肉的妇女永远不会有的。多年之后，当我想起父亲生病到外地治疗时母亲把我寄存在吕娘家的那些日子，她那硕大乳房散发出的淳朴天然的汗香仍会丝丝缕缕飘散在记忆的缝隙。

平房区外面的公路和铁路都是我经常行走的道路。铁路是我家那排平房的括号，出门就可沿着括号上路，上学可节省二十分钟路程，我却只在来不及的时候去走，怕鬼。铁路两侧耸着高高的土山墙，土山墙上废弃的窑洞一路间隔着目送一双幼稚的脚步，那些黑悠悠的洞口很容易刺激少年人丰富的想象力，寂静的脚步声在铁路边的羊肠土道上闷闷做响，回声从土山墙上摔打回来，一个人的行走响出了军队的气势。窑洞口闪过的飞鸟忽地被看成躲藏的厉鬼，提着心脏小跑起来，脚步回声咚咚咚敏捷迅速，好像千军万马在呐喊着追赶。节省掉的二十分钟换来一身筋疲力尽的大汗，到了学校，心脏咣当咣当跳上好几节课才能平息。那厉鬼的故事倒成了荣耀，白话几天仍不知疲倦，同学们围着听的毛骨悚然，我的恐惧却变成了英勇，害得同学们都梦想去走走那条没有尽头的铁道。

公路绕了远，却在车水马龙里给了女孩儿足够的安全。背着双肩书包骑着小轮坤车猛蹬了好几年，上坡下桥拐弯儿直行，小辫儿甩在风里，转眼就长大了。自行车坏了的时候，我也会走着上学，看见一步一晃的马车扭捏前行，搭个边坐下，马车夫趿拉着双腿坐在前沿，小鞭轻挥，哼着谁也听不清的小调，我坐在后车沿上，也任双腿悠悠闲闲晃个自在，东张西望，看市井繁华，钻研马儿随地边走边拉的粪便形状，一直晃到学校附近，并不懂说谢，下车就挥挥手连蹦带跳地跑了。

也有哥骑车带着我去上学的日子，别的女孩都文雅地双腿并拢侧身坐在后座上，我却另类，哥的自行车已经骑出去了，我才紧跑几步，刷地骑马一样骑上后座，哥技术好，只微微一抖。不穿花衣服的时候，路人只以为是两个半大小子。风里，我大声问哥刚布置的数学应用题，哥侧着头给我讲，老不懂，哥顶风上坡，也不要我下车，骑的卖力，这时连"笨"也懒得骂，干脆回家替妹妹解了那题。

写完作业，哥常领我到铁道边玩耍，抓蚂蚱、掏蚂蚁洞、用树叶编草帽，玩儿累了两人找个石头背靠背坐上，并不说话。火车来了，心里暗数车厢，火车咣朗朗呼啸远去了，两人才开吵："明明是三十二节！""就不对，就是三十三节！""我什么时候数错过？""你不错，我就错了吗？""算了算了，算你说的对，火车也拉不回来做个检验。我错就我错吧！"哥最后总是让了我。其实我数的也是三十三 节，专门找个架来吵，专门等待哥的谦让。无论天气多么寒冷，他的谦让总能给我裹上最暖和的大衣。

楼房建好的时候，我家院子里的梧桐树已经遮荫蔽日，后院的桃树挂着青涩的鲜桃，还没成熟泛红，令人百般留恋。妈说新楼房里自家有自家的厕所，我和哥都有单独的房间，阳光照进来关着窗户都能闻到阳光的气味儿。我和哥等人走空了，在空荡荡的平房里逛了一圈，哥想了想，掀起一块窗下的地砖，翻出一包各色各样的烟盒，那里曾是他的保险箱，被他遗忘了很久了。

我和哥相视一笑，走出平房。小院里都搬空了，梧桐树上停着的小鸟吱地一声飞向天空，我和哥都仰起头来，那天的天空很蓝很蓝。

爸爸，那一天……

爸爸，你好！

每年清明的前一天，四月四日，我都会留一点时间给自己，什么都不做，抱一盒纸巾，静静地想你。静静地，静静地，在一张张沾湿的纸巾中想你。

那天的经过我还记得很清楚。离高考还有整整三个月，同学们已经在具体实践头悬梁锥刺骨。教室里白炽化的空气紧张如冒烟的战场，清明将近的那丝凄凉并没有压落战场上的硝烟。

上午，正在上课，有人敲教室的门，老师走出去和来人讲话。进来后站在讲台上对我说：DZQ，你收拾一下书包，别上课了，外面有人找你。

我拎着书包出门，见是医院司机和院长顾叔叔。你知道，你当院长那些年，我已熟识顾叔叔，你生病住院后一直是他代理你的位子，派车接我去看你都是顾叔叔指派。

顾叔叔说，小杜杜，我们带你去看你爸。

那时你住的医院开车要一个多小时才能到，司机和顾叔叔在前面说话，没人理我。我坐在汽车后坐上，掏出世界历史，背法国革命。

这样被接出来去看你，已经有过很多次，我不知道这一次有什么特别。当我努力让法国革命扎根在头脑里时，我完全没有想到，这次去看的你，已经走进了一个我怎样努力都够不着的世界，你那深沉的、总是十分安详的目光已经凝固成历史，永远不会在我面前出现了。

你的病房在二楼，进入你病房之前没有一个人告诉我发生了什么。

我迈着不疼不痒、不紧不慢的脚步向那个熟悉的单间小病房走去，脑子里还在想着拿破仑。病房门大开着，却被人挤满了，我好像是从人缝里挤过去的。

你穿着那件你最喜欢的毛料带肩章的深蓝色铁路制服躺得笔挺，头上还戴着帅气的大盖帽。闭着眼睛，你搭在床边的左手里握着两块我给你买的你顶顶爱吃的华夫饼。妈妈正站在旁边目光呆滞地望着你。当时哥哥还没从学校赶过来。

我走到床边，把手放在你身上，问，妈，怎么给我爸穿着衣服睡觉？干吗睡觉还握着吃的东西？

　　这时因为离你很近，我看见你的另一只手里握的是三天前我哥从上海实习回来给你买的那根红木拐杖，当时你从哥哥手中接过来时，一遍又一遍地抚摸，高兴得很想下床来柱着走走，但用双腿走路半年前对你就已经只能是梦想了。

　　妈妈好像没听见我的问话，仍旧呆呆地望着你，不理睬我。

　　身后有人拍我的肩膀，说：小杜杜，你爸爸，他告别了。

　　…… ……

　　那以后的事情我的大脑记忆十分模糊，眼前的人来人往都像画一样没有声音，我的耳朵好像聋了很久。据说我是哭了，是我伤心时，那种一贯的、无声的、哽噎的、汹涌流泪的抽泣。你曾说过，我的哭泣因为无声，特别令人心疼，像了你。

　　"爸，你怎么了？你怎么不睁眼了？……. 爸，你看我一眼，好不好？……爸，爸爸，我的好爸爸呀！……"

　　我抱着你，抱着你，把脸伏在你冰冷的脸上。让我好好把你暖回来吧！"爸，爸爸，你听我的，你别走！你看我一眼好吗，我求求你了。"呜咽着，我在你耳边不停地，不停地说着无声的话。

　　伸手，我摸着你的脸，冰冷。伸手，我摸着你的唇，也是冰冷。我拨你的眼睛，怎么都拨不开。在我十九岁的生命里，我不能面对你温暖的躯体就这样失去了温度，我的手不愿停止对你那张脸颤抖的抚摸，我希望我拼命的抚摸能摸出你睁眼看我一眼的希望。世界不该如此残酷，我要你回来，爸爸，我可怜的好爸爸，你回来！

　　人们怎么把我从你身边拉走，我全不记得。只觉得世界哗啦一下就没有了。真空的混沌里，我被一团浓重的雾霭包围，没有风景，没有颜色，没有人声，甚至没有心跳。爸爸，你在哪里？爸爸，我又在哪里？你告诉我！

　　…… ……

　　爸爸，就是在那样一个普普通通的日子里，你用自己的身体向我展示了生命的残酷，你用你冷静的沉默告诉我死亡是多么特别又多么平常。瞬间呼吸的停止，可以带走所有的过去，停止所有的将来。

　　我那颗年轻而柔软的心触摸着你坚硬的死亡，竟产生了那样一种温暖缠绵的亲近感，我愿意，我愿意用我一生的温柔拥抱你这无声的坚硬，永不撒手。但我更知道，你的冷漠是想拒绝我对过去的拥抱，你希望我用这绝不撒手的精神拥抱我刚刚开始的未来。

梦中，你颀长的手指摸着我的头发，说，孩子，看呀，死亡就是这样在瞬间就可完成的工作，并不艰难，艰难的是如何珍惜你活着的人生。

爸爸，尽管那一天的记忆在二十年风霜雪雨的洗礼中略微模糊了边缘，却长久地储存在生命的相册里藏在我心中最神圣的角落，它注视我的喜怒哀乐、悲欢离合，教我面对现在，丢弃空想，脚踏实地。

那一天你和我悄悄达成的默契，让我对生命从此充满珍惜和感激。蹒跚的人生道路上，虽然已经多次和各种死亡擦肩而过，甚至面对面，我都从无畏惧，因为知道自己永远不会孤单。不论活着，还是死去，爸爸，你一直都和我在一起，在我心里，在我的天上，和我携手，永不分离。

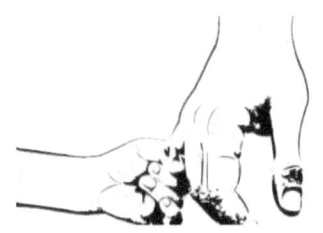

繁忙着你的繁忙……

你电话里问，千好万好还是家好吧？我冲着话筒使劲点头，好像听筒那边的你对这个"好"有侵略性，需要点头捍卫一下才够坚决。你又问，感觉轻松吧？你老说国内这边的人都太忙。我说，嗯，其实国外这边也一样地忙，忙的内容千奇百怪而已。比如这夏末，阳光依旧迷人，除了工作，很多人抓紧时间享受日光的温暖，忙的内容会是度假，国内的人忙的内容大多是工作和赚钱，繁忙有着质的区别。你稍顿，若有所思，说，我希望你繁忙。

忽略你话中"繁忙"的内容，我知道自己独善其身的繁忙无论如何都无法令你满意。你这一生的忙啊，日出而作，日落而息，工作中的千里马，家庭中的孺子牛，儿女亲朋的救世主。劳作之间，少有喘息。这样的繁忙是充满意义和目的的繁忙，是有形的，可圈可点的繁忙。在你，是无愧于世界、无愧于亲人的繁忙。而我的繁忙，是一种手里捧着普希金诗选，耳边听着春江花月夜，大脑构造着牛郎织女的故事，怀里揣着远离功名物欲的梦想的繁忙，又因为脚步如同牛一样稳健踏踩着坚实的大地，肩膀上也同牛一样拴着人生重重的轭，这繁忙就变成了理想与现实的挤压和矛盾，时常气喘吁吁，这样的繁忙是在内部酝酿，不为人见，你于是忽略我大脑高速运转的状态，对着手捧书本的我念念叨叨：生命在于运动，在于工作，在于收获，年华不可虚度啊！

你的话淹没在你手中菜刀的快速切割声中。我心头郁结，抬眼透过厨房的玻璃凝视你满头白发，心尖被那刺眼的白色撩得很痛，歉疚从那痛处缓缓溢出，唉，七旬的老母亲，是的，我没有繁忙着你的繁忙，这难让您满意，可我并未虚度，怎样才能跟您解释清楚呢？虽然您生了我，女儿却长着一颗您不解的心，您重视现实，重视眼可见手可摸鼻可嗅的有形世界，我心怀梦想，沉迷于手不可摸眼不可见鼻不可嗅的理想世界，它们的交集在哪里？我苦寻。

一天又一天，我看着您马不停蹄地繁忙着，像看着一个神话。您一生的惯性推搡着您的日子，您无法停歇。你们那个时代的人，工作就是生命。您白发苍苍，却目光如电，您诸病缠身，却精神矍铄。我无法用数字来形容您的年龄，因为那样会比例失调，概念混淆。走路，我追不上你，做事儿，我没你敏捷。你我之间的年龄差是反向的，您打破着年龄这个概念，这让我几乎无所适从。您让我怎样来繁忙您的繁忙呢？我只是个平平常常沉迷于相夫教子而惬然自得的小女人，我的繁忙与"爱"紧密相连，被爱和去爱，在我，如此地重要。而您，您的繁忙与"成就"朝夕相伴，儿女情长是您的不齿，您的繁忙，在我，是个不接地气的神话，缺少的是有温度的温情。

整个春天连着整个夏天，我在您身边进进出出转来转去。出国十来年，我终于腾出这样整块的心情和这样整块的时间回到您的身边。不知道是时间给我让路还是自己慢待时间，我的"闲"就这样把我轻轻地推到了您的面前，推到了那个生了我养了我的土地和从前。身边人都用"潇洒"来形容我的回乡之旅，我暗想，自己不放下，哪里来的"潇洒"？人生能放下多少又能放下多久，每个人都不会相同，我也许只是正在努力放下许多人不愿去放下的那点东西吧。

您目睹着我的"闲"，不安，唠叨。不解释，我任性依然。我宁愿用这段时间拾拣起早年和您在一起生活的片断记忆，那条您熬夜缝制的格子裤，还有您恨铁不成钢时的眼神……它们梦一样模糊而温暖，却万花筒一样保持一种变幻而破碎的美丽，只有您这个从来不知疲倦的模样是始终不变的。我庆幸自己发现了这种不变，繁忙中的您和您的繁忙曾经是我整个世界行进的鼓点，您还在持续地敲着，敲着，而我，已经长大成人……

离开您的时候您叹气，说，好吧好吧，回到你的清爽世界去吧，去过你不忙的日子。我没有掉泪，心头却热热的。其实，我从不认为您奋进的鼓点会惊扰我的梦境，它们从来都是和平相处，不止是太平洋两边的天空深浅不同，也不止是时代的造就划分着代沟。因为我知道您渴望我去繁忙您的繁忙我永远不能做到，而您也清楚，我繁忙着我的繁忙快乐而平安。

世界没有定论，生活没有模式。有形的功名利禄可以给人生带来成就和欢欣，无形的和风细雨滋润着精神的花园同样可以让人生美丽动人、平安富足。生活着你满意的生活，就足够了。

到我身边来吧……

出国那年，您的头发还很黑。搂着您在北京机场拍照，我年轻的脸贴着您复杂的脸，您似笑非笑，有几根黑发飞在空中，没了主见一样。我知道您对我满心希望，但还是在最后一刻舍不得我远走高飞。您的心在流泪，脸上撑着。

一晃十多年。

关于头发，您曾笑说：咱家人都是顶着一头重发的，笨人之家。后来的日子，每每听到对我头发赞美的言辞，我就学了您的谦虚：我笨，聪明人不顶重发呀。赞美的人就呵呵哂笑：你笨？你如果发少，还让世界上其他聪明人活不活了？

关于聪明，我不敢自诩。但认真勤恳、踏实吃苦的生活态度我知道是因为身上流着您的血。不偷懒、不虚伪、诚实做人、直面人生、勇敢坚强，都是当我在您腹内还是一个小小细胞的时候，您就慷慨赋予我的定义。

时光流逝，当我的生命肩负着您悄悄种植在我身上的希望一天天从孩童走过少年，从少年走过青年，从青年走进中年，从黄土高坡走到枫雪他乡的时候，即使远隔无边无际的太平洋，我还是时常感觉您的目光就在我咫尺身旁。面对您的满头白发，就像面对一个几十年后的自己，一颦一笑，一举手一投足，都是您的模样，照镜子一般。他说：你真的越来越像你妈了。他的口气是中性的、陈述事实的、无感情色彩的。我追问：这是好？还是坏？我要他富含感情。他笑，讨饶：好！好！好！他对这个任性的妻子分外珍惜，为要我高兴，他在"好"里放进了很多赞美的感情。

关于女儿像不像您，已经是个多年来不争的事实，除了我高挑的身材像了父亲，我基本就是您的翻版。从十几岁开始，每当我和您同行，总有人夸您年轻貌美，和女儿走在一起，宛若姐妹。人们接着夸我有福，像了母亲的美丽聪慧。您淡淡微笑，不骄不躁，笑容十分明亮，不为自己，是为身边这个正在长大的我。

这十几年的天涯分离，相聚总是短暂，急急匆匆地飞过来飞回去，我心痛地观看您无法驻足的衰老。看着您的白发侵略性地大片大片占据着您美丽的头颅，我心痛得不知所措。您从不染发，医生出身的您对染发剂的化学性态度鲜明：致癌物质，尽量远离！每每对您劝说，您说这话的口气就威严得如同将军。"看起来会年轻十岁呀？"在将军面前我还是百折不挠。您摆手打断我说："老了就老了，镜子都懒得照，显得年轻不等于年轻，要它做甚？全白了才好，白得干净，白得雅致。见过田华那全白的头发吗？多美！可惜我的白发怎么都白不到那么纯粹。"

这回见您，您的头发真得几乎纯白了，罩着那张手感仍然十分细嫩的脸。我没再提染发的事，您真的老了，即使没有这满头白发作说明。

我和您爬六楼，我的脚步轻如猫行，无声无息。您的脚步沉重缓慢，咚！咚！咚！每一步都好像大象在走路，您的身体却是那么瘦小。我想扶您，您甩开我的手说：你先上吧，我慢慢上，又不赶时间。我抢过您手里的包，三步两脚跑上楼，停下来听您还在好几层下面那一下又一下清晰、缓慢而沉重的脚步声。闭了眼睛，我想止住流下来的眼泪，却越哭越凶，妈，你真的老了呀，我的好妈妈！我不想你老呀！妈妈，我怎么能让您老得慢点呢？妈！停一停吧，您别老呀！我能为您做点什么呢？我的好妈妈……

因为和您在一起的日子如此之短，我们格外珍惜。最喜欢早晨一睁眼，就倒杯水端到您床头，看着您喝下去，然后从您脚边那头钻进您的被窝。我抱起您的腿，轻轻揉您走了 70 年长路的脚。您开口述说，那些真实的故事就那样涓涓流淌，淌进我倾听的耳鼓，颤动的心灵，伴着我和您时不时一起流下的眼泪。录音笔的小红灯静静地亮着，不遮不掩不修不饰地记录着您的历史和家庭的从前。几个小时就那样平缓地飞驰过去，永不嫌长，您在我怀中的双脚，一直是温热的。

回去以前，他就给我买了这支很高级很小巧的索尼录音笔，为了让我录下您这些珍贵的故事和您永远清脆的声音。回来播放，女儿问：妈咪，是你吧？ 我目瞪口呆，天，我和您讲话的声音竟然也是如此惊人地相似。热血不会欺骗，我是您无法拒绝的延续啊！妈妈，不怕，不哭，不伤心，不担心，您慢慢讲，我都听着，让我接住您的故事，让它慢慢地延长……

您爱画国画。怪石，溪水，野花，麻雀，山林。写意的，工笔的。颜色、毛笔、宣纸大大地铺得哪儿哪儿都是。我在旁边呆呆看您，您正在用一只纤细的毛笔一根一根撕拨一只淡蓝色小鸟身上的羽毛。我说："妈，你跟我走吧，我给你摆一个同样大的桌子，你就画你的画。把你的古筝也搬去，画累了，你就弹琴。弹古筝弹累了，就换钢琴弹。什么都不干，咱娘俩就坐着说话，好不好？"妈妈微笑，一生倔强、雷厉风行的你，做画时才显露这样少有的温柔和平静。头也不抬，专心画鸟，您嘟囔说："我不去，拖累你们。这么老了，是累赘，发不了什么光了，在国内就挺好。"这时那只小鸟的每根细毛都好像在风里摇晃着，跟真得一模一样。我说："妈，我看着你，你就算一动不动地闲坐着，也满身都是光！灯泡似的，全家都亮堂！我要你到我身边来，妈妈，让我孝顺孝顺你呗？啊？"

等待，也许是漫长的。您始终没有明确地答复我。

送我的时候，您远远地摆了摆手，象征性地。您的笑还是那种复杂的笑，心里在哭，脸上撑着，白发在帽子外面露着一圈银色的边。我被卷进人流，看不到您了。我知道您转身的背影，肩膀很快就会抽搐起来。

擦掉眼泪，我在心里默念：妈妈，到我身边来吧，让我爱你，爱你，爱你……

妈妈，你在我眼中……

我的母亲是个很难用语言来描绘的人，在我眼中，她并不圣洁，却巨人般高大；并不慈祥却深藏她独特的关爱；并不温柔，却令人难舍难分。她的矛盾人格使她如此地与众不同。她是健康的，精神抖擞的；却也常常显现病态，否定一切。她一生坚毅刚强，却也常常悲观厌世、忧郁无助；她经历坎坷，阅历丰富，内心却永远幼稚单纯、不暗世事。她为事业为家人蜡烛似的一点一滴燃着自己，也会因此骄傲和炫耀，却在同时做着无休止的自责，把所有曾经的历史性的灾祸和不幸反复咀嚼。她是家庭的灵魂，但矛盾的人格却也会使家人不知所措。她不屈不挠，不折不扣的个性，使她超常地迅捷灵敏、以一当十，于是她周围的人就总有因为没能使她满意而滋生的愧疚和不安。她的急性子和坏脾气使我在选用世界上美丽的语言来形容她时不得不小心翼翼束手束脚。她是一本活着的大书，纸张是她脚下走过来的那许多颠簸坎坷泥泞的路，插图是她贯穿如一的顽强，决不妥协的精神，字里行间则是她日复一日年复一年的一颦一笑，一悲一喜，一怒一乐。从我记事起，我就一直在翻着这本书，如今已过不惑，仍没能读懂它。这书已经变得越来越厚，越来越沉，也越来越旧了，模糊的没有变得清晰，清晰的却变得越来越模糊。我不想用"好""坏"来给她一个定义，那样的字眼对她来说实在是太单薄了，她就是她，我唯一的，生我养我的妈妈。

上了发条的腿

脑海中的母亲总是在动，她身体的每一个部位都是设计来用于某种工作的。她的腿走起路来如闪电飞云，脚步步伐大、频率快，从来没有过印象什么人比她走得快，也从来不曾看到她和什么人并肩同行，她总是远远的超过和她一齐出发的同伴，无论你是怎样的长腿大脚。那年回国，和六十几岁的母亲一同上街，她骑在一架破烂而且对她显得十分巨大的自行车上，好像终点冲刺似的在大街上飞驰，比她高出近一头，三十几岁的我只能不停的告诉自己"快蹬快蹬"才上气不接下气的勉强跟上，看着她穿梭在车水马龙的大街上的背影，你准会以为那是个二十出头急着赴约的年轻女孩。她的腿就像上了发条的齿轮，三百六十五天那么不停的转着，只有睡觉的时候才关机停挡，休息一会儿。有时我碰到她依旧嫩白如瓷的肌肤，会生出这样的怀疑，这柔软雪白皮肤下面的筋筋骨骨该不会真是钢铸铁造的吧？肉做的身体怎么会这样不知疲惫经得起摔打呢？她曾先后骨折过两次，一次在脚腕，一次在胯骨。胯骨受伤的时候，医生说没准儿长不好三五年之后可能会瘫痪，她就是不信那个邪，一瘸一拐忍着剧痛坚持运动和锻炼，几年之后的今天没有留下一点点受过伤的症状，双腿甚至比完全健康的年轻人还要硬朗迅捷。

直到七十岁以后，她的腿脚才逐渐放慢。接她来我身边之后，一同行走时，我才意识到她也是会衰老的，我需要放慢脚步，耐心等待。但和周围同龄老人相比，她仍是健硕稳健的，她可以走过几个街区，每天跑跑颠颠乘公交车去学习英文，不论刮风下雨，大雪纷飞，都不能阻挡她那执着的脚步。

并不温柔的手

母亲有着一双举世罕见、灵巧无比的手，这双手粗可以种地、造家具、搬行李，细可以做手术、画画、织裁剪绣。长年的劳作使那双手变得结实而粗大，失去了女性的纤细修长、柔软温柔，却没有抹去它们的聪明灵巧。

作为一个整形外科医生，她的手术总是精细完美，一丝不苟，病人一茬一茬的来又一茬一茬的走，这双手使得每个进门时自卑的面孔带着心满意足的笑容离去。

她的灵心慧智借她的手体现得淋漓尽致，她可以用一个星期的时间学会一样别人用半年时间才能掌握的技能，而且才高八斗、技高一筹。她参加老年大学的绘画班，没几天一幅蓬勃丰硕的富贵牡丹图就可以装裱上墙，让家人忍不住洋洋得意地夸耀，让外人见了徒增羡慕。

母亲的针线活真是一流，记忆中我和哥哥小时侯的衣服都是母亲结束了一天的辛苦工作，深更半夜挑灯夜战裁剪制做的，那缝纫机哒哒哒的声音几乎成了伴我入睡的催眠曲。织毛衣她更是专家，毛衣可以从领子、袖子、身体任何方向起头，一针不断地织完，且姿态优美、速度惊人。

七十年代末人人家里没几件家具，有一套沙发都是显罢的资本，我当时就是因为有了妈妈那双了不起的手而赢得小朋友们的极大羡慕。妈妈不知从哪里搞了许多旧轮胎内胎和破木头破棉花，她变戏法似的把那些破烂儿东拼西凑，锤子钉子针线一起上，几天工夫一个像模象样的三人坐沙发就摆在我家不大的客厅里，沙发还可以放倒变成个双人床，在当时那可真是个气派的家伙，让我在小朋友中着实风光了一阵。

　　妈妈还会种地，记得那时候我家住平房，后院一块五米见方的土地一直是家里重要的蔬菜来源，播种施肥样样妈妈都事必亲恭，茄子青椒豆角白菜土豆一茬刚走一茬又来，每天都有新鲜蔬菜下锅……

　　妈妈的手这样万能，却在儿女情长的时候，生涩羞怯。记忆中她从没主动拥抱过我，那双手的温柔只在我睡着的时候悄悄释放。我小的时候会故意装睡，等待她略微干涩的手指轻轻在我的头发、脸颊、额头上轻轻滑过，然后还会有一个好轻好轻的吻印在我的小脸儿上，我小小的心灵就感觉像干裂的嘴唇迎接着清凉的泉水，整个身体仿佛陷进柔软的白云，那夜的睡梦就会格外的甜美安详。

　　长大了，再没有感受过妈妈那双手的温度和质地，她几乎再也没有摸过我。有时，我悄悄地希望自己还是个会装睡的小孩儿，在某个夜晚，闭着眼睛渴望那双手的温暖。

　　日子一天一天地度过，妈妈的手在劳作中渐渐布满了皱纹，那双手所摸过的、试过的、经历过的已经不是我这只笔所能承载。如果有人问我，你说这世界上什么东西最值得赞美？我会毫不犹豫地说：我妈妈那双并不温柔的手！

昂头做人

　　母亲出身不好，一直背着"老鼠的孩子打地洞"这个抹不掉的阴影生活在那个畸形的年代。到八十年代初政策放宽，母亲的腰才真正地直起来。三十多年的血雨腥风并没有使母亲丧失对生活和工作的热爱，她总是勤勤恳恳、兢兢业业地面对一切。精神上的压抑，肉体上的折磨，同事间的歧视，经济上的拮据并没有把她变得灰心丧气老城世故，她只是默默地努力，用行动证明自己。

母亲一生走南闯北，东打西拼，什么样的苦都吃过，什么样的罪都受过。听母亲说，当年在大兴安岭的冰天雪地里给修筑铁路的工人们做医生，早晨刷牙，要把杯子里的冰化开。去井边打水，要摔好多个跟头才能小心翼翼地半爬着挪到结满厚冰的井台上。消毒手术室时，竟会发现一条大蛇盘踞在痰盂里。工人们在零下三四十度的酷寒中工作，回到室内，耳朵冻僵，一拨拉就掉下来，那种艰苦真是只有故事里才能看得到。妈妈还在那时候学会了骑马，一个人翻山越岭在野兽频繁出没的羊肠山路上走一夜，去给附近的牧民治病。想想一个在上海长大二十多岁的姑娘要有多么坚强的毅力才能在那样的自然人文环境里立住脚跟。

妈妈就是这样蹒蹒跚跚走过来的，每一步都沁透着血汗，都能讲出一个惊天地泣鬼神的故事。艰难的生活也使她练就成了一付现在的钢筋铁骨，和永远不屈不挠的坚韧刚强的个性。如果说母亲有个健康的身体，那么她那健康的精神才是支撑那身体的脊骨，就像肥硕的叶片有粗壮挺拔的茎来支撑一样。

在她的字典里找不到"累"和"苦"这些词，她的精神从来不认可它们的存在。面对头顶的政治压力和因之带来的艰苦生活，她从容坦然，直面人生。不让我做手术，让我洗病房换下的床单我就把每条床单洗得雪白。让我开会念报纸，想让我念错抓我的小辫子我偏念不错。她的聪明和干练总是在关键的时候帮她昂起她倔强的头。世事炎凉练就了她严肃的面孔。她刚毅的嘴角总是紧紧地抿着，不大懂得谈笑风生和寒暄应酬，却快人快嘴，直戳本质，往往一言出口，四座皆惊。她的自尊和骄傲在这种严肃中被捍卫的自然妥帖，她却也因此总给人一个拒人于千里之外的感觉。不记得母亲有什么贴心的朋友，她总是靠自己一个人在风浪中摔摔打打。成份不好没人敢亲近有什么关系，我昂首做人，自己走自己的路一样挺胸抬头，抖擞昂扬。

如今时过境迁，母亲的成分已经不再成为挡在她面前的巨石，她用不完的能量可以无拘无束火山爆发一般喷涌出来。她的头昂得更高了，坚毅的嘴角泛着若隐若现的微笑，"夕阳无限好"的灿烂在她美丽的脸上荡漾着。

学无止境

妈妈天生丽质，不仅冰雪美丽，绝顶聪明，更有顽强的上进心和永不衰竭的求知欲。从我记事儿起，妈妈就一直充当着各种各样的"学生"。年轻时是找各种机会到各类大医院进修，外科医生出身的妈妈，做过牙医，心脏内科医生，最后又转至整形外科，还有了自己的整形诊所，真是样样拿得起来放得下，这全得的归功于她孜孜不倦的深造提高。

当年刮起电大风，一直对自己没有良好的英文水平耿耿于怀的妈妈像抓住了救命稻草似的，如饥似渴的念起了 ABC。一块儿入学的有两百多人，最后只剩下两个人坚持到最后拿到文凭，一个中学英语老师，和我妈妈------这个照顾着两个年幼的小孩和身体虚弱的丈夫，全职工作着的中年女人。

后来母亲还夜以继日地参与了两本西方护士手册的翻译工作，那两本书装印成册后妈妈脸上盛开的笑容是我见过的最无邪最自豪的笑。

妈妈有了自己的诊所以后，繁忙的工作并没有淡漠她学习的劲头，除了不断在全国各地飞来飞去学习新的整容技术，她还见缝插针地参加老年大学的绘画课、音乐课，一幅一幅兰菊竹梅在手术的间歇中完成，一首首清新不俗的古筝曲在繁忙的空隙里练就。

母亲六十五岁生日时，我打回电话问候，她急急忙忙地撂电话，因为她正忙着去听计算机应用技术的课程，之后还有手术要做，六十五岁的生命洋溢着二十五岁的朝气，令电话这端的我汗颜不已、自愧弗如。

学习提高、补充新知识对母亲来说和一日三餐一样早已成为她生活的必不可少。她很少逛商店选购衣服首饰，却常常滞留在大小书店里，我从小爱书，就是从妈妈那里耳濡目染的结果吧。这几年妈妈还加入了网络书店，定期买书读书，书的内容是包罗万象，碑帖画册、禅经佛典、股市商场、文学经典等等五花八门她都百纳俱收。她那白发苍苍的脑袋里已经装了多少知识是无法测量的，令人赞叹的是那里面还有多少空间可以摄入新东西则更加无法限量。和她相比，我年轻的头颅总是慢了半拍，懒惰滞钝，不思进取，可如果让我做和她一样多的事，学和她一样多的东西，我恐怕要重新把自己的脑袋格式化一下才能完成任务。用"活到老，学到老"给她下定义最合适不过。如果世界上只剩下一个人愿意做学生，那个人一定是我的妈妈。

······ ······.

一个人无法选择母亲，我能拥有我的妈妈，是上天给我的福分。这份福，没有太多的儿女情长，有的是坚毅刚强的气魄和不屈不挠的精神。如果上天给我一百次机会让我选择母亲，我不会去选择一个百万富翁、明星大腕，而会默默选择我的妈妈。不为她平凡下面的伟大，不为她刚强下面的温暖，不为她严肃下面的潇洒，只为她是生我养我疼我爱我的妈妈。她的一切------无论是好是坏，永远都是我心中最珍贵不舍的宝藏，是一份剪不断理还乱的浓情厚爱。

　　妈妈，我很想对您说：您感觉冷么？我愿意用我的体温紧搂您，让您在瞬间得到温暖；您感觉累了、老了吗？我愿意用我青春的精力交换您的疲惫，让您的生命永远年轻。

　　妈妈，您听到我悄悄的歌唱了吗？"我的好妈妈，坎坷路上来，一生艰辛多么不易呀。妈妈妈妈快坐下，请你喝杯茶，让我亲亲你吧，让我亲亲你吧，我的好妈妈！"

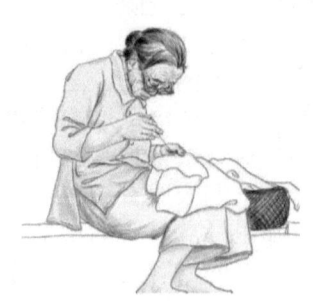

坟

　　黄土岗早已修成了柏油马路，出租车一溜烟开过，没有尘烟。几个大大的起伏不再与瘦瘦的山脊相依伴，两侧盖起了高楼，野山坡变作了现代城，只有远方的云依然在天上独自悠闲，野趣依然。

　　坐在车里，二十年前的记忆来不及适应窗外的日新月异。我知道自己正在和时间谈判，和变化抗衡，和旧梦厮守。当年那个推着自行车吭哧吭哧爬上土坡的中学生的羊角辫还在土岗的顶端骄傲地飞扬，她上气不接下气地喘着气，回头看脚下刚刚战胜的陡坡，然后目光拉远，那远处馒头似的成片坟茔正静静地与她对峙，那里住着父亲新鲜的幽灵。她凝视片刻，转身继续赶路，尘土在车轮下腾起，山风轻撩。

　　只有上学要迟到的时候她才会走这条偏僻难行的土岗路，两侧山坡上零星的坟包，大大小小、高高矮矮。土路是孤孤单单的一条，上下起伏，坑洼跌宕。陪伴她的只有山风和坟茔。她从来没害怕过，因为知道爸爸在那远处的山坡上时刻守望。

　　出租车停在离坟地几百米远的树林边，哥哥说这片林子是城市绿化带的一部分，恰巧环抱了父亲住着的那片坟地。本来以为那片坟地会被推平，竟保住了。坟包高低起伏，面南背北，俯瞰着大片的树林和树林外的成片楼房，这片坟地显然是块风水宝地，先人亡灵的安稳在后人心里扎下保佑平安富足的希望，受阻不被城建推平，正在情理之中。

　　穿过阴郁的树林小径，一路闲话，坟地就高在了眼前。几节脚步踏出的土台阶引着我们爬上坟坡。爸爸的老坟就在眼前。驻足，住嘴，静默。二十二年的风吹日晒，爸爸，高岗之上，还凝聚着你的精神气吗？

　　坟的确很老了，坟土坚硬如石，上面的零星杂草壮硕地挺立着，树一样张扬。亲戚常常来清理培土，在众多老坟里爸爸的坟显得比较新鲜。我蹲下，手指轻轻沿着碑上的名字擦拭尘土，默念，爸，我们来看看您，您在天堂，可看得到我们地上的身影？可听得到我隔着天空对您的呼唤？抬头，一只大大的白鸟正鸣叫着从头顶飞过，天空，很蓝很高很透明。

　　哥点了烟，插在坟前，以烟代香。我开了白酒，自己先喝了一口，递给哥喝，再洒半瓶在坟前。爸，我们来陪你喝点酒。

　　父亲生前喜烟喜酒，能吃爱喝。如果天堂允许自由享乐，我相信父亲在那里定有酒肉陪伴。人间那五十多个年头里，政治的天空布满荫翳，您病魔缠身，饮酒时多为迷醉自己逃避苦难，哪里有过真正的畅饮？往事如烟，堪回首？今天我们洒在坟前的这点薄酒，在瞬间消失得无影无踪，山风里漂浮着长大成人的我们对您遥远但清晰的记忆，被酒滋润的，应该是我们对您不死的思念，而不是您饥渴干裂的嘴唇。上坟，是为了我们自己？还是为了您的亡魂？

虽然信主以后，我不再敬拜真神耶和华之外的一切偶像。在您坟前，我却无法不恭恭敬敬地跪地磕头，我要对您献上这永远不会衰老的感激。感激您流淌在我身体里的热血，感激您赐我坚强柔韧的生命，感激您给我宽仁、沉静、耐苦、平和的基因。当我的头颅接触到您坟前的土地，所有这些感激都深深扎入这块大自然最忠实的见证者。不管天有多高，地有多大，您走了有多久，只要呼吸不停，我就割不断和您如一的牵绊。我的存在打印着您的标记，比如这好酒的习性，比如这高挑的身材，比如爱美的天性，比如这多愁善感的字迹……我屈膝的姿态与垂地的头颅与崇拜无关，与信仰无关。我在使用我们民族传统中下对上、卑对尊、小辈对长辈的敬重方式为您献上一个女儿对父亲的眷恋、思念与感激。

爸爸，虽然二十多年的时光已经把您的小女儿变成大女人，我在您面前却是永远的孩子。守着这个永恒定律，虽然隔着天空的高远、隔着时间的中断、隔着命脉的阻滞，我还是身不由己地经常抚摸对您的记忆，您优雅高大的身影、修长灵巧的手指，您无师自通的烹饪技术、多才多艺的出色才干，您沉静深沉的目光、一字千金的话语……时间在多年前的那一刻为您终止、为我延续，您在地上的使命在我的血液里继续涓涓流淌，我心甘情愿地载着它走南闯北、飞越国门。世界在您的眼里是窄小的，在我眼里也并不庞大，这个真理已经在女儿的足下得到证明。你说，知足常乐！我于是在这窄小拥挤的世界上始终保守一块快乐的空间，不被挤压，不去放弃，不去挑剔，我于是懂得满足，拥有常乐。

拿起铁锹，我仔细从坟边铲土，掀起，反手拍落在坟尖，拍紧拍实。多么喜欢这种最原始的储存亡人的方式，和天空和大地和山风和野草和毫无修饰的自然没有丝毫界限。没有人为的建筑，没有人为的管理，没有成群结队祭奠的人群。有幸在城市中保存这样一片传统的坟茔，可算是幸运中的万幸吧。曾经商量过如果城建要平掉这块老坟地，如何把您的骨灰迁移到有名头的墓地，想不到竟不再需要。哥是纯粹的无神论者，他说，形式只是为了承载记忆，如果记忆已经根深蒂固，要那形式干什么呢？哥说着，拍了拍我的头，接过铁锹有力地铲土，有力地拍坟。坟头上的杂草很快就被新鲜的土壤覆盖了。

每次回国都会重复这个传统的形式----上坟，对父亲的情感需要这个形式主义的载体来尽情抒发，尽管在遥远的太平洋另一边，我对您的思念在没有形式的时候一如既往地汹涌澎湃、朝夕相伴。但现在面对这个鼓起的装着您骨灰的土包，感情可以具体地宣泄，感官的调动激化了心中的内容，眼可以看你的名字，手可以摸你身边的土壤，鼻可以嗅陪你的山风，耳可以听伴你的鸟鸣。具体，物化了人的精神。我深知自己丰富的精神永远割不断与这种具体形式的眷恋。因为我愿意离您很近、近点儿、再近点儿……

坟包已经很干净，新鲜的土壤很黄很松很软。烟熄了，在碑前留下了一堆烟屁股，酒干了，剩下空瓶。站在您面前，我们和您道别。爸，隔天隔地隔不断我们的血脉相承，隔山隔水隔不住我们对您的思念。您好好安息，再见了……

山下的高楼在树林外静静伫立，远处山峦迭嶂，天地无边。

彼岸成此岸

岁月挥那只魔手

合并了身份

岸这边

他乡篇

与蟑螂共舞的日子

刚到多伦多登陆的头一个星期，我们住在一个移民接待站里，白天所有的时间除了用来办各种登录手续，就是专心致志的找房看房，寻个安家的小窝儿。那时对多伦多不同小区有着不同的人文环境全然不知，也没有熟人指点迷津，只有傻傻的翻中文报纸，笸箩筛米似的一条租房启示都不肯错过，电话糖葫芦一样成串的打，斟酌着交通便利与否和房价高低。终于看准了一处似乎物美价廉，交通便利的两室一厅，连忙去看。房子在士嘉宝一个临街饭店的上面，是一个并排住着四户的单元房，我们看的那套收拾得一尘不染，房子里一股清洁剂刺鼻的香气使我坚信房主很认真的打扫过房间。这四套房子的主人是一个早年移居来的台湾女人，她本人并不住那儿。那女人眼角上扬透着尖刻，倒是笑起来还算春风满面，不至于难处，我们急着落脚就毫不犹豫的交了两个月的租金。当天晚上我们就搬进了新居，一家三口、四个行李箱和从接待站买来的两个旧床垫、一个小课桌就是整个的家。房子是空的，心里却是满的，盛着对未来无限的憧憬。邻居一个陌生的中国女人敲门，送了两个旧毯子给我们，说：你们才来，一定没有被褥，拿着用吧，没别的意思。我们虽然没有接受陌生人礼物的思想准备，看着她诚恳的面孔也就勉强收下了。这善良的女人名叫 Jenny，后来成了我最好的朋友。那两个毯子我到现在还舍不得丢，与其说是不愿浪费，倒不如说是不愿丢掉那番陌生却温暖的关切。那晚，我和先生聊天："想不到咱们结婚六年了，家从中国转到欧洲又转到加拿大，半个地球都绕过来了，竟只有这四个箱子的家当啊！"虽然是自嘲，却并不觉得丧气，家当到底没办法金箍棒一样变小了装在耳朵里走到哪儿揣到哪儿，况且从无到有这种建设的过程，想一想都让人感觉兴奋，像是园丁播种的目的是为着收获一样，望着尚未发芽出苗而光秃秃的土地，心里满是希望，怎么会沮丧呢？

清早，我从透过单薄的窗帘射进房里的鱼肚白中醒来，视线立刻就被一个移动着的棕色小活物吸引住了，这东西停停走走在墙上散着步，目标却一点点接近四岁女儿熟睡的面孔，女儿的小脸红扑扑的正好贴在墙上。我腾的坐起来，抓起一条毛巾向那虫子扫去，虫子飞到了墙角，突如其来的打击使它大惊失措，它疯狂的顺着墙角跑着，转眼就不见了。

我躺倒在床垫上，心里纳闷，二楼怎么会有虫子呢？正想着，房顶上又有一只同样的虫子进入视线，大摇大摆的模样令我心生厌恶，警觉地四面看看，远处的墙边还有两只在爬，这可由不得我怒火中烧了，这房子怎么成了动物园了呢？我招呼全家起床，声明这房子里除了住着我们一家三口之外似乎还有一个另类大家庭。果然，我在厨房煎蛋，就有小股部队东一只西一只的在灶台四周游窜窥视，我浑身覆盖着鸡皮疙瘩勉强把饭弄好，胡乱吃了，就去敲隔壁 Jenny 的门。Jenny 拉我进了她家就跟我坦白说，这幢楼整个就是一个蟑螂窝，因为楼下是个不卫生的饭店，我们来看房子的时候她特别想告诉我们别租这房子，可是没找到机会，这台湾女人是专门蒙这些大陆来的新移民，看房时喷了好多杀虫剂把蟑螂都逼回去了，所以当时看不到蟑螂，人一住进来蟑螂闻到人的活气就猖獗起来。加拿大虽然是有法律保护房客的，碰到这种事可以向有关部门申诉，可新移民刚落脚哪里有精神跟房主扯这种皮，精力时间金钱都耗不起，一般也就只好自认倒霉，还是赶紧再找房子是上策。Jenny 说她再住一周就要搬走了，算满了只住了一个月，那房东倒还好说话，答应退她已经多交了的另一个月的房租。

我闷着头回了家，脑袋里只有两个字：蟑螂！蟑螂！蟑螂！怪不得那天闻到刺鼻的味道，原来是杀虫剂。天啊，这种从未目睹却早有耳闻的臭名卓著的脏东西至少要和我们在一起生活一个月啊！房子的电话还没接通，我跑到外面的公用电话去给房东打电话，房东说会抽空来看看。我先生看我那一脸苦相，知道好洁成癖的我心里犯腻味，也只好劝我说：房租都交了两个月的，要不住满一个月只怕不现实，就将就这一个月吧，这一段就着手再找房子。我虽然没法子高兴起来，可一想到那扔给房东的两个月房租一千五百多块钱，也是满心无奈，暗暗的对自己说：别人住得来我也住得来！慢说是蟑螂，就是和老鼠同住也没什么大不了的。说起来容易做起来可就难了，记忆中那后来的一个月里我身上的鸡皮疙瘩就再没褪过。房东是五天以后才来的，手里拎着一个画着骷髅头的杀虫剂。她倒是不紧不慢的样子，一脸天真稚气的神情，假惺惺地说：怎们会有蟑螂呢？好古怪呀！我这里是最干净的了。又东看看西看看，怪我的垃圾桶没有盖子，孩子的零食没有放到塑料桶里去。我耐住性子不去撕破脸拆穿她，只告诉她家里有孩子不能老喷杀虫剂，如果蟑螂这么嚣张下去我们是一定得搬走的。她说，那可没道理，你们刚来加拿大不知道这里的规矩，房子是你们自己看了的，要搬走钱也不能退。我说：你怎么退给 Jenny 呢？她说：她一个人带个孩子，我怕她以后付不起房租，安河不让攒没收入的房客，就巴不得她早走，所以退她钱。我说：你就不怕我们付不起房租，赖着不走？她说：你先生是计算机工程师，不是来了几天就找到工作了吗，怎么能付不起房租？我气得岔气，又不会吵架，就问：你就不怕我告你？我可是律师出身呢。她就一脸坏笑，说：你那中国的律师可不做数，你尽管告好了，我有好几个律师正愁没官司打呢。

气归气，日子还得过。因为要搬家，什么家具也不敢买，我就把两个床垫并起来，让女儿睡中间，让她远离蟑螂的侵袭范围。家里的食品全部放到冰箱里，连大米和面粉，牙膏牙刷也不例外。一天扔几次垃圾，决不让垃圾在家过夜。杀虫剂刺鼻的气味闻了让人头晕，用了一次就不敢再用，怕孩子中毒。蟑螂的家族于是坦然自在的在我们面前来去自如，风流潇洒。做饭的时候是我最紧张的时刻，饭菜的香味会诱使蟑螂倾巢出动兴奋异常，前后左右的墙上房顶上都会有蟑螂舞蹈队的大型表演，我生怕会有奋不顾身的勇士蟑螂扑进锅里赴汤蹈火，于是只好不停的盖盖子，炒出的菜跟煮出来的差不多，寡淡无味，倒是调剂了那时烦躁而紧张的心情。开始的时候我还一见蟑螂就手脚齐上，用蝇拍打，用脚踩，后来发现我得长出百十个手脚才能应付得了那个活跃而旺盛的群落，也就不再去费力徒劳，反倒和它们问长问短调侃两句，从中寻乐。诸如"你以为这么盯着我吃饭，我会分你一点吗，小算盘打错了！""你们让开点，再不让开我就只好绕道走了！"说完就抱着女儿乐一通，女儿会问：妈妈你是不是和我一样很喜欢这种虫子？我就说：当然了，这是咱家不用花钱的宠物。在她那稚嫩的小脑瓜里，蟑螂是和小猫小狗一样好玩的动物，它们爬来爬去的模样给她带来很多好奇和兴奋，我哪里忍心用害怕和厌恶去破坏她那美丽的纯真？

找房真是一件辛苦差事。Jenny 说要找干净的 apartment 最好还是找洋人的有管理员的大楼，还塞了几本多市租房的大小册子给我看。我就用铅笔勾勾划划圈了可能合适的房子打电话约时间去看房子。那年很热，正是七月阳光最毒的时候，奔波在多伦多的高楼大厦中，我一手领着累得走不动路的女儿，一手握着地图，嘴上讲着自己都听不大懂的英语，汗流浃背。有时为看一个房子要倒三次车，拖着女儿停停歇歇，前后花五六个小时。我的后脖颈子还被阳光灼伤，一年多颜色都退不掉。好在功夫不负有心人，终于在临近市区的地方找到一处接近小区中心，图书馆，商店，学校，交通便利的高楼，立刻签了下月入住的合同。

台湾女人对我们已付的房租始终含糊其辞。搬家的那天，那女人尖着嗓门不退钱，我忍不住说：这种卫生条件完全不符合居住标准，房客一告一个准。你怎么能忍心用这种低级手段赚新移民同胞的那点辛苦钱？于心于德，何忍？那女人终究是商人，无仁慈之心，执意不退。我先生丢了两句软话，总算拿回了三百元。我们与蟑螂共舞的日子最终以一个月一千贰佰圆的高房租而告终，一个月来精神上肉体上的高度紧张和被同胞愚弄所引发的伤感则是金钱所无法衡量的。

　　那登陆的头一年，我们没有车没有房子，住在一幢三十层大楼里的三层楼上，楼里进进出出的都是带有各种口音的新移民，肤色也黑白黄混杂。厨房壁橱里还是偶见蟑螂的死尸，楼前楼后的草坪上常有纸屑和易拉罐随处可见，公共汽车上有人把泥泞的脚搭在前座的后面，这虽然和我想象中"世界上最适合居住的地方"大相径庭，但头顶上那蓝的清澈的天和白的纯粹的云，居民区里三步两步可见的绿的冒油的草坪还是一下就使我漂泊的心有了要着陆的欲望，在加拿大安个家的决心便是那时下的，旷日持久的"家居建设"从此拉开了序幕。一套崭新的家具和锅碗瓢盆添进了空荡荡的两室一厅，像模象样的小日子就那么过了起来。对新生活的幻想虽然还只是一张底片一样在自己的心里面模糊着，却满怀着希望。盼望有一天拿出来冲洗曝光，变成清晰明亮的照片，树是树，云是云，人是人，才会踏实安稳。那张照片里该有稳定的收入，平静顺遂的生活，温馨快乐的家庭，那是一个和和美美又平平淡淡的百姓人家的生活。没想到这底片一模糊就是几年。有拼，有累，有怨，有哭，终于可以微笑面对相对稳定的生活的时候，回首望去，才发现　那拼、那累、那怨、那哭原来都在低调中闪着一圈高调的希望之光，　UFO似的带着自己的心向难料的未来疏忽飞逝着。人没了希望，就像肉体没了灵魂，饭菜没了香味，文章没了思想，婚姻没了爱情。有着希望，什么苦不能熬，什么累不能受，什么罪不能尝呢？与蟑螂共舞的那段记忆虽然还会常常在我记忆的天空中流星一样的划过，但已渐渐淡漠。想想那些和蟑螂共舞的日子不也是在掐着指头算记和它们告别的日子不远了的希望中过来的吗。人竟是这样一种弹性的动物，在希望之灯的指引下，屈伸自如，来去洒脱。看着走过的脚印，忍不住摇头一笑。

马里奥和他的队伍

一、

马里奥祖籍意大利，在多伦多开美容美发店有三十多年了，据跟了他三十年的老顾客奇安娜说，三十年前的马里奥相当地英俊潇洒。那时店铺只有一个门脸儿，简单朴素的设备和他初出茅庐的理发手艺远不如他英俊的相貌吸引人。老太太这么跟我说着的时候，挤了挤眼睛，松弛的皮肤闪着狡黠的光芒。"我也喜欢过他！"老人毫无遮掩地说着，就转向马里奥，问："马里奥，那时候你的客人是不是都是女的？你知不知道这些女人都是冲着你的英俊上门的？"马里奥就停了手里的活儿，走过来对奇安娜说："要不是我总给你做最时髦的发型，彼得能爱上你吗？我的手艺有多么一流你都忘了？"奇安娜就伸出皱皱巴巴的手，拍了拍马里奥长满老年斑仍然抓着理发剪刀的手说："可不是都忘了，一忘就是三十年再没让别人摆弄过我的头！"周围的人就响起一阵呵呵呵善意的笑声。是啊，马里奥有多少这样跟了他一辈子的客人，靠掰掰手指头，可真不容易算清。

老了的马里奥完全没有英俊的痕迹，发了福的体态让人轻易地把注意力放在他突出的腹部，他的脸是圆圆胖胖的，头发有点儿秃，永恒的笑容在开始下垂的嘴角涟漪一样向外围扩展，浓眉和深陷的眼睛本来应该是很有魅力的，这时却被岁月漂染成了灰褐色，柔和得只剩下宽容和慈祥。看着面前的马里奥，听奇安娜念叨他年轻时的英俊，你就明白了岁月是可以藏满沧桑，也是可以变朝霞为夕阳的。

马里奥的太太克里斯蒂娜小他十岁，标准的意大利美女，也是一流的理发师，虽然老了，还是丰胸翘臀，两排细小的白牙一咧，店里就阳光普照了。克里斯蒂娜的阳光最受中老年男士的青睐，跟了她一辈子的客人也同样没法儿用指头掰清楚。这两口子当年怎么一个个把男人的心、女人的心，男人的头、女人的头都统统拴进店里来，就省略不提了，总之是"不是一家人，不进一家门"。现在依然算得上魅力无限的克里斯蒂娜，除了近看时脖子上一圈又一圈的皱纹和马里奥隆起的肚子比较合拍，其他就看不出一丁点儿般配的痕迹了。据说克里斯蒂娜当年是被英俊能干的马里奥短期雇佣后转型为永久"职员"的。现在，两口子的美发工作台一个在这头儿，一个在那头儿，中间隔着五六把理发椅子，各自大大方方地和老客人打着情骂着俏，陌生人谁也猜不出这是一对儿恩爱默契的老板和老板娘。

他们的一儿一女都已成人，女儿还在大学读财会，二十几岁的儿子里奥那多却早就加入了马里奥的队伍。里奥那多生得高大挺拔、风流倜傥，拥有一双生就一流理发师的巧手，靓女们的头发被他磁铁般的手折腾完之后，一般就会被粘住，再不会换美发师。显然是有其父必有其子，而且是青出于蓝而胜于蓝。里奥那多说话声音低沉浑厚，随便在靓女耳边不轻不重地嘀咕几句，他那对上下翻飞的修长巧手下的靓女们就莫名其妙地红了脸，大腿也有意无意地露得多出一截，娇滴滴的怪笑一波未平，一波又起，周围的老头儿老太太们就在心中感叹着，青春啊，真是美好啊！

我加入马里奥的队伍时，这里有十五名美发师，两名指甲师，六名美容师。有着这样强大的阵容，人来人往、生意兴隆就是自然而然的事儿了。

二、

指甲师里有个华人叫英，手艺没得说，是在纽约的指甲店里熟能生巧练出来的本事，可是几乎不会讲英文，难为她在西人 Spa 里做了这么多年。我没来以前，马里奥要跟英说什么大事儿就得给她在多大做博士后的丈夫打电话转达。我来了，马里奥乐得有了翻译，英更是开心得忘乎所以，午餐时就使劲往我饭盒里塞她烧的红烧肉，这道毛主席最爱吃的菜让我顿时感觉自己跟领袖一样伟大了。英说马里奥是她见过的最好的老板，勤劳、克己、宽容、爱雇员爱顾客跟爱家里人一个样。如果这话是从别人嘴里说出来，我可能还得观察观察、琢磨琢磨，从英嘴里说出来，我就千分之一千地相信。信任来得并非无缘无顾，英的朴实善良勤劳是可以进吉尼斯大全的。你永远看不到英闲坐，她永远在忙，忙完自己的活儿，就去帮别人做事，而且完全不容商量，悄悄地默默地执着地做，嘴角眼角永远是笑，好像从来不会抱怨，也从来不知疲倦。店里的雇员没有不喜欢英的，那是一种无声的目光的包围和赞赏，大家知道英听不太懂英文，还是照样搂着她的肩膀对她嘟囔，英就可怜巴巴地望着我问，"他们又拿我开心了吧？"问完眼睛就眯成了缝跟着傻笑，说，

"开心就好，开心就好。"我第一天见到英，就喜欢她，不是因为她对我像对领袖，而是觉得怎么她那么像我外婆，温柔娴淑善良得跟假的似的，其实她仅仅大我两岁。马里奥很器重英，除了英的善良勤劳有目共睹，还因为英做的假指甲相当出色，英用不着说什么话，客人就满心欢喜满面笑容了。客人的笑容是马里奥种植金钱的肥沃土壤，口袋里哗哗哗的金钱奏鸣曲就会很动听地越奏越响。

英住在中区唐人街，每天上下班要倒两趟车，近一个小时的路程，所以英下班不会晚过八点。碰到英快下班时，来了没预约的客人点名要英做指甲，马里奥就走到英面前说，"英，别走，做了这个客人再走好吗？PLEASE！一会儿我送你回家。"从不会说"NO"的英自然就留下来，心里叹气，哎，今天回家又见不着醒着的儿子了。马里奥就在九点半打烊后送英回家。英感叹地对我说："你想想马里奥每天晚上几点钟才能睡觉？早晨七点半就来开门，咱们一天工作八九个小时，他工作十四五个小时，咱们倒班有休息日，他没有，最辛苦的是他！多少年就这样铁人似的过来了，生意要是不红火就怪了。"

三、

为了留住一个客人而牺牲自己的休息时间接送雇员的事儿对马里奥来说并不是偶尔为之。为了生意，给雇员端茶倒水甚至看看雇员的脸色，马里奥都不太在乎。有个客人要结婚，客人是大家庭，婚礼早晨九点钟开始，十几个人的头发和化装要在八点半之前完成，几个美发师美容师早晨五点半就要去上班，大家都是满腹牢骚，马里奥就嬉皮笑脸地讨好大家，一人给了一瓶快过期的名牌洗发香波，还答应乘公车的雇员一概由他接送。繁星还在漆黑的夜幕上静静地眨眼，Spa 里已经是热火朝天了。我要在两小时之内给新娘和六个伴娘化完妆，紧张得恨不得脚都举上来帮忙涂眼影，马里奥就一会儿端来一杯滚烫的咖啡，一会儿拿来一碟饼干，我说，"马里奥，你看我有时间吃东西没有？"马里奥说，"不急不急，剩一个多小时呢，还有四个妆要化。"我就恨死了他，这是不急不急还是特急特急？翻了翻白眼儿，我不理他。马里奥就对我面前的女人说，"哎呦，嘴这么大，珊特尔 把你化成小丑了！"客人吓一跳，往镜子里一看，才发现还没开始画嘴呢，就笑了，我也噗嗤一笑，知道马里奥在逗我开心，这么一笑，心里的紧张真的去了一半。

据说马里奥三十年来只外出度过三次假。老婆孩子年年去休假，马里奥甘愿整天在店里当擎天柱，没白没黑地劳作。奇安娜说开始的时候，人们还常常劝他休息，后来发现这店是他的命，他全部生活的依托和快乐都在店里，度不度假对马里奥来说就像在小蛇身子下面再画几条腿，多余还费墨，小蛇能乐意吗？也就都乖乖闭了嘴。马里奥的爱妻克里斯蒂娜陆续生了两个孩子以后，好几年没再工作，家里照顾得服服帖帖，孩子们穿梭在妈妈甜甜的温情和爸爸满身酸涩的染发液气味里快乐地长大。妻子回来工作时，马里奥的生意已经很有点儿模样，性感美丽心灵手巧的克里斯蒂娜的返岗，无疑是佳肴盘中加了个雕刻精致的萝卜花，不吃看着就先上了瘾，生意更是如日中天，芝麻开花节节高。

四、

刚加入队伍的时候，为了让我尽快熟悉店里的产品和操作程序，马里奥把我带到美容师卡门的美容间，让我跟她实习两天。卡门来自南斯拉夫，身材虽然稍显粗大，五官长得却酷像伊丽莎白泰勒，美得惊人。头一天，我不停地虚心提问，卡门像个老大姐似的耐心解答，躬身示范，第二天，我的问题见少，卡门的问题就多了起来，你会这个吗？你会那个吗？后来发现我会的东西比她多出太多，就渐渐缄了口，我在问她问题的时候，她的回答就只能叫做敷衍了事了，我不介意，心里仍对她充满感激。我刚来，客人并不多，就帮她洗客人换下来的床单睡袍，叠得整整齐齐地给她送过去，她的脸上就挂上了伊丽莎白迷人的微笑。劳动是美丽的，我从不因为自己的身体必须劳作而感到羞耻或自怜，也从不认为衣来伸手饭来张口值得炫耀和骄傲，这注定了我属于劳动人民的阶级本性。这种本性在服务行业很招人喜爱，两个月后，我的客人已经和卡门旗鼓相当，当然不再有时间帮她洗床单，美人儿脸上的笑容就少了很多。

我房间里有一台 Galvanic 面部护理机器，卡门有须要做这种护理的客人就到我房间里来做，所以通常情况下，我的房间除了客人就是卡门会光顾。我有一条中国买来的金丝绒肉色连裤袜，穿冬裙时非常保暖，还淡淡地闪光，显得双腿又细又长，在加拿大见不到这种好东西，店里的女人们见了都羡慕得要死。我每天到店里换工作服，脱下来的衣服就挂在我美容间的门后。这天下班时换衣服，在门后怎么也找不到丝袜，我吃惊得要命，跟马里奥说的时候，连自己也不相信，谁会偷一条丝袜呢？马里奥低头看着我裙子下面光着的腿，问我是不是本来就没穿袜子，又抬头看着窗外的冰天雪地，问出的话没有一点底气。究竟只是一条丝袜，谁也没再往心里去。

我的手镯表丢失的时候，马里奥没再问我是不是压根就没带。那是一块小巧精致的手表，细细的银色表链上镶着假钻石，表盘只有指甲盖儿那么大，手镯的装饰性远比手表的实用性惹人注目。因为经常洗手，我常常会摘下手表放在我房间的水池旁边，有时就忘了带。早晨马里奥还在打趣我有远视眼，那么小的表，怎么看得清时间。表丢了，马里奥的眉头轻轻地皱了一下，没说什么，只告诫我以后不要把重要的东西再留在房间里。

有次给美容师订货，我订了一把德国产的百十块钱的专业脚甲剪，是脚甲剪中质量最好的一种，一把顺手的剪刀即可以节省时间还能提高工作的质量，这是二十块钱的剪刀无法相提并论的，一劳永逸吧。美容师里没什么人舍得花钱买这种用于工作的东西，我的剪刀就成了 Spa 之最。工作用的东西我当然不会拿回家，所有工具消毒完就躺在一个小篮子里留在我房间。这天上班就怎么都找不到那把剪刀，大家围过来问，卡门说，"好一点的工具都应该每天带回家，我看你的剪刀好，也买了一把，一直揣在身上，你看一定不会丢。要小心啊，谁知道客人里有什么人。"说着，就从兜里掏出了一把一模一样的剪刀。集体订货时卡门总是拣最便宜的东西订，铁定了，今天的太阳是从西边出来的。

对马里奥，我从来不把他当老板看，他是那种让你一见就感觉像父亲一样贴心，可以信赖依靠、畅所欲言的长辈。中午吃饭时，马里奥把我拉到咖啡间跟我说了几句让我一辈子不会忘记的话，"珊特尔，我知道客人根本不会使用专业的脚剪子，也没人识货，不是客人干的，这我保证。你年纪还轻，知道我活了这么多年的经验教会我什么吗？就是感激和宽容能够平服一切不快乐，忘了好吗，她毕竟是咱们店里第一个指引你的人。""她"是谁我们心照不宣，笑了笑，我说："马里奥，忘了什么？我都不记得你在说什么了。"马里奥咧着嘴拍了拍我的肩膀，笑嘻嘻地走了，嘴里嘟囔着："Smart girl! Smart girl!"

从不觉得卡门是个窃贼，她生活虽然不富裕，丈夫在读书，两个小孩要她的工资养活，生活着实不易，但她清澈的眼神儿让我感觉得到她有一颗柔软的心。顺手牵羊的事儿发生，除了简单的物质诱惑，可能还有几分嫉妒几分不平的心理在作怪，诸如为什么这个中国女子年纪比我年轻手艺比我精湛？移民时间比我短生活比我好？进店时间晚客人比我多等等。人这个复杂的动物，是个有着 N 个面的多面体，一双丝袜一只手表一把剪刀可能只是一毫米见方小小的一面，挤在 N 个面中实在不应被人牢记。太阳这么好的东西，照人温暖滋养万物，不是也有黑子吗？春天这么万物苏醒美丽动人的季节，不是也有春雨缠绵淋得道路泥泞满脚污浊的讨厌日子吗？马里奥的话多好，感激和宽容能够平服一切不快乐，我们就来好好实习感激和宽容吧。

五、

美发师里有个女子叫费阿娜，二十出头，是个非常安静的漂亮女子。满头金发束在脑后，露出一个干干净净的大脑门儿，淡紫色的眼影把一对蓝眼珠衬得清凉凉的，近看眼球里的血管一丝丝清晰可辨，总是令我想到一个空荡荡的房间，那种空旷好像来自另一个世界。她皮肤的白皙也不同凡响，一星半点的斑点都看不到，上等奶油刷出来的一样。我看这女子时总觉得心里毛毛的，不很舒服，可又说不出哪儿不舒服。

每次我给客人做化妆的时候她都会很留意地站在我身边看，有时会突然悄声问个问题："为什么用了两种口红？"我吓一跳，定了神，侧头悄声地答，"深色口红在嘴角，浅色口红在中间，是为了增加嘴唇的厚度，缩短嘴唇的长度，使她的唇更趋于完美和性感。"她就浅笑着点点她那美丽的额头，额头上泛着的惨白亮泽晃了晃我的眼，那对蓝眼睛跟着垂了下去，我的心跳就停顿了一下，那种异样的感觉就又来了。"你喜欢学化妆吗？"我问。"Yeah."她小声应着，就不再讲话。

有天在休息室一起吃饭，没有旁人，我问她："你这么安静的个性，怎么会选择做美发师这个职业，每天与人打交道会不会觉得累？"

她一下子显得很高兴的样子，说："你说对了，我就是不喜欢和人讲话，这工作我不会干长的。"

我猜她高兴的原因是因为我猜对了她的喜好，就又接着问："那你想好要干什么了吗？你这么年轻，干什么从头开始都来得及。"

她就抿嘴儿笑了，说："我告诉你个秘密，你别告诉人，好吗？"

"当然的，你讲。"

"我想学化妆！"

"那很容易呀，学就是了，又不丢人，为什么不愿意讲？"我觉得不可思议。

　　"不是你做的这些化妆。"她拨拉着饭盒里的色拉，低头小声说。

　　"那是什么化妆？是想做影视模具化妆吗？那也是很有趣的职业呀！只是得有运气挤进制片厂才可当作职业的，而且也要从基本化妆学起的。"我诧异地问着，脑袋里浮现出外星人一脸疙瘩头上长角那怪模怪样的头脸来。

　　她显出欲言又止的模样，停了停，终于抬起那对空旷的蓝眼睛说："还是告诉你吧，我想一辈子给死人化妆。"

　　停了半天，我才回过神儿来，"给死人化妆？化一辈子？"

　　"Yes!"这回她丝毫没犹豫。

　　"是怎么想到这个职业的？"我问着，心里简直太好奇了。

　　"珊特尔，你想啊，没有几个人愿意每天给死人化妆的，有这样的工作，没什么人和你竞争，而且天天都有人死掉，永远不会失业的，据说薪水也是很好的。再说了，每天守着死人，就不用说话，多安静！我从小就喜欢死人，看恐怖片我从来不害怕，还特高兴，我家人都说我不正常。我觉得我生来就应该和死人在一起的。"费阿娜几乎是兴奋地说完了这些话，那对蓝眼睛简直是磷光闪闪、鬼气灼灼。那是我听她讲话最多的一次，也是唯一的一次，我身上的鸡皮疙瘩很久才消。从此一和她目光相对，就有一丝冷颤从心上划过，冰碴儿里穿出来似的。

　　后来，费阿娜真的辞职走了，到多伦多附近的一个小镇去学习给死人化妆，据说那里有一个最好的死人化妆师，能把死人化得比活人还好看，费阿娜也算是心想事成了。她苍白的面孔和那空洞的眼睛却时常进入我的脑海，回头去想，才明白自己看她时那种异样的感觉来自何处。她的面孔和眼睛其实只是一种苍白和空洞表情的载体，这表情是一种极大的厌倦，一种对语言的厌倦，对这活动着的世界的厌倦，对活着的人们的厌倦。这种厌倦如果来自一个八十岁颤颤巍巍的老人也许不会有什么异样，而这种厌倦来自这样一个本应活力四射的美丽的妙龄少女，就会令人感觉不安不适不妥，还有些不忍。还是马里奥说的好："It's nothing wrong! She is doing whatever she loves to do, Isn't she?（这本来就没什么不对，她正在做的就是她最想做的事儿，不是吗？）"

六、

顾客奇安娜过七十大寿时，马里奥给她办了一个 Surprise Party，奇安娜的先生彼得即是克里斯蒂娜的老客人，又是马里奥多年的至交。两个老头儿仔细商讨研究策划，马里奥负责全部的食品酒水，并邀请相识的老顾客来店里庆祝，彼得则给奇安娜买了最高级的 Spa 套餐，让老太太从头到脚来个改头换面的超级享受。老太太皱巴巴的身体、干涩涩的头发被美容师美发师兴高采烈地传来传去，很快皱巴巴就变成了软嫩嫩亮晶晶，干涩涩就变成了湿润润香喷喷，奇安娜爬满岁月的脸就盛开成娇艳的大菊花，美呀，受人爱戴多么好啊，被人抚摸真是最幸福的滋味啊！工作人员端着红酒、嚼着奶酪，个个粉面桃花，高兴！除了 Spa 变成了 Party，工作变成了玩乐的好处，还有彼得塞进兜儿里的"开心果"也蹦蹦跳跳地逗你笑，往兜里偷瞧的时候，心想，把"小费"改称"大费"算了。

大大小小的 Party 时常会有，老客人和老雇员的结婚纪念日、生日、Baby Shower 拥挤在工作的繁忙里，海浪一样哗啦来哗啦去。有静如止水的日子，有微波动荡的时光，还有惊涛骇浪的搅扰。大多 Party 都是不影响工作的，有吃、有喝、有喧哗、有闲言碎语，这些 Party 的基本要素原本就是店里现成的，马里奥只要把平日里招待客人的小点心换成大拼盘，苦咖啡添了甜饮料，Party 就有模有样了。忙着的，叨一口好吃的，继续忙。不忙的，凑在一起聊闲天儿。坐着的站着的不管是说话还是吃东西，嘴巴总归不会闲着。连关了门躺着的客人都要多问两句："谁的结婚纪念日？""客人 A 某 B 某。""马里奥准备的吃喝吗？""当然啦，跟了他三十多年的老朋友了。"客人就感叹："哇，三十年了，难以置信啊！"闭了嘴的客人，眼前浮现出自己三十年后 Party 的情景，出门前少不了吃点喝点，此后来店里躺躺的习惯就更加频繁了。

七、

妮露是印度裔移民，出身于一个传统的印度家庭，在店里做按摩和绞线脱毛，是她从印度带过来的手艺。妮露生得丰硕健壮，手脚麻利，浑身朝气，像一个发得很好的黑面包，香喷喷地在眼前转来转去，很容易使人感到饥饿。妮露和理发师麦克好上了是谁都没料到的。麦克是白人，虽算不上英俊潇洒，也可称得上端正俊挺，和妮露站在一起，妮露就显得像星光灿烂的黑夜，麦克像丽日和风的白天。麦克的父母是年轻时从苏格兰来的移民，传统观念很重，不喜欢有色人种，妮露又是印度南部肤色极深的那种女子，乍一看跟黑人没区别，在常人眼里，这样的恋爱多半没有很乐观的前途。可这两个人却如胶似漆地粘在一起，客人不多的时候，两个人躲在洗衣房做French Kiss（舌吻），抱得太紧，像一个人似的，一幅绝美的黑白山水画儿。被人们撞见，也不避讳，倒让撞见的人羞得赶紧低头逃跑。看见这样的画儿，你才知道在这个世界上，爱情这样的美事，是不会区分黑皮肤白皮肤的，看完画儿的一天就被那画中之吻照耀得亮堂堂的。

两个人问马里奥要了一样的倒班时间，成双入对地进进出出，妮露的肚子不知不觉就大了。两个人脸上的表情就随着妮露肚子的逐渐沉重一天天生涩沉重起来。再在洗衣房撞见两人，就看见两双红着的眼睛静静相对，妮露的面颊上还挂着一滴清泪，撞见的人们仍是逃跑，心里却像揣上了一块铅坨，这一天就被那滴泪笼罩得阴云密布。

妮露的父母本来是在印度给妮露选好了女婿的，妮露现在出了这样的轨，传统保守的父母觉得这孩子太过丢人，没脸面对家乡的亲家和邻里乡亲，每天自然没有好脸色给她看，又只好退一步坚持要妮露立刻和麦克结婚。而麦克的父母从来就没喜欢过妮露，只怪妮露出生时没选好自己的颜色，颜色都选不好的媳妇是坚决不能认的。麦克是孝子，左右为难，一边儿是黑妮露怀揣着自己的骨肉，一边儿是白爹娘果断的反对，婚就结不成。妮露的肚子可不懂得审时度势，一味拼命地长。故事的结局无法预测，店里的人们也犯难，不知道该不该对这两个人说恭喜。

抹干眼泪，从洗衣房出来的妮露和麦克就免不了闷头闷脑地在客人身上犯点儿错误。客人不在乎妮露和麦克的沉默寡言，在乎的是自己的身体和头发有没有得到应有的对待。老板马里奥就不得不把这对恋人再请到洗衣房说两句与爱情和肚子无关的问题。

妮露和麦克是同时辞职走的，大家一个接一个紧紧和两人拥抱，祝福的声音淹没了离别的伤感，女人们眼睛都红了。妮露哭得喘不上气，麦克托着妮露沉重的腰相拥着出门，手里捏着马里奥塞给他俩的大信封，大家都知道那一定是马里奥的爱情赞助费，多于薪水的钱。麦克将带着妮露到温沙去投奔一个好友，是麦克在理发学校学习时的莫逆之交，那好友在温沙开理发店，正缺人手。这对恋人都巴不得离开多伦多，躲开在多伦多永远无法回避的家庭压力，也躲开结不结婚这个不该是难题的难题，去安静地生养后代，安静地相爱，安静地让时间去化解父辈心中那些解不开的绳索，让即将出世的婴孩远远地依靠时间去软化父辈的歧视和偏见。"距离"真是个好东西，可以熄灭硝烟弥漫的战争，可以启发冷静沉着的思考，还可以解开千丝万缕的疑难。人们觉得离开真是一个上上策，一条最终通往柳暗花明的有一点硌脚的石子儿小路。其实，白天和黑夜本来就是接头接尾，轮回不止地构成了每一天，是最不协调的协调，最不吻合的吻合。但愿这对鸳鸯可以从此无牵无挂地比翼齐飞，过上无论是黑夜还是白天都幸福地不用考虑颜色的生活。

八、

　　美容师索尼亚是混血儿，索尼亚的父亲是法国人，母亲是越南华人，索尼亚的美貌综合了东西美人的特点，嘴巴圆润小巧却性感丰满，鼻子高耸坚挺却不乏精致，一对眼睛更是说不出来地风情万种，瞟你一眼，魂儿也想跟了她去。个子小小的她有了这对不同寻常的眼睛，就是在一大群高个子里也会被一眼看到，对视的时候，你会觉得被电刺啦击了一下，非看第二眼不可。索尼亚的按摩做的好是有口皆碑的，来找她做按摩的客人大多是男客，小小的索尼亚似乎身上有着使不完的劲儿，一天做五六个小时按摩也不嫌累，换了别人早觉得自己累得快变成牛了，她却总是嘴角挂一丝隐约的笑，媚眼微睐，艳丽的眼神儿从眼角泄漏出来，大气不喘一口。她的客人还净是西装革履的，似乎口袋都比较鼓，大家都知道索尼亚的小费高。

　　美容师里有个来自东欧的美容师萨芭，也擅长按摩，客人却远不如索尼亚的多，萨芭人虽漂亮，却远不如索尼亚妖媚动人，心里就对索尼亚有点儿较劲。索尼亚有几个熟客常常约两小时的按摩，萨芭就问索尼亚："你做什么按摩能做两个小时啊？约会似的。"索尼亚歪着嘴笑着答："你也弄几个两小时的客人，就知道这约会有多 Fun 了。"说完，扭搭扭搭从萨芭面前走过，一路微笑。

　　有一天，索尼亚生病没上班，前台漏打了一个电话，一个索尼亚的老客人照旧来了，马里奥让萨芭替索尼亚做。按摩做了一半，萨芭就黑着脸出来了，客人一会儿也穿好衣服出来快快地走了，老板马里奥的招呼他也不太搭理。惹客人生气，是马里奥最忌讳的，马里奥自然会和萨芭研究个所以然，当着别的美容师美发师的面，萨芭什么都不说。后来才从索尼亚的嘴里知道，那个客人习惯了索尼亚的按摩方式，要萨芭照做，萨芭做不来，客人就不高兴，萨芭还不太善于察言观色，客人要轻她给重，要重她给轻，也是碰上了难伺候的角色，客人就不要她再做下去了。有人问索尼亚："按摩不就那么些手法，萨芭的瑞典按摩不是挺棒的吗，也有她不会的吗？"索尼亚哼着鼻子娇笑道："你看看萨芭那双脚，能讨人喜欢吗？"

大家才恍然大悟，原来索尼亚的诀窍在那双脚啊，别人用手按摩她是用脚按的。也难怪，索尼亚那对嫩脚是无以伦比的柔嫩娟秀小巧玲珑，和萨芭又粗又大又硬的大脚板是不能划上等号的。加上索尼亚身体娇小重量合适，落在那双莲花脚上，再踩在客人背上，棉里有劲，柔中带钢，感觉当然不同凡响。人高马大的萨芭巨石一样落在客人背上，大概会和孙猴子当年五行山下受压的感觉类似，山上的封条当然是越早揭了越好。人们只是纳闷儿，北美不很流行泰式按摩，按摩间里没有在房顶装扶手，索尼亚得有点儿杂技的本领才能在客人身上散散步，不知道她是怎么做到的。看来索尼亚除了善用她的勾子眼，也很善用她身体的重量和平衡能力，别人像牛一样使蛮力的时候，索尼亚正把这些大老爷们儿踩在脚下，潇洒地在客人身上溜弯儿，溜溜达达的五六个小时的确并不难过，大气不喘的秘诀原来如此。

九、

美发师里有个帅哥叫比利，是那种很容易使周围的女人们举止行为都产生变化的那种帅，所以要看女人的矫揉造作，女人的挠首弄姿，女人的风情万种，你就离比利近点，一定不会扑空。可惜无论多么美丽的女人在比利眼里都是 Barbie 娃娃一样没血没肉的，女人就是女人，一种不会令比利血流加速的另类动物。比利的帅是为那些不是女人的人准备的。知情后的女人们就唉声叹气，真是奇了，怎么这么帅的男子竟是同性恋？白瞎了那份帅气了！女人们不得不就此放松，放下造作，拿出自然，就差和比利称姐道妹了。我第一次看见比利，就想起阿兰德龙。这张脸长得完全没毛病，上好象牙精雕细镂出来的，鼻、眼、眉、嘴什么就是什么，决不含糊一点。笑起来嘴角稍微朝一边歪过去，歪得那个迷人那个好看啊，心想，上帝造人的时候，怎么没把人的嘴都造成歪的呢？

比利的嘴在当面前歪得最多。当是我的固定客人，美容师美发师们都喜欢他，不是因为当能使比利露出迷人的歪嘴，而是当每次来都会给我带来大板的巧克力，我们这些馋嘴就能好好地过把瘾，从嘴到心都甜蜜甜蜜。当也是个大帅哥，黑眼黑发白皮肤，个子高高大大，一身腱子肉在衬衣下面膨胀隆起，浑身散发着力量的味道，不知道力量还有味道？好，面对当你就明白了，就是那种让你在严冬觉得面前是春天，让你在朦胧雨夜感觉是艳阳普照的味道，再通俗点儿说，就是炒菜时葱姜蒜呛锅的味道，香喷喷，勾引食欲。

当第一次来，在前台就把接待员 Lisa 吓住了，Lisa 让当稍等，就跑去跟马里奥请示，小声说："这男人要染睫毛和眉毛，是个怪人，你说让谁做？"当时店里会染睫毛的美容师只有两个人，除我之外的那位一贯小题大做，舌头上长刺，常常要在客人走后伸出舌头来扎扎人，多好的客人在她嘴里都能变成臭狗屎。马里奥一见是男客人要染睫毛这种希奇事儿，想都不想就说让我做，谁让我天性百衲俱收，把全世界的人都看成金子似的闪闪发光呢？不过，就算我见多识广宠辱不惊，见了当也还是犯了难。如果是金色睫毛的白人男性要把白不西西的睫毛染黑也不算太希奇，毛茸茸的白变成了密森森的黑，大房檐似的把目光聚焦起来，男人的力度一瞬间天差地别地显现出来，客人大喜，美容师也能在瞬间涨满成就感，何乐而不为？可这个当本来就是黑眉毛黑睫毛，有什么可染的？莫不是往浅了染？又出来个眉毛睫毛也 Highlight 的时尚？即便是时尚，在这种帅哥身上，还是要滑天下之大稽的。还好，当并没有引导新时尚的意图，只是要染黑，充其量是花钱买无用功那种跟钱和时间有点过不去的类型。　我松了口气，对当说："黑就是黑，极品色，你再加多少黑还是一样的黑，所以你的黑睫毛黑眉毛染完了看不出什么区别，你可别抱怨。"当不抱怨，染完了对着镜子直说："Very good! Very good!"从此，那双在我看来前后没什么区别的眉眼每次都能给我带来好吃的巧克力。

做睫毛是在挨着美发厅的化妆间做，当坐的化妆椅子和比利的工作台一门之隔，门是透明的推拉门，常常不关。两个帅哥是怎么眉来眼去地彪上劲儿的，是我们这些异性恋者没留心也懂不来的。先是当很快成了比利的理发客人，发理了几次之后，比利就成了当的乘客，常常坐了当来接他的车一起吃晚饭。那些日子，比利的英俊简直令人眩晕，象牙鼻子跟艾菲尔铁塔似的骄傲地挺立，两眼放光，不知道是天上的星星掉下来进了他眼睛还是他的眼睛应该奉献了送到天上去当星星，嘴歪得当然格外频繁。人们在背后说，那就是爱情，和男人爱女人、女人爱男人是一模一样的。再后来，比利就住进了当的独立屋。当在高科技公司里当个小头目，收入福利样样好过比利。比利那阵拼命看牙，嘴歪的时候两排白牙能照出人影儿，说都是当的牙医保险覆盖着的，大家谁也见怪不怪。我心里下意识地老想猜测，这一对恋人，谁是老公，谁是太太呢？

十、

离开马里奥是很突然的事，老公工作变化，我们决定搬家去温尼伯。

马里奥听了很惊讶，以为我要跳槽，说："马上给你加薪，你别走！"

我说："马里奥，是全家的行动啊，我也舍不得你和这间 Spa，可是没有选择，一个家庭怎可分开呢？你知道我是典型贤妻良母型的。"

马里奥紧追不舍，说："你也是典型的好美容师啊！那你隔一段时间回来一次好不好？我出飞机票。"

心想，难怪指甲师英说马里奥是好老板，都好到算不清帐的地步了，我说："马里奥，你这不是亏大了么？我来干一两天能给你赚的那点儿钱能不能覆盖飞机票都难说，也太不现实了。"

马里奥究竟是生意场上扑摸滚打出来的沙场老将，怎会算不清帐？他说："我只给你约纹眉纹眼线的客人，你来了就不做别的。我不会亏钱你也能赚好钱！"那时多伦多会做纹眉纹眼线又能做得好的美容师实在难找，收费奇高，马里奥深知我的宝贵之处。可就算能赚钱，像我这样即使不把钱财视如粪土也会把钱财视为过眼云烟的人，不要说赚这点儿钱，就算赚多百倍，如果要搭上家庭的紧张辛苦，老公孩子的孤单无助，自己的不安疲劳，也是万万不会答应的。钱是为人服务的，如果赚钱使你变成了钱的奴隶，使人生变得无奈而无趣，人赚钱就成了钱赚人了。钱赚走人的，是你的时间、你的精力、你的乐趣和你的好心情，你该不该和钱说 NO？

告别 Party 当然是马里奥准备的，和众多 Party 一样，有吃有喝有谈有笑，不同的是我从配角上升成了主角。那天马里奥没有给我约什么客人，让我只管吃喝，不用劳动。我帮了这个理发师扫头发，又去帮那个美容师叠毛巾。站在马里奥身边的理发工具活动推车旁，帮他整理染发锡纸，低着头，我说："马里奥，我会想你的！"眼睛就蒙上了一层水雾。马里奥放下手里的染发刷子，张着两只带着染发手套的手冲我说："Come！"我走近一步，马里奥就用臂膀拥着我，在我右脸颊上亲了一下，小声说："我也会想你的！很想很想！好姑娘！"……

　　这个小小的花花世界，给了我多少花花绿绿的惊奇和故事啊，在记忆里像一眼永远不干的泉水嘀嗒嘀嗒地缓慢流淌，绵绵长长。细想那里的俊男靓女、恩怨情仇，就是用十倍于现在的篇幅也不足写尽。为什么要写尽呢，留一点空间给你，留一点空间给我，有限的生命里不就是这样充满了无限的内容吗？

SHOWER

头一次听说"shower"这个词，因为和淋浴是一个音，非常困惑。当时我在多伦多一家 SPA 里做美容师，一个客人兴高采烈地给我讲她将要有一个"wedding Shower"，我在心里讷闷，怎么结婚还要大张其鼓地洗澡，还如此张扬，洗澡前还要这样铺张地做脸做头发修指甲呢？交谈之后才恍然大悟，原来 Shower 是一种特殊形式和意义的派对名称，一般是在婚礼和生孩子之前，由亲朋好友为当事人举行。人们在派对上给当事人赠送礼物或金钱以表示关切，也借机补充新生活开始将要面对的压力和负担。是一种用礼物来冲洗陈旧，迎接新生的特殊洗礼。听起来真是很有人情味的举动。

后来我开始在家做美容生意，逐渐和越来越多的"洋"客人建立起亲密友好的朋友关系。那年怀孕，生意仍十分红火，虽然挺着骄傲的腹部，我还是精神抖擞，格外努力地工作。一天，一个老顾客莉萨打来电话，说她家要开派对，请我去参加，我一口答应下来，还带了水果和虾片。

一进门，只见门廊里和楼梯上挂满了彩色汽球和金光闪闪的彩带，温暖热闹的气氛扑面而来。脱鞋进屋，耳边响着欢快的轻音乐，起居室的一整面墙上装饰的五彩缤纷。金色的"Baby shower"条幅闪着光芒醒然入目，条幅四周簇拥着活泼可爱的小动物图片，小猫小狗小花小草似乎都在欢迎着躲藏在条幅蕴意里面那个未来的小生命。我还没转过神来，已经被一片掌声包围了。站在四周的除了三四张熟悉的面孔外，还有四五个陌生人。莉萨拉着我逐一介绍，我这才恍然大悟，这个派对是为我办的，这就是人们说的"惊喜派对"啊！我这个主角在完全没有准备的情景下置身于人们的欢声笑语之中，突如其来的惊喜让我感到眩晕。工作的压力，生活的艰辛，日常生活按部就班的疲惫无趣都在这意料之外的快乐和友情显示中烟消云散了。我激动得一时失语，不敢相信这是真的。那一刻只觉得自己好不幸运，有这么好的朋友悄悄地惦记自己，生活在人生地不熟的异国他乡，还有什么比这样的礼物更珍贵呢？

派对热热闹闹的持续了两个多小时，我们吃着蔬菜色拉，各式甜点，喝着饮料，东一句西一句地聊天。那几个熟面孔是我的客人，陌生的则是莉萨的朋友。蛋糕是她们专门去专卖店定做的，形似一只展翅欲飞的大雁，黑白分明，栩栩如生。莉萨说选一只飞翔的鸟是预示我和小宝宝平安顺利，鹏程万里。吃过蛋糕，就开始开礼物。那几个陌生人，虽说和我素不相识，也都准备了礼物。所有的礼物都精心地包装着，附着写有恭贺小宝宝的美丽贺卡。礼物五花八门，有小衣服小玩具，还有图画书等等。我一件一件地打开，满怀惊喜和好奇地欣赏着每件礼物，大家一边称赞，一边帮着我整理。我说，太实用了，孩子出生以前得到这些礼物，准备孩子出生用品时，就可以有的放矢，避免了重复采购，比生完孩子再半派对，经济多了。大家齐声称是。

拆开的彩色包装纸花花绿绿铺了一地，我的心被浓浓的友情涨得满满的，忍不住流溢出来。我说，大家对我这么好，又破费了许多，我心里十分过意不去，就让我给在座的各位每人一次免费的 manicure（修手甲）吧，请一定赏脸啊。莉萨却板了面孔说，友情是友情，生意是生意，你别混为一谈。我们给你办这个派对，是大家的一点心意，你为人善良，服务好，你不能不让人喜欢你，对不对？再说，我们这群女人闲着无事，早就想找个理由聚在一起乐一乐，给你办这个 shower 正好是个借口，大家高兴还来不及呢。你要是因为这个要给大家免费服务，可就妄费了大家的一片心了。说完，扑吃一笑，拍着我隆起的肚子说，我摸见小宝宝在扭来扭去，一定是不满意你这么大惊小怪的态度呢。

在大家飞扬的笑声中，我心潮荡漾，暗中长叹，莉萨这番话说的怎么这么中国味儿呢？莉萨是印度后裔，自小移民加拿大，另外几个人有欧洲来的，中东来的，也有本地的白人，中国人只有我一个。可此时此刻，我的感觉就像坐在我黄土高坡上的老家里，踏实厚重，心中澎湃着没有种族界线的人间亲情。

拎着大大小小的包装袋从莉萨家出来，天高云淡，绿树清风，寂静的街道一如继往的静默着，我的心却在喧闹欢呼，这世界充满了关怀和热爱啊！

都说在国外生活，关门度日，人情淡薄，个个事不关己，高高挂起。亲身感受却告诉我，凡事都是互相的，人的肤色不论是白是黑还是黄，都有着人类共同的喜怒哀乐，共同的敬善斥恶，共同的人情人味。

"爱"是一根质量良好的弹簧，压下去就一定会弹回来。只要你不吝啬，善于给，自然会有相应的回报或早或晚地光顾你。以一斑而见全豹，从一个小小的 baby shower，一个道理脱颖而出，微笑着看世界，世界也会把微笑还给你。

雪季

渥太华的雪季是从十一月一直延续到第二年四五月份的。漫长的冬天虽然并不是天天下雪，却因为太阳的热力不够，不足以融化日积月累的积雪而满目洁白。

主要的行车干线和高速公路在每次大雪之后都会被巨型铲雪车及时清扫干净，巨型铲雪车后面一般还跟有一辆洒盐车，在刚刚清理过的马路上均匀地洒满大粒盐，一来防滑，二来可以防止融雪结冰。小一点的马路会有相应小规格的铲雪车清理。尽管如此，油黑的柏油路面还是时有一层薄冰覆盖，发出青冷的光芒。开车的人们自然要格外小心，但事故发生率还是比夏天多出几倍来。所以每逢雪天，公共汽车的生意就格外好起来。站在公共汽车站等车，你会发现一个不太美丽的景观，所有的车辆都被一层灰白的泥污包裹着，区分不出本来的颜色和新旧了，是街道上的咸盐水溅到车上，干掉之后形成的盐雾，整个城市因此显得衰老和沉旧了许多，不过，这沉闷之后却好象隐藏着一种让人们去发现那雾气下鲜亮与真实的冲动。特别是看到人们脚上的鞋子都象画了朦胧画一样在脚面四周飘着一圈不规则的白色盐渍，更觉得有趣，再锦衣革履的绅士小姐只要有幸出门一溜，必然被如此涂染一翻，叫你怎么都神气不起来。

我们居住的小区是渥太华郊外一片新开发的住宅小区，这里没有高楼大厦，有的只是二三层独门独户的小楼。房子前面的车道是自己清理的范围，大多数人家都自己备有各种各样的清雪工具。普通的有不同规格的雪铲雪锹，高级的有电动铲雪机。有些繁忙的双职工家庭和老年人会雇用铲雪公司来清雪。大多铲雪公司都是一两个人的小公司，冬季来临，在自己的小型货车车头前面安装一个巨大的钢制雪铲，业务就可开张。车往前开，雪铲贴着地皮前推，雪就被铲起，再向路边一扬，车道就干干净净了。如果遇到一家服务良好的铲雪公司，每场大雪过后，他们都会很及时地清理，人力半小时的工作量，他们五分钟就可完成，可以为人们节省很多时间和精力。铲雪公司一般一次性收费，在入冬前交清，如果碰巧这一年雪少，就可少劳多得，美美地赚一笔，如果雪多，也只好自认倒霉。我们这一年登记的这家公司服务很差，三场大雪过后才露了一次面，还好，我们要求取消和约，他们爽快地退了钱，大概是报怨的人太多，恐怕信誉受损，影响来年生意的缘故吧。

这一年的雪多，而且每次都是大雪，所以下雪之后，清出的雪总是又厚又多，很快路边上的 积雪就堆得远远超过人的高度了。在小区里面行走，就如同走在雪的峡谷中，视线变得越来越短，马路和车道也变得越来越窄。被两侧堆出的小雪山簇拥，整个身体和灵魂都有被挤压的感觉，沉闷压抑弥漫在空气中，袭绕着每个人。半个冬天一过，我就开始担心，老天爷这么个下法，雪往哪儿堆呀？过了几天，却发现这个担心是多么的幼稚可笑，一个在寒冷漫长的冬季生存发展了许多年的国度，面对大自然的慷慨恩赐，自然有着一整套对付的办法。

一天早晨，我和往常一样在窗前观雪，两辆各有二十个轮子的大型铲雪车相跟着开进我们门前的小马路，巨型铲雪车比我们住的二层小楼还高，拖着庞大的车斗。头一辆车车头前的巨型雪铲把马路两侧高高的积雪一块一块地挖掉，翻装进那车斗里。后面紧跟着的一辆铲雪车则安有巨型旋转式刷子，把前一辆雪车掉落下来的残雪和路边不整齐的凹凸处的雪席卷而走，一个烟筒似的金属筒子直通车顶，把卷进来的雪吹入车斗里，二十分钟不到，整条小马路就宽敞明亮起来，路边 的积雪都低到半人高的样子了，拓宽的马路象只利剑穿透了堵积在人们心头密布的乌云。豁然开朗起来的岂只是整条马路，更多的则是沉闷压抑了许久的空气和一方爽朗明媚的天地。智慧的人类正是以这样大无畏的勇气和敢于和天地抗争的智慧生产出这样科学合理高效率的大型机器，来简化方便着人们的生活，美化着城市的环境。据说，这些卡车会开到旷野把满载的积雪清倒掉，开春的时候，积雪融化，水气上升成云，下渗滋润土地，自然又会造福一个清爽明净的春天。

渥太华的雪季在平静中流逝着。天气晴朗的时候，可以看到孩子们穿着厚厚的防寒服在雪中自由自在地玩耍。玩雪的工具真是五花八门，光是从山坡上往下初溜的雪板，就有数不清的形状和颜色，园的长的兰的黄的单人的双人的，还有在平地上拉着玩儿的雪撬，雪鞋等等。大人们一般都不去限制约束孩子，他们可以翻天覆地地为所欲为，滚爬蹦跳，站跪坐躺，由你们尽性。于是，玩雪归来的孩子们个个都象雪猴子一般，帽子手套雪地靴里灌满雪，成了地道的盛雪工具不说，整套防寒服也变得名不复实，屋子的温暖会立刻把刚脱下的裹满了冰层的防寒服融化成湿淋淋的一团。孩子们的快乐却在这无拘无束之中上升到极点，一个个冻得紫苹果似的小脸挂着最开心最灿烂的笑容。

我常常会问身边土生土长的渥太华朋友，是否喜爱渥太华的冬季，虽然回答各异，却有着共同的态度，安祥而客观。

年轻人奔流的血液会使他们略嫌冬季的冗长和单调，从而就生出了许多名目各异的 party 供他们聚在一起度过寂寞时光。比如十月底的鬼节，他们会把自己打扮成长发遮面青面獠牙的妖魔鬼怪，把房子装饰成蜘蛛网密布，骷髅头高悬，鲜血淋漓的鬼屋子，然后在恐怖渗人的音乐中群魔乱舞。而十二月的圣诞节则又是一翻喜庆喧闹的景象，家家户户彩灯高悬，亲朋好友相聚一堂，盛宴满盏，圣诞树上挂满晶莹透亮的彩球和飘飘欲飞的小天使，树下堆满大大小小包装精美的礼物。商场里比肩接踵，道路上车水马龙。这时的年轻人忙着到美容厅做头做脸，到商店采购礼物，喜悦停留在乐滋滋的脸上，藏在马不停蹄的身体里，孕育在蠢蠢欲动的心中。屋外的漫天冰雪，早已被节日的洋洋喜气忽略，或者说，成了节日的一部份洁白的点缀而已。

中年人对于持续到第二年四月的漫长雪季则大多积极地适应和接纳，甚至热爱有加。按步就班地上下班归来，几次全家性的滑雪活动是必不可少的，从三四岁的小孩子就开始了滑雪的启蒙熏淘，窄窄长长的滑雪板穿在脚上，磕磕拌拌却跃跃欲试。渥太华周围有许多修整得很好的滑雪场，离市区开车一两个小时的距离，每逢晴朗的周末，就会喧哗一番。雪坡上下，鲜艳的滑雪衫穿梭往来，飞来滑去，整个冬天都因此活起来，动起来，舞蹈起来。

当然，滑冰更是冬季的主要节目。渥太华市中心的运河得天独厚地成了免费的天然冰场，是家庭的最佳娱乐场所，周末来临，花花绿绿的男女老少在冰面上飞来飞去，空气中弥漫着岸边食品摊飘过来诱人的香味，岸边的积雪闪烁着耀眼的光芒，此刻的冬天活泼快乐的象个顽皮的孩子。有些年轻人甚至聪明地把冰鞋当做最简洁的交通工具。从运河一头的卡尔顿大学沿运河滑到渥太华大学只用二十来分钟，比乘公共汽车还省时省力，即省了车票钱，又免了等车的寒冷和焦急，还锻炼了身体。看到冰面上背着大大的双肩拊包，大步流星的骄健身影，你会感觉冬季正在以她的冰冷塑造着人类的坚韧和顽强，又以她的博大和宽容孕育着希望和进取的种子。

冬季对于老年人来说，则是另一个故事了。寒冷和冰雪必境会给手脚都不太零便的老年人带来很多困难。于是，许多老人过着候鸟似的生活，堪称加拿大的一大人文景观。冬季来临之前，这些在美国美丽温暖的佛罗里达拥有套房的老人，就飞离加拿大，到那里渡过一个温暖的冬季，第二年四五月份再返回春暖花开的家乡。这些老人的飞来飞去，倒给枯燥乏味冰冷沉闷的冬季带来一股滋生着变化的动感和蕴酿着生机的期盼。

渥太华的雪季，洁净，美丽，宽容，沉着，犹如一个骄傲的孕妇在冷静中孕育着充满未知但却强壮活泼的新生命一样，安祥的外表下隐藏着茁壮的跳动，未来在这和平宁静中生根发芽，蓬勃欲出。春天，就会来的。

早餐俱乐部

　　每个星期五的早晨，我都会外出吃顿早饭。与其说是肚子需要黄油面包，不如说是精神需要补充食粮。能补充精神的自然不是黄油和面包，而是一同进餐的这些女人和女人们的闲聊。我们称这是"早餐俱乐部"。

　　莎丽第一次领我加入俱乐部，是在附近的 Gabriel Pizza 店，还不到 8 点钟，就已经有三四个女人坐在那里闲聊。大家随意地和我点头致意，一句 "Nice to meet you!"，我就成了她们中的一员。早餐的地点常常变动，常来的有七八个人，莎丽　显然是中心角色，也是最光华四射的一个。我和她相约每周一次骑车锻炼，友谊是在车轮的转动中变得厚实而绵长起来的。她是个多愁善感聪明美丽的女性，一对兰眼睛常常在谈话中被一个小小话题感动，不知不觉罩上泪水，雾蒙蒙如诗如画。她与生俱来的单纯善良也像浓雾一样在友谊中包裹着我，让我迷迷糊糊地在和她在一起的分分秒秒中坦然自在地跟着感觉走。在她的世界里，没有种族与阶级的划分，她的朋友于是遍布我们小区的每个角落，从律师到家庭主妇，从地道的 English speaker 到新来的外来移民，都能成为她家的座上客。有她在，她那温柔的笑容就阳光似的洒在每个人的身上，让人感觉暖洋洋的。

　　这些女人中只有我一个人英语不是母语，所以有时她们叽叽喳喳说点俚语玩笑，我就有点"雾里看花，水中望月"的茫然，那时刚移民不久。好在有莎丽这束阳光罩在身边，轻言细语地和我搭讪，倒也从不觉有什么尴尬。点份早餐，一边细嚼慢咽，一边参与女人们叽叽喳喳百鸟鸣翠般地交谈，看女人们一张张秀色可餐的面孔，我的胃和我的心都感觉饱得的很快，也饱得舒坦。这些女人里有一半是要上班的，趁早来凑热闹，九点多一点就摸嘴开拔，走进早九晚五的繁忙行列。另一半则是家庭主妇，专职照顾孩子和家务。令我咋舌的是，这些专职主妇都受过相当好的教育，比如莎丽，有硕士学位，曾经年薪逾六位数，生了孩子就辞了工作，坦然地在家相夫教子，一过就是八年。　看得出她们对待生活的态度，满足坦然，朴素自在，随遇而安。

　　女人们交谈的话题自然是五花八门，衣食住行，生老病死，夫妻纷争，邻里相助，小区动态，餐馆影院等等都能引来共鸣与欢笑。在我看来，谈什么怎么谈都只是形式，在短短的一两个小时里，女人们所得到的是摆脱了家务的繁琐，工作的劳碌，小孩的干扰，丈夫的腻歪，开怀吃喝开心交谈的无拘无束、自由自在和轻松愉快。这顿早饭是女人们对自己的赏赐，是女人们的乌托邦。

吃这顿早饭的时候，我常常会有种幻觉：钱在树上长着，伸手可取的日子就在眼前了，要什么"名"的诱惑，要什么"利"的牵绊？你就尽管自自然然地跟着感觉走吧，Listen to your heart 就够了！能吃这顿早餐，真好！

饺子风波

对我来说，咱们中国人的饺子是个宝贝，功能完备，用途广泛。除了充饥填饱 "吃饺子"顶饿 这个主要功能之外，还有团结全家共同劳动"包饺子"的乐趣，招待亲朋好友其乐融融"饺子宴"的热闹，表达友情联络关系"送饺子"的方便，最后就该是显示友善弘扬民族文化"尝饺子"的特殊功能了。出国之后，这最后一项功能成为我的心爱之物，每换一个环境，结交新的外国朋友，我就会带些饺子让人家尝，把饺子的这项特殊功能充分运用。但有一次由于使用不当，竟闯了大祸。

那时我上班不久，在多伦多一家西人大型综合 SPA 店做美容师。我们店的工作人员有二十多人，本地白人、欧洲人、中东人、非洲人混杂。中国人只有我一个， 给了我一个显示饺子特殊功能的大好时机。于是挽袖挥臂大干快上起来，跺陷儿绞肉，和面擀皮儿，忙个不亦乐乎。饺子出锅了，嗯，猪肉大葱粉条陷儿的，香，真香，想象着同事们赞不绝口的模样，心里就鲜花盛开，满脸乐滋滋喜洋洋了。

到了单位，好不容易熬到中午吃饭，就拎着饭包冲进休息室。我们美容厅的工作制度是每个美容师和美发师有一个小时的午餐时间，谁忙完客人谁吃饭，忙的时候休息室里见不到人影儿，不忙的时候，满屋子人头攒动、笑语喧哗。

那天，正好不忙，有八九个美容师美发师在休息室里扎堆儿，我端出饺子在微波炉加了热，就摆在大家面前大声宣布，这是最具中国特色的中国食品，手工制作，色香味美，营养丰富，欢迎大家品尝。

众女士蜂拥而上，你一个我一个就吃了起来。美发师哈尼来自埃及，在人堆儿里问我，是什么做的呀？我见人们热火朝天的模样，早就头脑发热不知所云了，随随便便地回答她，材料健康可靠，保您满意。哈尼于是拿起一个饺子左右端详了半天，小心翼翼地吃了起来。我拍着她的肩膀玩笑着说，没毒药的，吃了让你更美丽。这时吃得兴高采烈的美容师兼"特级美食家" （因为擅长做饭而得此称号)卡西努力地咽下嘴里的一口饺子，问道，快告诉我怎么做的，里面是什么呀，这么好味道？我得意地说，有白菜，猪肉… 话还没讲完，一旁还没吃完一个饺子的哈尼就干呕了起来，一边往厕所跑。其他几个人都停了下来，有人赶紧跟了去。卡西大睁着眼睛对我说，天啊，你不知道哈尼是穆斯林么？你怎么不早点说？她不能吃猪肉的。

我赶紧跑去看哈尼，只见她用手抠着往外吐肚里的东西，恨不得把胃一起吐出来。等她直起身体时，一贯美丽得一丝不苟的美人儿，变成了脸色紫黑鬓发纷乱的槁朽之躯。她就这么晃晃悠悠地下了班，此后，一周没来上班。我当时的歉疚和悔恨哪里是现在这只笔能够载得动的？这半个罪恶的饺子使哈尼大病了一场，她不仅心里受到伤害，身体也因强烈的心理不适而产生连锁反应，浑身起满红疹子，一周才退。我除了尽自己的全力用友好来表达歉意，只能真诚的期盼哈尼人生中这唯一一次吃猪肉的经历能像空气一样从她的记忆中消失。

不打不成交，我和哈尼后来反倒成了非常要好的朋友，"饺子风波"也成了我俩友谊中最珍贵的片断，更重要的是这次前车之鉴教会我在加拿大生活，千差万别的多元文化无处不在地环绕在你身边，"尊重"是在这样的社会生存的奠基石，有了这块奠基石，才会有万丈高楼平地起的今天和未来。

现在，"尝饺子"的特殊功能仍被我广泛地使用着，并已经发展壮大到"尝包子""尝点心""尝炒菜"等等花样翻出的感情连接术和文化传播术。我庆幸自己来自一个有"饺子"的国家，也庆幸能生活在这样一个可以充分发挥"饺子"功能的多民族国家。饺子啊，饺子，谢谢你！

鸟窝

　　先生出差，全家跟着回国住了几个月，请邻居帮着照看这边的房子。忽然有一天接到邻居的电话，大惊小怪地说我家厨房抽油烟机里有鸟叫，问怎么办。我一听就乐了，呵，这没了人气儿的房子，倒有了鸟气儿了。吉利！吉利！我对朋友大声欢呼，就让它们住着吧，别说一窝鸟，就是一百窝鸟，那房子也住得下哩。朋友虽也乐得省心，却丢了话儿给我，抽油烟机变成鸟窝，你倒乐成这样，真有病。

　　你别说，回来之后才发现自己这病着实不轻，非治不可。首先是我们一家老小的嘴巴和肚子直接受到这窝鸟的严重侵犯。这窝小鸟每天清早就开始快乐地歌唱，从那娇嫩的声音里，可以判断出至少有好几个婴儿鸟。想象着油烟机的旋转齿轮把小鸟打得血肉模糊的凄惨情景，我就浑身鸡皮疙瘩了，只好采取不开抽油烟机的简单策略与它们和平共处。几天下来，先生和孩子就微词不绝于耳了。"哎，咱家就这么永远吃水煮菜呀？""妈妈，你对那些见不着的小鸟比对我们还亲点儿，是吧？"望着孩子稚嫩的小脸儿，我终于不再抵抗群众的呼声，同意把鸟窝清除。我用锅铲对油烟机敲打了半天，确定小鸟已全部外出，才开始行动。先生撸袖振臂，在沮丧的我和兴奋的孩子们的共同协助下，三下五除二把油烟机卸下来。通风口里塞满了干草，密密麻麻地卷成圈状，灰尘和草屑哗啦啦地落下，先生的整条手臂伸进去掏摸，仍不到底，先生就做了一个带勾子的长棍伸进去掏，才把干草掏净，掏出的干草有满满一个垃圾桶，你不得不佩服那些长着羽毛的小小生灵是如何成就了如此巨大的事业，怎一个"勤奋"两字了得？当油烟机发出久违了的动听噪音时，伴随着油大味香的饭菜上桌，我心里却满是负罪感，哎，趁着鸟儿们不在家，把人家老窝儿给端了，真不够仗义的，也不知它们忽然没了家，何去何从？

　　谁成想，这鸟们可比人类大度多了，一点儿不记仇，没过多久就又搬回来了，早起听着它们美妙的歌唱，我们全家大眼瞪小眼。赶上正是秋天，我说，咱们就别捣人家老窝了，早晚它们就会跟着队伍大规模南迁，严冬过后，料它们不会再来了。所以，那个秋天我们家的清淡寡味、清蒸水煮的健康饮食得到了很好的贯彻执行，鸟们在温暖舒适的油烟机烟道里幸福地生活着，人鸟相安无事，直到第一场雪下来，鸟儿的歌唱才彻底绝迹。

第二年开春，油烟机里的音乐会是伴随着树叶泛绿花苞含羞时开始的。先生不顾我凄哀的眼神正式制定驱赶鸟家的计划，Home Depot 卖防鸟装置的货架于是赢得了先生的无比青睐。我家坐落在坡地上，厨房烟孔极高，当建筑用的巨型伸缩长梯租回来架到墙上时，我第一次有了对这群鸟的怨烦之心。梯子实在太高了，先生要是摔个三长两短可要了我的命，我还是把爱鸟之心赶快转到爱先生身上来吧！鸟家的清除过程是这样进行的，先生身上挂了大电钻，兜儿里装了小螺丝，踩着颤颤巍巍的梯子爬到顶端，高空中的先生前无扶手后无栏杆，左右无处借力，全靠两只脚踩在晃悠不停、 四五公分宽的梯蹬上。他得把原来排风口摆设似的塑料挡板小心拆卸下来，换上买来的高级钢网式挡板。干这活儿你光勇敢还不成，良好的平衡能力和小小一点智慧是不可或缺的。每天坐在计算机前只需协调大脑神经，不需协调四肢神经的先生，在我心脏的狂跳中稳定而缓慢地完成了任务，虽然我的脖子仰得快成直角，几小时无法恢复原位，眼睛也差一点望穿，我还是很乐意得出先生比小鸟可爱多了的结论，这令五大三粗的先生感动得几乎要作出小鸟依人状来谢我了。

我们家与小鸟的故事开了头，就不大容易收尾。鸟群的第二梯队是夏天住进我家洗衣机房烘干机的通风口的，同样的音乐会仍在每天清晨开场。因为有美容客人的睡袍床单要洗，我的烘干机是每天必用的，请鸟开路是唯一选择。有了上次的经验，先生很快挑好了要更换的网状护栏，加上是一楼，没有爬梯子的危险，我们就当机立断展开行动。从房子外边的风口掏出成堆的干草之后，先生进来搬烘干机。烘干机的大粗管子一拉脱，就传出一声娇弱的鸟叫，天啊，有鸟婴儿在烘干机里？我和先生对视了一分钟，眼前出现一个粉色没长毛的鸟娃娃形象。我说，你掏！先生说，决不，你掏！！声音比我大两倍。两人僵持了两分钟，先生说，这是屋里，一向你负责！没商量，就你掏！我知道先生一向腻烦害怕小小动物，只好迅速复习了一下心中对鸟的深厚感情，壮着胆子绕到烘干机背后，以慢镜头动作把胳膊伸进烘干机。 空的，只有一把干草。虚惊一场，大概是我和先生磨蹭的时候，小鸟趁机顺着还挂着边儿的管道自我解放到蔚蓝的天空里去了。

你要是以为和我们伙住的小鸟们只是只闻其声不见其影可就大错特错了。

第三年夏天，有一天女儿从二楼她的卫生间里出来对我说，妈妈，我一上厕所就听见鸟叫。我没当回事儿，对她说，我只知道苍蝇爱臭味儿，小鸟爱臭味儿还是头一次听说。邻居溜狗时碰见我，说，你家二楼可能有鸟窝，昨天看见一个大鸟落在你家二楼一个通风口上，小尖嘴儿把挡板一掀，那么大的身体不知怎么的就缩小成一团钻了进去，说着就拉着我看。奇怪，厕所在那一侧，怎么通风口造在这一侧呢？想象着那么长的通风口里可以容纳的鸟数，我就不寒而栗。

　　先生花了一百多块买了一架铝合金家用伸缩长梯，说要一劳永逸。因为有了前几次经验，先生说，你就甭担心了，我都可以开课当掏鸟窝教练了。事实可不像他想的那样简单，当他站在梯子顶端把整个手臂伸进风道时，突然的遭遇让他的手臂迅速缩回，一只巴掌大的黑鸟刺溜一声飞了出来，接着又有两只同样的鸟呼啦啦飞出来，先生的手在高高的梯子上趟血，是通风口的铁片划的，整个梯子随着他身体受惊时的大幅动作剧烈地抖动着，我的魂虽没吓破也有点儿散了。天上那三只黑鸟悠扬地盘旋了几圈，恋恋不舍地飞走了。我惊魂未定，对先生喊，你下来把手包一包吧？先生也喊，干完了再说吧！说着，对着通风口左瞧右看，拿着电钻敲打了半天，才又把手伸了进去，这下先生又引出两只鸟来，那黑黑的翅膀一伸展，显得硕大，跟加拿大飞鹅似的，在低空有点儿遮天蔽日，你怎么都想不到它们这么一大群是怎么挤进厕所的通风口的。拜拜了，鸟们！我仰着头对它们说，真对不起了，又端你们老窝！你们就别偷懒了，还是回树上去吧，啊？那才是属于你们的清静世界呀！看你们那油亮的羽毛，没被人类这点污浊之气熏俗了吧？有一只鸟在屋檐上停了一下，好像听懂了似的，微微点头，然后啾的一声飞了起来，去追赶伙伴们去了，一转眼就和美丽的蓝天融为一体了。

　　半年以后先生跟我坦白说，那最后两只鸟当时可能在睡觉，他从外面隐约看见里面黑黑的一片，他想用电钻敲出的巨大声响吓走它们，计划破产之后才伸手去抓的，心里又腻烦又害怕，实在是五尺男儿不能在已经胆战心惊的老婆面前丢面子，才壮了胆子去硬抓出来的，幸亏不是雏鸟，否则他就下不去手了。瞒了我半年，一是为了免得遭受老婆给他戴上"残忍"的高帽子，二是不能让老婆看出心存恐惧的破绽，毁坏其已经在老婆心中树立的光辉形象。望着先生手上留下的伤疤和老实巴交的诚实面孔，他的光辉形象简直就光辉得让我睁不开眼了。

　　卡拿塔一带被鸟们进驻的家庭大有人在，Home Depot 的防鸟专柜总是很兴旺。我的一个朋友家烘干机里也进了鸟，惨不可述的是那鸟在烘衣服的高温中成了红烧鸟。我家虽走运没有如此活烧小鸟的经历，但屡次三番遭受鸟们特殊照顾的情况，却实属九牛中只有一毛般的罕见实例。先生说，鸟们热爱我家是因为它们知道这个家的女主人也爱它们。我不置可否。我是爱鸟，爱它们那些飞翔着的、自由的身影，爱它们的随意、潇洒，爱它们在风雪中展翅时勇者的豪迈。学会了利用人类建造的设施，偷一点儿机取一点儿巧的鸟们，多了温暖、封闭、黑暗的舒适，　少了住在树梢上感觉日升日落、体会风雨寒露的鸟们，究竟是变聪明了还是变胡涂了？是更值得多爱一点还是少爱一点，我实在没有主张。世界上的事的确是有因有缘的，究竟鸟们为什么这么爱恋我家的道理，就不是我一介小女子能够参得透的了。

Space Mountain 历险记

去迪斯尼乐园度假，最令我回味无穷的竟是一次绝无仅有、令人终生难忘的惊险经历。

在 Magic Kingdom 看完焰火，已经是晚上十点多，我们赶往 Space Mountain——那个据说在烂漫星光中快速旋转的电动飞车馆，此馆以排队最长在 Magic Kingdom 独占鳌头。女儿和先生都不喜欢太激烈的飞车，我虽没兴趣独享其乐，先生却神不知鬼不觉地领了一张快行票给我，说，难得来了，去过把瘾吧，我们等你！

一个人穿过长龙一样的队伍直接来到快行线的终点，离闭馆还有半小时。这是十二人一组的小车，坐进车里，胸前的扶手自动下压，身体被安全锁紧。心如兔扑虎挠，前路未卜，不知道有多少离心力急转弯和失重下滑在等着自己，别紧张！我对自己说。虽然年轻时乘 Rides 一直是我的最爱，随着为人妻母的岁月一天天延长，这种对刺激感的钟爱和勇气却一天天地消磨着。

车子缓慢前行，黑暗的天幕上群星环绕，耳边响起空明悠扬的音乐，视觉、听觉正在带领整个肉体和精神进入那意想不到的神奇太空。车子开始上行，角度很大，觉得整个身体都仰躺了起来。料到陡坡的顶端必然是极陡的下坡，心不由得提到了嗓子眼儿。正紧张着，车子突然停住了，接着广播里传出声音，告诉大家车辆正在进行检查，请稍候。黑暗中前面的一个女子说，另一个 rides 里也遇到过停车检查，不同的是那时是坐着，现在是躺着，引来大家一片窃笑。躺倒在光滑坚硬的椅背上，感觉怪异。音乐和灯光都停止了，滴答滴答，时间在黑暗中缓慢而沉重，寂静中听得到前后乘客的呼吸声，人们移动身体的细索声，人们故意发出的轻咳声。等待总使人产生猜测和焦虑，漆黑又陌生不适的环境中，等待更使人产生不安和恐惧。我对自己说：兵来将挡，水来土淹，没什么好怕的！心跳却大锤子似的咚咚咚敲打起来。有人问，是不是有故障了？一个女子界面道：别吓唬我，以后你再劝，我也不要再坐这种飞车了。又有人问：谁碰到过这种情况吗？NO！ 人们几乎是异口同声地回答着。空气中紧张的情绪有了质感，紧紧包裹着人们的皮肤和神经。灯突然亮了，明晃晃的白炽灯。"乘客们注意了，系统出现故障，机车停运，请各位呆在车里别动，等待工作人员的帮助。"大家心中的疑团瞬间就消除了，真正的恐惧却取而代之，在扎眼的白炽灯下渗入每根毛孔。"妈妈，我很害怕！"前面一个少年大声说。镇静，镇静，我不停地劝告自己，强压狂跳着快要从嘴里蹦出来的心脏，开始观察我们所处的环境。整辆车停在一个六七十度倾斜的狭窄陡坡上，两边雪白的墙壁使困在车中的人感觉格外孤单无助，陡坡顶端处还有一辆车也被困住。身前身后的抱怨声，安慰声，鼓励声响成一片。我心中翻江倒海，暗自祷告，神啊，求你保守我的平安吧！孩子们不能没有我啊，先生不能没有我啊！

前来帮助的工作人员好像过了一个世纪才来到，他们在铁质楼梯上的脚步从背后雷声似的轰隆隆从远处推近。飞车的电源早就断掉了，等到一个小伙子来到我身边用脚踩的机械方式一下一下帮我把胸前的安全拴打开的时候，我的前心后背早就被冷汗打湿了。半躺着腿朝天，没法儿用力，小伙子连拖带拽地把我从座位里拉出来，又去帮前面的人下车。轨道一侧是供维修用的狭窄的铁楼梯，又陡又长，大概有两三百节，洞口的亮光好像要走两三天似的遥远。看来，别无选择，只得从这里一节一节地走上去了。人们排着队，默默地向上爬，错落的脚步声夹着沉重的呼吸声隆隆地回响着。我身后的一对情侣搂抱着上行，女子的眼泪珍珠似的滚落在男子的肩上，不停地抽噎。大家喘息着停在前一辆被困住的车旁，一个极胖的女人卡住了下不了车，那两个早就上来搭救的工作人员显然应付不了她的重量，几个小伙子应邀挤过去帮忙，人多力量大，总算平安出来，那女人连声谢着，尴尬不安和恐惧的声音颤微微的，像抖碎的水珠。

出了洞口，眼前亮得睁不开眼，白炽灯从四面八方照着整个车馆。不低头则已，一低头竟吓得一动不敢动。我们站在有六七层楼高的顶端上，脚下踩的是钢筋网子，庞大的飞车轨道灰鸦鸦一片，七缠八绕、层层迭迭地盘桓下去，下面还有两辆车被困，因为恰巧在水平的轨道上，还没人去搭救，那些人坐在车里仰头望着我们，惊恐的目光隔了几层楼的距离还是让人心颤不已。车轨一侧是可供一个维修人员行走的狭窄钢网走道，因为钢网全是窟窿，简直就是走在天上，高度被莫名地夸张，恐惧也随之莫名地夸大。前面一个少年女子死活不前进，哭着说怕，她母亲轻言细语地劝着，好容易队伍才开始前行。每个人都像企鹅一样，搓着步子走，总算有一排钢筋扶手可以握着，添了些微安全感。我不停地对自己说，不怕不怕！手心却粘糊糊的全汗湿了，与扶手上常年积攒的灰尘和了泥。谁知，好容易走了一段路，领路的却说前面往下走的通道上了锁，得换条路下去，让我们原地待命。这一行人像困在无数钢筋框架的迷宫里，不知所措。我前面的中年女人回头问："Are you Ok?"我说："I'm not Ok at all!"自己觉得发出的声音像掺了沙子，生涩嘶哑。那女人又说："你的家人在外边吗？"又不等我回答，接着说，"我儿子和我先生在外边呢，你别怕，我们没事儿的。不就是下楼梯吗！"她笑，我也笑，我说："你真勇敢！"她向紧贴着她的十来岁的女儿努了努嘴说："不勇敢，怎么办呢？"我眼前浮现出先生和孩子焦急的神情，心想，"你的家人在外边吗"一说出来，好像立刻要 Bye-Bye 了似的，这不就是电影里生离死别时的台词吗？心里倒被自己变成电影角色了这个幽默的念头逗乐了，一直攥着我的恐惧感松动起来，对啊，不就是下楼梯吗？！下就下吧！

咚咚咚，咚咚咚，楼梯终于一级一级走完了。脚板踏上地面的那一刻，浑身有一种变成了稀泥的松弛感，心里欢呼着，我们没事了，没事了！顺着出去的通道我飞跑起来，很快就超过了所有的人。宝贝女儿，宝贝先生，我回来了呀！一向含蓄的先生不顾一切把我紧紧拥进怀里，两个孩子也紧紧抱住我的时候，我笑了，眼泪终于无遮无拦地淌下来。

我们被困在里面有将近一个小时。先生说广播说里面有故障，让外面排队的人散场时，谁也问不出到底出了什么事儿。先生和女儿们不知道我是在车上还是在车下，是安全还是危险，他们的紧张不安、提心吊胆比起我当时在里面的恐惧只是有过之而无不及，这一个小时比一个世纪还长。大女儿哭成了泪人，小女儿虽不大懂，在小车里也不睡觉，瞪大了眼睛不停地问，妈妈快出来了吗？出这种故障，迪斯尼只给了一张免费乘坐这个 rides 的快行票，当然是没用的废纸，这些被困的人里有谁还愿意再坐一回吗？ 回旅店的路上，我忍不住地笑，先生嗔斥我："真没见过你这样的人，别人都吓死了，你还开心得不得了！"我说："生离死别的滋味我可是尝过了，这就叫有惊无险。人生一世，有几个人能摊上这样的经历呢？我真是幸运儿哩！"

我怎么能不笑？能够平安地生活着，是多么的好啊！

旅行杂趣

海关

此次旅行，因伤腿不适，租了轮椅偕同前往。上路时，硕大一个膝盖支撑架加上轮椅，俨然残疾模样，处处被笑脸相迎优先对待。车轮代步，滚动着行路的悠然自在，今生首次体会。多次有从轮椅上站起来的冲动，都被伤腿的无能状态制止了。原来被人服侍也需学习，一动不动地享享清福对于手脚麻利习惯勤劳的人来说真是一种不易的修炼。

机场入关时，被工作人员殷勤指引到不必排队的优先口验身，女儿看到等待入关的蛇形长队被甩在身后，嘻嘻偷笑："哇，我们都跟着妈妈的伤腿沾光呢。"

都说美国的机场入关检查严密繁复，并非没有体会，X 光照得你透明透亮，是从美国转机回国的必经手续，按个手印留下这世上独一无二的指纹也非稀奇。可在北美境内穿行亦如临大敌，却当真不曾预料。

丈夫孩子轻装上阵，都陆续通过了。坐在轮椅上的我却被放置在一个特殊入口静候，候什么？男警察说要候女警察。心里敲鼓，难道残疾了还会产生性别歧视？女警察？海关还管治病不成？需做额外的妇科检查？

女警察是个膀大腰圆的黑人，天蓝色的制服紧绷绷裹着，壮硕的乳房挺得和粗壮的双臂一样结实，女警察的庞大外观让我对美国的警力充满信心，这样的女警察和男警察之间的性别差异可以在工作时间暂时取消，她回家做母亲的女性模样我们完全可以忽略不计。她的笑容却是婴儿般的纯真，推车的双手轻柔无比，不像握多了警棍的警察之手，倒像看惯了病人的护士之手。对于我这样体型单薄的公民来说，接近警察这样温柔的笑容和手掌，可以顿生无穷信赖感。

护士之手把我推到一边印有脚印的特殊检查地点，问我是否可以离开轮椅，起身站立片刻。小心起身，颤颤抖抖站进与肩同宽的脚印里，遵照女警指示，双臂抬平，身体做成一个标准的大字形。中文里这个

"大"字，在此时此刻却是小得不能再小，人的独立性、主动性、尊严性、自由性一概作废，彻底被警察权威性的"大"控制。

女警察的手从头发开始很专业地抚摸下来，一寸不拉，在乳房处沿着乳罩的边缘仔细探索而过，前腹后背，大腿小腿。纯洁的我在那一刻的被抚摸之中几乎要怀疑自己的纯洁性，似乎自己的血肉里会突然生出毒品和枪支弹药一般紧张。心里没鬼倒好像要生出鬼来，警察的威力实在不小。

女警察的探寻之手终于结束了抚摸，却又不知从哪里变出一个四方小纸片在我的膝盖支撑架上前后左右地擦拭，警察还兼做清洁工的工作，始料未及。小纸片被拿到身后的一个什么高新机器上验证无疑之后，警察才回到身边。刚以为大功告成，可以松口气了，却发现清洁工作尚未完工，又一个小纸片开始仔细地擦拭轮椅的所有支架。小纸片上是否会沾染违禁物品的粉尘不得而知，我的轮椅倒被擦抹得雪亮。心想，鞋子为什么要脱下来通过检测仪检查？本该被警察这么抹上一抹，倒 shoe shine 了，国家警力兼做了人民公仆，节省人力物力，一举多得，节约资源，何其美哉？

检查完毕，我笑嘻嘻地说了 N 次谢谢，发自肺腑的感激。心里想着警察姐姐辛苦了一场，一无所获，似乎有些对不住。她整天干这个，一定会遭遇无数次"一无所获"，是成就感还是失败感？这应该是世界上最好的"一无所获"，证明着国家安定团结，人民遵纪守法。

望穿双眼的家人一见到我被推出来就开始欢乐，这乘轮椅的优先级别原来是蒙人的，我完全成为地地道道的滞后者。

多了一样不属于身体又从属于身体的零件儿，就多了一个藏匿违禁物品的条件，验审程序的添加自然在情理之中。想必犯罪分子在轮椅支架里藏匿毒品早有先例。做了一回残疾人竟和罪犯一样受到警察大人小姐的额外重视，不能不说是人生又一特别经历，虽然耽搁了一点儿时间，却引发了全家关于毒品藏匿方法的大讨论，两个丫头展开想象力大竞赛，凭添许多欢笑。假期还没正式开张，就有了一个热闹喜人的起点。

索非亚

认识索非亚是在蒸汽浴房里。按照腿部复员运动计划，我每天都在船上的热冲浪池和蒸汽浴室里做膝部运动。高温蒸汽使肌肉和骨骼松弛，伤处的疼痛因此减轻，运动幅度也因毛孔扩张肌肉放松而容易进行。

索非亚进门时我躺在石凳上，伤腿正举成三十度角，定格不动。雾气蒸腾中，汗水不知是因为空气热度还是因为运动强度而奔流如注，眼睛亦被汗帘阻挡，开启艰难。索非亚静静地站了一会儿，准备坐在对面的长椅上。

"你恐怕得取个浴巾来垫，石凳很烫。"我扭头提醒着，伸手扫掉汗帘，眼前是一张温和柔美的脸，天蓝色连体泳衣托出一个适中身材，年龄在五六十岁，棕黄色头发散了一肩，那发丝在肩上柔和的弯曲很有些十五六岁少女的闲适和骄傲。

她笑了，奶油般的蒸汽里只看得见一群比奶油更加雪白的牙齿。她道了谢便转身出门去拿浴巾。我坐起身，开始坐姿屈膝运动。索非亚进来坐在对面的石凳上，冲着我微笑，很柔和，蓝色的眼神如微风轻扫。她问："你在运动？"

"是，滑雪伤了膝盖韧带，要每天做轻微的复原运动。"我说："做过热瑜伽吗？身体出汗，既排毒减肥，又松弛肌肉，运动起来有成倍的效果。"

谈话由伤腿展开，索非亚竟然也从加拿大来，虽然居住在蒙特利尔四十几年，却从来不曾滑过雪。她现任丈夫是个滑雪健将，原来居住在BC，为了和她结合才从 BC 搬来安河和她汇合，结婚五年多，两人过着轻松自在的退休生活，度假休闲成为人生唯一的工作和意义。

对于罗曼蒂克的话题，我一贯伸长鼻子紧追不舍，像小孩子兴奋地追逐一只美丽飞舞的蝴蝶。幸福是个会传染的东西，大胆释放，让其特有的欢乐频率感染他人，可以增添生活状态的平衡和稳定，有效影响周遭环境，利己利人。很愿意被幸福传染，索非亚的健谈和坦白正来自于发自肺腑的幸福感。雾气里，她的故事像隔着一层透明玻璃纸，说近很近，说远亦远，有一种舒服的距离在中间流淌。她悠然地说，我心醉地听，蒸汽浴室成了旧时代吸引观众的说书场。

索非亚和前夫离婚后才偶然和麦克重逢。两人多年前最后一次见面是在索非亚的婚礼上，麦克和两位新人都是相识的高中同学。后来麦克举家搬到 BC，再无音讯。岁月无痕，四十年后，两人相遇时竟双双离异，麦克的两个女儿和索非亚的儿子都已结婚生子，两人都过着无牵无挂的单身生活。上帝的安排阴差阳错，索非亚感慨非常，她说："我从来没有想过自己的晚年会再组建家庭，过上如此幸福的退休生活，似乎进入的人生最完美的阶段。五年来，我们如新婚时一样兴奋，每一天都是新鲜的，朝气蓬勃的，我从来没有像现在这样感觉生活的自由和美好，简直比三十岁的时候更有激情和乐趣。"

麦克在 BC 拥有自己的建筑公司，来蒙特利尔调研和索非亚偶遇，旧友之情很快变做新人之恋，爱情之火在耳顺之年再燃烈焰。麦克毅然决然卖掉公司提前退休，从潮湿多雨的温哥华搬回阳光明媚的蒙特利尔，把一生修为良好的建筑本领用来专心修筑爱巢。

出人意料的是蒙特利尔并没有成为两人的筑巢地。两人偶然到金斯顿附近风光旖旎的千岛之湖游玩，立刻被金斯顿小巧、安静、美丽的城市风格吸引，流连忘返，顿生留意。如果蒙特利尔和温哥华是一场浓烈的艳舞，金斯顿就好象一首独奏的小提琴曲，这正吻合了夕阳恋人渴望远离繁华，独享清净自由之晚年生活的理想。

麦克的建筑本领再次得到充分使用，两人从看地，买地，造房，一步步做起，一年之后，一座伫立在河边的现代洋房大功告成。俯首下探，是圣劳伦斯河安静的流水，仰望身后，茂密的翠林士兵一样森严伫立，守护着两人精心打造的新天新地。两人不是树，却树一样活在树林里，不是鱼，却鱼一样活在河水旁。自然环拥着两人的生活，生活也如自然一般和谐平静。

索非亚也毅然决然结束了银行的工作，专心和麦克相濡以沫享受退休生活。两人养花种草，泛舟郊游，一只名叫闪电的大猫陪伴，除了在金斯顿过着逍遥如仙的日子，就是缓慢地实施周游世界的夕阳计划。两人 每年有两个月在外旅行， 五年来已经游历了近十五个国家。

索非亚欣喜地说："工作那些年，人人都在梦想提前退休，专心享受生活。对大多数人来说这个只是梦想啊。我怎么都没有想到，自己和麦克相遇，会真的过上这样的日子。"

"这样的日子需要一定的经济基础做后盾，你们幸运是不是因为你们有更好的经济实力？"我对自己的现实和庸俗感到惭愧，可那一刻，我无法不把周游世界和哗啦啦作响的孔方兄挂挂钩。

"不然。我只是依靠工作了多年的养老金生活，并不富裕，麦克也只是从卖了公司的积蓄里支出必要开销来旅行。在金斯顿那样的小城市日常开销缩减了很多，我们饮食简朴健康，余出来的钱提前计划积累，才成就了这些旅行。比如这次游轮旅行，为了省飞机票，我们就一路从金斯顿开来弗罗里达，路上两人有说有笑，只要时间和世界都是两人一同结伴享用，就兴高采烈。开车虽辛苦，但既省钱又欢乐，何乐而不为呢？"

索非亚起身离开的时候，腕上时针已经走了一圈，索非亚说的高兴，几乎忘了麦克要参加船上的胸毛比赛。"他的胸毛又密又厚，形状独特，一定能进前三名，为了参加比赛，我要帮他修剪他都不让，呵呵。"索非亚轻言细语说着，脸上泛起微红，六十岁的脸上立刻有了十六岁的娇羞，我也笑了，多么可爱的老女人，胜得过十个不谙世事的小女人。

从蒸汽房里出来，站在冷水淋浴龙头下降温时，我感觉身体里流淌的不是滚热的血液，而是凉爽宜人的音乐，如贝多芬的月光曲。索非亚温婉的笑容，月光般清凉宜人地浮在眼前，闪闪烁烁。

爱情，不分年龄。双方对自我的抛舍和对对方的迁就，造就了一个全新的生活，使六十岁的爱恋雨后春笋般旺盛，生命在夕阳桔色的柔光里闪出清晨的亮丽。世界因为有了如此热爱生活、渴望生活、创造生活的人们，可爱动人如童话。

Josh

上船第三天晚上遇到 Josh。这个小小的罗曼蒂克沾了些酒精，加上出乎意料，令人激动了一番。

作为一个坦白诚实的妻子和母亲，忍不住把这两个小时星光下的遭遇，当新闻一样在清晨向全家隆重发布。"Josh"，于是成了整个旅行全家人调侃我的口头禅，在嘴巴上拎进来拎出去地娱乐了好几天。"看，Josh 在跟你招手呢。""哎，那个小伙儿帅，是不是 Josh？""这人醉得丑，哪有 Josh 迷人？""妈妈，你别吃了，吃太胖了就迷不住 Josh 了""唉，你去九楼看电影去吧，Josh 肯定等急了"……可怜的 Josh，耳朵根子会不会发红发烫？被人念叨，都显在耳根子上，中国这老话儿，不知对这金发碧眼的小伙子生不生效。

那晚是正式着装的晚餐，恰到好处的寒暄在女人的光眉俊眼和男人的风度翩翩之间此起彼伏。 一道道精致的菜点渐渐添得身体和精神臃肿胖大，要的酒名叫"Kiss on the lip"，是混合了朗姆酒香槟草莓柠檬汁的鸡尾酒。晕晕乎乎和家人看完模仿甲壳虫乐队的大型歌舞表演，十点多了，仍酒意盎然，意犹未尽。九楼露台上有露天电影，正是早想看的"King's speech"，家人都看过，回舱休息。我一袭正式晚装，秃袖长摆白裙，未回舱换装，就和家人分手只身前往。

繁星点点，海面漆黑如墨，海浪一潮又一潮打着船舷，唱出摇蓝的韵律，轻轻拍打耳鼓。露台上人不多，零星仰躺在躺椅上，被摇曳的灯光照着，有些无声旧电影里的深沉阴暗。风大，裙摆悠然飘摆，裙子里面似乎藏了个电风扇，站在夜的黑暗里，这身飘扬的雪白欲仙欲幻，逍遥如闲云野鹤一般，心情大好。挑了靠墙处避风的躺椅，问浴巾台要了两条浴巾来盖，舒舒服服躺下看电影，Colin Firth 的迷人风度立刻把我拖进剧情。

演到半截儿，一个魁梧的年轻男子西装革履地走来，在我面前晃了几晃，左右脚颠倒了几下，不稳当，过去了，却又返身回来，又是几晃，竟坐在我身旁躺椅上。噢哦，心里咯噔一下，这么多空椅子干嘛坐我身边？虽然感觉别扭，知道一定是多喝了，也不在意，继续专注在电影里。男子往后靠在躺椅上，并不看电影，几次侧脸端详我，似乎想说话，我只当没觉察，眼睛长在屏幕上，未来国王正在对他的语言老师大发雷霆，谁顾得理睬身边一对呆眼。

此时，用别人的目光望过来，周围是空空的躺椅，这样一对相挨而坐的男女，必定被标注为亲密同伴。果然，King's Speech 演完，趁这年轻男子晃悠着起身去卫生间的空当，后排一对男女探身问我："你们一起的？他是不是醉了？"

"我不认识他。一定是醉了。"我答。

"那你…呵呵，我们不看下一场了，要走了。只剩下你，你没事儿吧？"这对夫妻显然看出那青年有些叵测之心，担心他发点儿酒疯，制造个故事，我这白衣女子会成就故事里的悲剧主人公。

"谢谢，没事儿，我都老的可以做他的妈了。"我笑答。一个成年女人，公共场所，有何惧怕？何况那男子去了卫生间，一定不回来坐，半场电影我晾着他，积极性还不够打击吗？

下一场电影是 Beautiful Mind，又是一部想看没看过的好片子，Russell Crowe 主演。睡意全无，夜风袭袭，热带夏夜里海上微微的凉意，正适合松弛悠闲，继续观看。

年轻男子出了卫生间，径直走过来的时候我还是小小吃了一惊。他坐回原位，欠着身体，无丝毫犹豫，直接开口道："我坐这儿，你不介意吧？我可以问你的名字吗？"他的英文口齿清晰，倒不像酒精浸过的舌头。

想必是在卫生间坚定了主动开言的信心，卫生间的功能真是多样，这一点无需证明，人们想要回避什么、隐藏什么、坚定什么，文艺作品里都得往卫生间跑几趟，那里除了方便人类排泄肉身废物，也方便人类单独做做个人思想的清洁和稳定工作。

"哦，不介意。（有人会说介意吗？这是公家的椅子）名字？well…"窘迫，看来这男孩子真是有意要认识我，我应该提醒他注意我的年龄。我耸了耸肩，侧身笑着对他说："名字不重要，比名字重要的是年龄。"

正面对视，一张青春勃发的面孔喝得面红耳赤，深色领带板正得无可挑剔，白衬衫的硬领在灯光下发出幽蓝的光芒，温文尔雅，干净的好像一盘白色奶油。一头金色卷发耸出时髦的尖角来，黑暗中，一对眼睛辩不出颜色，猫眼一样闪烁光芒。鼻梁坚挺略勾，下面一排雪白的牙齿咧出只有青年才会有的内容简单的微笑。

这孩子最多 20 岁，他应该去找个 18 岁的女孩儿凑近乎，比如我女儿。心里暗笑，刚有的一丝窘迫迅速松弛下来，好，看看这位小朋友想和阿姨交流什么。

"你昨天是不是在热冲浪里泡着看 Finding Nemo 了？"他问。

"是。"

"我坐在你身边。"

"是吗？没注意。"

"你仰着头数星星，说一共有六颗。"他笑。

吃惊！无语。昨晚的温池？

温池里穿着泳装的男子都是赤膊着，一片统一的皮肤，格式化了的统一模样，不怪我记不住。我专心在热浪里做膝部复原运动操，头上顶着深深的夜空，不看星星是断断做不到的。恰好星少，费力寻出六颗来，和身边的女儿们一同欢呼。Finding Nemo 在大屏幕上放着，一根横跨船铉的排灯吊在半空里晃晃悠悠，温池的热浪咕嘟咕嘟响在耳边。那样享受的时刻是浪漫自由脱离尘世的。我和星星的事竟被他留意，让人顿生好感，也许他懂得会数星星的人多少有些意思，尽管我数学不好，数得也不精确。数学好的人也许没空仰望星空，这世界就是这样阴差阳错。

"是我和我的女儿们。"我好像在喃喃自语。

"女儿？我以为是……   ，都好漂亮，和你一样美。"他眼睛瞟向别处，话未讲完，已经羞于自己毫无掩饰的赞美。

好似泉水从沙漠深处缓缓涌出，沙，潮湿地变着颜色，沁人心脾。心情舒缓如音乐，被人赞美是舒服的。老外总是看不出华人的岁数，他一定把我当孩子的姐姐了，这也不是头一遭。

我嘟囔了谢谢，不知该说什么，便不说。   两个躺椅之间有了片刻的静寂。

"今天正餐，你是不是喝了很多酒 ？"我打破沉默，心想，他怕是还不够 21 岁饮酒的年龄呢。

那排白牙就齐刷刷地咧开："这是误会，我不能喝酒，喝一口就脸红，今天就喝了一口。"

不去戳穿，那晃荡的脚步怕不是'一口'的功绩。

他开始问我从哪里来，第几次乘游轮，接着滔滔不绝讲他的校园生活和年轻的故事。谈论日常生活往往最易拉开交谈的帷幕。他很健谈，也很单纯坦诚，像所有的年轻人一样聊朋友，谈学业，议论老师的优劣，表达度假的欣喜欢乐。

他从弗吉尼亚来，在州立大学读人体科学，是新生，果然不足 20 岁。他讲他在高中时的经历，又讲现在课程难易如何区别巨大。说起化学课便兴奋地夸奖自己，说起数学便无情地自我批评。他说自己从小羞怯，不善交往，现在在努力冲破自己这层茧。

"看不出你羞怯，你很大胆！"我笑，不大胆，怎么会这样找座位找到阿姨身边来。

"对不起。喝了口酒，才勇敢了。"他又一次偏过头避开我直视的目光，羞如少女。我心里暗笑，这么有趣的娃娃怎么让我遇上了。

他侃侃而谈，白牙优美启阖，年轻的微笑一直挂在脸上，红彤彤的面孔因为兴奋放出光芒，我精心倾听，偶尔搭言。

"本来是想请米歇尔一起来的。不，　她不是我女朋友，但我俩是好朋友，　从摇篮里就在一起玩耍。可惜她有事来不了。我大学正好放春假，她不放假。"

"是，是和父母和祖父母同行，第三次乘坐 Carnival 游船。很好玩儿啊！"

"政治，就是需要虚伪和欺骗。这是我高中时在议会选举办帮忙时体会到的，我们负责接电话，说假话替议员撒谎说他不在，是我的本职工作，哪怕他就站在我身后。"

"如果不是碰上了那位阿拉伯裔的数学老师，　我的数学一定会好很多，他讲课时的一口阿拉伯英语，没有一个学生听得懂，大家有问题都问班里的中国同学。"

"写小说？一定很不容易做吧？我学校有个同学，上大学前已经写过两本书了，是我们那里的名人。她很怪，没有朋友。你也怪，你数星星的时候，像做梦 ……"

"我的腿也伤过 ACL 那根筋，玩橄榄球时被撞的，没做手术，所以现在都不大能跑。如果需要做手术，还是要做，你就可以恢复滑雪。"

"你说的这个 The law of attraction，像哲学，我觉得深奥。你讲的正向思维我倒是天生就有，我是一个乐天派，总是高高兴兴的，有时候同学们觉得我傻。"

"我爸爸在电视台工作，他鼓励我克服羞怯心理，还帮我组织过演讲比赛。谢谢你夸我口才好，我正在进步。"

"我同学里中国人都学习好，他们聪明，用功，成绩很棒。"

…… ……

这是一张年轻的面孔，露着年轻的微笑，讲述年轻的故事，闪烁年轻的思想。年轻，是具有传染力的，好像风吹过麦田，风过处，麦尖齐刷刷地朝一个方向倒去。麦有扎在土里的根，此时，却不拒绝风的轻抚，那倾倒的景象，很美，很乐意。

水滴隐隐约约地下来，夜雨淅沥。天空上的黑暗厚了起来，看不出云的走动，却感觉到云的压力。夜，似乎变小了，包袱皮似地紧紧裹着身体。电影还在演着，早已成了背景音乐。露台上零星躺着几个爱守夜的人，半睡着。

"该回舱了，不早了。"我说。

"我，我应该送你回舱。"那张还散发着酒精浓度的粉红面孔更加红润，羞怯的目光在我脸上闪烁跳跃。

"不，不必了。你很绅士。"我诚心夸奖，觉得不够，又说："很高兴和你交谈，今晚很愉快。谢谢你。"

"我，我可以要你邮箱吗？"他眼神顾盼左右。

"……，……"停顿，我看着他微微笑着，摇头。这样，不是很好吗？一切都是浅浅的美丽。

在电梯门口，他伸出手，我回应，他半天不放。我笑，甩了甩，从他手里滑出来。他的手很大很软，年轻的温度。"另外，你很帅！"我笑道。

"还是让我送送你。"他鼓足勇气说。

"还是不必了。"我很坚定。他西装革履的高大身影和绯红面孔上整齐裸露的白牙，被电梯门徐徐地关闭隔离。电梯下落的时候，我独自靠在电梯墙壁上，面含微笑，是所有平安喜乐的人所能释放的那种最平静舒心的微笑。被年轻人当作年轻人来喜爱和认可，感觉很好。

Josh，成为家人茶余饭后的调侃话题，使这良好感觉如彗星的尾巴，在彗星划过的瞬间，长长地，长长地在天空留下痕迹。谁能忍得住不大叫出来："看，彗星！"

海滨观鱼

这片海滩并无特殊之处，船舶停靠，从船舷望去，白色沙滩上，成排蓝白相间的海滩椅积木一样整齐排列。那是一幅明信片上常见的图景，椰树摇曳，草编遮阳伞均匀分布。天不能更蓝，沙不能更白，水不能更绿。海滩椅几乎有了人类懒散的个性，排列整齐，也只是为了照顾图片的布局与美感，它们无限舒展慵懒，色彩鲜明，时刻等待人类仰面朝天的亲密接触。

因膝伤不便行走，寻了最近的躺椅。日光美美地照着，防晒油下的皮肤跳动着火红的光泽，十来分钟便烫了起来。这样的蒸烤，使面前湛蓝如碧的海洋变得芳香浴一样美妙，吸引灼热肌肤前去浸渍。一贯爱水的我浑身躁动不安，身体的每个细胞都在高声申请呼唤："让我们下水吧，please！"

接受了家人的千叮咛万嘱咐，才获得批准，我一贯的任性令他们格外担忧。暗笑，只要膝部没有有角度的移动，伤膝不会因游泳而加重，自由泳和仰泳的垂直膝部动作最适合肌肉恢复力量，原本就是医生建议的水中运动。没带膝盖支撑架，我出溜一下，浸入海水。

海水的滑腻一贯不同于淡水的清凉，它是一种存在质量和厚度的滋润，如果把淡水比作一道青菜豆腐，海水便是那道油焖虾，桔红的温暖和粘涩让人不知所措地兴奋，几乎有了些性感的燥热。仰躺在海面，盐水托举，你可以鱼一样不游不动地漂浮着，阳光透过泳镜散射着扎眼的光芒。你可以发动深层想象力，想象你是一条美人鱼，一片滑溜溜的海草，一只柔和游动的水蛇，或者，是那只塞了纸条的汽水瓶，等待着飘洋过海和有缘之人偶然相遇……

海中观鱼，已经 N 次。每每乘游轮度假在海岸停靠，　总会花大块时间戴着潜水镜浮在水里享受视觉乐趣。海洋的神秘奥妙，在那种远离尘世喧嚣的安静时刻，凝聚放大。人、海交融合一，追踪海鱼舒缓游动的努力，使变鱼的梦想成为现实。过去几次旅行，曾和海龟共舞，与stingrays 同乐，和海豚亲吻嬉戏，在彩色珊瑚礁四周捉迷藏，却从未见到过这样多的彩色鱼儿成群出没，仿佛置身于一个似仙似幻的秒境，近海遭遇这许多彩色鱼群，更是首次。几米之外，孩子们的嬉闹声近在咫尺。

设想自己成了童话的主人，在海洋里用鱼肺轻柔呼吸，用鱼眼看人类世界。海滨人类的热闹堪比王子的游船，兴奋地刺激着鱼美人用生命换取双腿的渴望，人类的喧闹是鱼世界里没有的。是不是可以近距离接触人类，才使这些彩色鱼群在近岸处安家？此处海底颠倒的山峦正好制造了鱼们可以栖身的坑洼宝地，便于鱼们躲避风暴与攻击，也便于在人类观察它们的时刻观察人类，比如此时此刻的我，和面前这群此时此刻的鱼。

　　深灰色的珊瑚礁蜂窝状地高低起伏，碗大的坑，盆大的洞，山洞般的凹陷，成就了鱼们的天堂。海岸近处有如此大片珊瑚礁实属罕见，细白沙过度为珊瑚礁，突如其来，稍微游动即可寻到可立脚的白沙高地，坑洼的礁石就在脚侧，疑心一不小心失足，会跌进洞穴，与鱼同舞。

　　这次在 Grand Turk 停靠，只戴了普通泳镜，没带 snorkeling 设备，亦未备吸引鱼群的鱼食，却意想不到收获了最美的视觉与心灵感受。长久地飘着，我时不时抬头喘口大气，再埋头观鱼。鱼群出奇地漂亮，黄的，紫的，红的，斑纹的，星点的，巨大的，微小的……，无法不赞叹造物主的神奇。一条半条手臂般长短的鱼身上可以数出二十种颜色，阳光穿透水面射在它身上，闪烁出混合变幻的光泽。女儿的小手长长地在水里伸着指向那鱼，水中，我们默契对视，相互微笑，两人紧紧在鱼儿身后尾随。

　　只见鱼们甩着齐刷刷的尾巴，整齐游动，好像有个无形的指挥在前面奏着音乐带路。最喜欢一条巴掌大的黄色扁鱼，身上整齐地排列着三条黑色三角条纹，游起来一冲一蹿，喝醉了酒一样，从不连贯，常常在珊瑚礁边产生自残倾向，慌张地冲过去，正提心吊胆，它却聪明地临时转弯，离粗糙的珊瑚壁一厘米之隔，巧妙逃离。观赏它的行为，如欣赏贵妃醉酒，美伦美奂。另有一条肥硕之鱼，半黄半红，背顶红似火，腹底黄似蜡，每块鳞片大如铜钱，专爱在珊瑚壁上咬食苔藓，一张肥嘴吸盘一样沿着珊瑚壁滑动挪移，身体和墙壁成九十度角，如长在壁上的巨型装饰，水流波动起伏，这装饰便横在墙壁上摇摇摆摆……

　　全家人陆续加入观鱼阵营，为鱼群的美妙兴奋不已。原本嫌游船停泊太近，阻碍放眼观海的遗憾，迅速被观鱼的热情抵消。我的伤腿时不时因追随鱼的转身而产生角度，引发疼痛，也统统抛在脑后，腿伤可以慢慢恢复，这些神造的尤物却是过目即逝，明朝不再。即使那晚伤腿肿痛加重，亦不曾生出丝毫悔恨，这么美妙的生物，是哪舍得去恨？要恨，就恨自己的眼睛变不成胶片。曾有过一个水下相机，恰好玩坏了不曾买新的，与其惆怅，不如把惆怅的时间拿来用目光拍照，然后存放在心底，永存记忆。

那日，后背因长久在海面暴晒，任日光留下慷慨痕迹。那些彩色鱼儿的美丽，也如这痕迹，清晰深刻，希望它们不会如日晒之痕渐渐淡去，作文记之，铭刻为字。让记忆可以重温，任美丽可以停驻。

时间，在文字里不会老去。昨天的海洋，在文字里，仍然是昨天的海洋。

帆伞飞翔

想飞，是人类由来已久的梦想。自从一百多年前莱特兄弟被飞行的欲望驱使发明了第一架动力飞行器至今，人类从未停止过尝试五花八门的飞行实验，热气球升空、降落伞抛降、悬崖高桥跳伞、滑翔机等等，人类用尽了智慧和想象力创造出各种各样鸟的翅膀，实现着用鸟眼俯瞰世界的梦想。飞，多么美妙的字眼，凌空，自由，俯瞰，悠远。如果有机会变鸟，我愿意一万次愿意。虽然信誓旦旦，却从未尝试过这些高难度的飞行刺激。真的飞，只有一次，帆伞飞翔，尽管钢缆的禁锢不能体会到鸟的自由，却体验了风筝的悠然。

帆伞飞翔，是在海面上飞翔最简单安全的一种方式。一条拳头粗的钢缆从汽艇上伸出，线一样把人体风筝放飞到高空，汽艇在海面上加速驰骋，风筝就长了翅膀，越升越高。汽艇如一个兴致好的孩子在奔跑中不停放出长长的线轴，海浪翻腾，恰似孩子稚嫩清脆的笑声哗啦啦荡漾起伏。高天之上，彩色圆形降落伞下，一对人影晃着小腿在伞端垂悬，随着风儿的吹荡，忽左忽右，忽上忽下，忽高忽低，飘摆不停。那俨然是个绝美的电影画面，彩色条纹相间的绸伞，夸张地铺在天上，从岸边仰望，那彩色的一片就组成了天空的新鲜成分，彩云一朵，夹在蓝天白云里，穿梭跌宕。伞下的人儿，此刻正经历着变鸟的震撼，高空远望的欣喜让你几乎要发出大雁清丽的尖叫。海，怎么会这么这么的大？天空，怎么会这么这么的宽？海水，怎么会这么这么的蓝？风，怎么会这么这么的有劲儿？阳光，花洒一样散落在海水细皱的波纹里，怎么会这么这么地洁白、晶莹、闪烁？

鸟儿懂得飞翔，却不懂得这样的感叹。鸟化了的人类，心潮起伏，在这做鸟的时刻，满心幸福，这是鸟儿不能企及的人类的幸福感。正因为不是鸟，变成鸟的感觉才如此撼人心魄。假如天天做鸟，大概望着岸边的人类，会恨不得鸟腿变了人腿才好，渴望土地上的奔跑，反倒成了梦想。自己没有的，总是好的，总是想追求的，人类就是在这样永久的迷失、永久的遗憾中生存着。负面地讲，是贪婪，是欲望，正面地说，是渴望，是憧憬。这样的正负交织，正是推动社会前进的潜在动力吧。理论永远是无助的，感觉，有时比理论更加现实可靠。一切不需理由，去实现，本身就是一种境界。还是回到现实的感受里来，真切、踏实地感受吧。

那年去巴哈马，我带着十岁的 SS 报名参加了游轮上的 parasailing 滑翔项目。船舶停靠，我们七八个人被带到岸边的小汽艇上。汽艇离弦之箭一样飞离岸边，向海中心冲去，据说那是一片深海与浅海的交界处，海下的地形突变，造成了颜色的差异，从高空观看海水不同颜色的过度，是极罕见的美丽景观。升空一对一对地进行，每组可在空中呆五分钟。想不到整条游轮三千多人，只有我们四五对人敢于尝试这项运动。

我和女儿被固定在宽带空心坐位上，安全带系好，明知安全，臀部的悬空仍让人感到莫名的无助和恐惧，心脏几乎含在嘴里，随时会蹦出来。缆绳突突突地放着，升空迅速，风，好像上帝的手，拎着我们头顶的巨大绸伞，毫不犹豫地把我们揪向天空。视野，门一样哗啦一下就打开了，那奇美的双色海水就在几百米的脚下，一边是浅浅的绿，一边是深深的蓝，一只神奇的画笔刷地在海面上划了一下。波光激滟，碧绿与幽蓝，都美丽得失真，如画师大桶泼洒的颜色。几只海鸥在头顶飞过，突然有了伸手去握住它们的欲望，却不敢撒手，双手紧紧握着座位两侧的缆绳，丝毫不敢松懈。SS 大声笑着叫着，小腿踢动不停。座位剧烈地晃了起来，好似飓风袭击。吓坏了的我高声制止："你要害死妈妈吗？妈妈没长翅膀，掉下去就没人给你梳小辫儿了！"成年的恐惧是无助而渺小的，少儿的勇气是无畏而巨大的。我瞭望着无边的涟漪海水，无限感慨。飞，在梦里很美，轻松自在，在现实，却充满挑战和恐惧，需要勇气来支撑。

听船员说运气好可以看到翻滚游动的海豚脊背，那天却不曾有运。那天的海面却也并不寂寞，有水鸟在水面嬉戏，一个小点儿，又一个小点儿，出溜出溜地在海面上画出白浪的字迹。感觉阳光离自己很近，无阻拦的温暖触摸借着风儿一下一下地扫着我们的身体，头上的绸伞发出抖动的声响，如一个小型乐队在开场前零散调音。

不想离开天空，不想双脚落地，不想。五分钟太短了，短得似乎只有五秒。

收揽的时候，我已经十分放松，也敢试着晃悠两下悬空的小腿了。SS 的兴奋一直蔓延到游轮上，我双臂因紧张，用力握揽，痛了三天，好像练习过百斤举重，这疼痛让那飞翔的体验在记忆和身体里长久停留，一抬臂，便想念飞翔。

时隔几年，小女儿已经长到了 SS 首次乘坐帆伞的年龄，我因腿伤无缘升空，只好把力气都使在鼓励两个女儿一同乘坐 parasailing 的工作上。这回和岸上的本土汽艇直接商洽，七十五刀一个人，竟比几年前游轮上的收费便宜了一半。踩着黑人船员用手掌搭出的梯蹬，上了汽艇，几个船员大声说笑着，哼着节奏快乐的南美民歌，船儿飞快地驶向空旷的海洋。船快，风大，面前两个女儿长发飘飘，比基尼泳装外裸露的皮肤晶莹发亮，海水在船舷溅起大朵大朵的波浪，我抱着相机，说不出的舒畅。

女儿们被放飞时遇到了一点小波折，汽艇拉着她俩在海面拖了几十米才开始升空，四条悬空的腿子趟着海水，不用看，我也可以想象那两张嫩脸上的恐惧表情。跨拉，跨拉，我不停按着相机快门儿，哈哈，你们这两个小祖宗，有你们好看的了。升空，是突然而迅速的，汽艇猛地加速，她们飘上了天空。我趔趄了一下，被黝黑大汉伸出大手扶住，他咧着明媚的白牙大声地笑着，说："我们会让你的女儿飞完了还想飞！"他黑亮的皮肤和庞大的麦穗头颅在船头高高挺立，显得分外夸张，像戏台上真正的海盗船长，只缺一只遮眼黑布。这样的联想，使这段航行变得有了些戏剧性的神秘和刺激。

意想不到，女儿们整整在天空飞行了十五分钟。几个船员流淌着年轻冲动的血液，他们用青春的干劲儿驾船，一会儿突然加速开得飞快，一会儿大幅度地转弯，天上的风筝便有了无数多变的体验，突然地高，突然地低，突然地改变航向。两对小腿在远天自在地晃悠着，她们头顶的绸伞也不停地变换形状，刚瘪了又鼓涨了，一边塌了一边又起了，即使距离几百米，仍听得到两人叽叽嘎嘎清脆的尖叫声。我心中的快乐被她们的欢乐腌制，如海浪一涛接一涛，翻滚不停。做母亲真美，孩子高兴，妈妈便幸福。而孩子总是这样地容易高兴，妈妈便也这样地容易幸福了。

风，海，天，浪，船，伞，人……成就了那天美丽的风景，女儿是风景里的主人公。虽然呆在船上充当摄影师，我仍可感受到肉体远离地面，精神接近天空的空明、高洁和美妙。

有机会让风成为肉体的帆，让云变作精神的殿，夫复何求？

花园停泊港

旧花里长出的新天地

那年搬家，正是 7 月，姹紫嫣红的盛开季节，我的花园一如既往地美丽着，在花池里劳作，出力流汗腰酸背痛满手泥泞的辛苦都在花朵张开的笑脸里得到了回报。要和那些鲜花说 bye-bye，和当妈的要扔了孩子一样，痛苦。虽然不好意思人去花移把它们一同搬走留给新主人一片空园，终究割舍不下自己的孩子。苦思冥想选了折中的办法把几样壮硕的多年生植物分枝，带走一些，让旧花入新土，岁岁发新芽，好看着孩子的生命在眼皮下繁衍生息。

秋去春来，几年倏忽而逝，种在新家的旧花果然不负我望，枝枝杈杈茂盛起来，满园春色从 5 月春暖花开一直持续到十一月寒风瑟瑟。

表现最好的一棵是最容易养的 Hosta，这花是当年一个白人老太为了感谢国庆节我在她脚趾甲上手绘的完美加拿大国旗而赠送给我的礼物，当时连同花盆包在一个透明玻璃纸里很高贵很精致地进入我的花园。玻璃纸里那个小小的 baby 植物，只有可数的六七片叶子，淡绿色的叶片被白色的边圈着，好象那白色成心要管住那绿色不让它流出来，片片的鲜嫩，美丽得让人有亲吻的冲动。就是当年这么个小 baby，现在已经成了我门前花坛里的寿星佬，家族兴旺，子子孙孙分出的孩子加起来有七颗之多，远远开车转进我们街圈，就看见它们挺直身板在我门前列队，大大的白边绿叶张扬地层层展开，每株都挺出高傲的几枝花茎，原本最普通易活的植物，硬硬地长出一副副雍容高贵的尊容来。

我于是常常因了它们这几颗倔强的生命而心生感慨，看啊，索要最少的照料，给出最多的繁殖，要求最少的营养，长出硕壮的叶片，一种善于付出、羞于得到的生命，在贫瘠干旱里仍可顽强健壮，Hosta，平凡而伟大的植物啊。

对这些养了多年的植物，我心怀人类的感情由来已久。清晨出门问早安今天愉快，晚上进门道晚安做好梦，浇水时说你们好好喝饱肚长身体，施肥时念叨你们长绿叶多开花，剪枝分芽时话最多，先安慰说短痛是为长好，再鼓励说让你的孩子独立自主自力更生吧，最后来个士气昂扬的，未来在你身上也在你孩子们的身上。

　　然后一铲下去，听着咔嚓一声根茎的断裂，颤颤抖抖的一颗心舔抹着苍白裸露的断根新茬，爱怜就揣在怀里端在手上，直到新分出的植物落地为营，在厚肥沃土的包裹中稳妥安家，水也滋滋润润地浇过了，才悠悠地呼出一口气来，心咣当稳稳地落回心里。这份细心、关心、小心、耐心，怕是只有给孩子喂过奶把过尿的妈妈才会明白。

　　我的旧花养在新土里的故事还有很多，成功的失败的、简单的曲折的，和他们开出的花朵一样五颜六色。在一年又一年的日新月异中，最容易看到时间的魔力与四季周而复始的奇迹。这种多年生植物每年长出的新天地是无论如何无法在当年生植物的姹紫嫣红里品味得到的，所以无论我的当年生花朵怎样娇艳抢眼，这些旧花的根在我心中的花园里总是越扎越深，眼里的天地于是天天都是新鲜茁壮，生机勃勃。

你，是这样变蓝的

前院儿颇具规模的花坛修好之后，就多了逛植物商店的嗜好。怎样把几个空花坛合理地填满，脑袋里预备下了若干个五颜六色的草图。可惜植物园出售的植物，鲜花绽放的并不多，只可从标签上看那些姹紫嫣红在二围空间里挠首弄姿，我的三维想象力在那些日子里得到了充分的锻炼。

怎样使空空的花圃在今后不同时间段鲜花绽放、颜色协调且错落有致，是一件抽象工作，抽象到盯着空花坛，盯着盯着，你得有本事盯出个可望而且可及的海市蜃楼来。

小苗苗一一入土时，对着纤弱的枝叶以及标签上绽放的花朵，我的脸已经提前开了花。那个海市蜃楼就要被我亲手种植出来，何等巨大的事业，脸不开花，心也已经提前预备了开花的姿态。

唯一一株没有使用想象力就买到手的花，是一棵蓝色的 Hydrangea，当时那盆花巨大的花球蓝得一塌糊涂地立在园艺商店的进口处，正在趋近门口的我，眼前刷地一蓝，身体就静止了、震慑了、惊呆了、哑口无言了。世界上怎么可以有这种颜色的花呢？怎么可以呢？是真的？70刀一递，搬回家的一路上一边开车，一边转身斜眼看它，怀疑那蓝色的可靠性。明明是可以触摸的海市蜃楼嘛，浓重的一团团天空，光明正大地落在人间，绿叶衬着大朵蓝绣球，毫不顾忌地往你眼里往你身上往你心里挤，挤得别的东西都黯然失色，这"稀有"二字此时不用，更待何时？

小苗苗长大和小孩儿长大如出一辙，培土、浇花、施肥、剪枝、分叉，和喂奶、换尿布、擦屁股、牵着小手蹒跚学步一模一样。一样样细细致致做来，一点点心思一 点一滴放进去，一天天的日子，装满爱的滋养流进土地和根茎。几年下来，成为园丁阶级的"理想"在耕耘中缓慢而具体地实现着。

"理想"这东西很有意思，你首先得"理"它，同时你还得"想"它，方能如愿。由于"理"的勤快，"想"的执着，这个半路出家的我竟然真的折腾出个令人瞩目的花园来，在邻近几条街上都数得上个"最"字。

无论我那些当年生的花朵怎样蓬勃娇艳，这株蓝色的 Hydrangea 总是最抢眼，人人进门前无不驻足：哇，你的花园！咦，这花可真好看，真蓝啊，少见少见！

　　此花真正开出蓝色的花来，用了四年时间。

　　头年蓝汪汪的花球入了我的花圃就逐渐变色，秋末花球干枯时那花是一种介于蓝色与紫色之间的模糊颜色，我并不知道土壤的酸碱性正在花茎里兴高采烈地兴风作浪，改变着花朵的颜色。等到第二年，花朵变成了紫粉色，这才大惊失色，我那稀有的蓝色花球哪里去了？红的、黄的、粉的、桔色的这些暖色调的花朵虽然张扬着一种喧闹温暖，却少了我心底一直想往的那种沉静与安详，当初如果不是那煞是不同的蔚蓝迷惑了我的心脉，何以大义凛然地花那么个大价钱买它来种？

　　智慧的 Wikipedia 救了我的迷惑，酸性花肥才会使 Hydrangea 养出蓝色的花朵，这里土壤的自然碱性只能养出粉色的花朵。

　　从园艺商店买来酸肥时已经入秋，紫粉的花球终于没有机会改变颜色，就开始面对严冬，大雪很快把被子厚厚地盖了起来。第三年的春天是伴随着我对那团蓝天色的想往到来的，可惜我的努力并没有在几个月的花季彻底见效，这株 Hydrangea 已经长得硕大，花球呈半粉半紫半白半蓝的混杂色，花姑娘的脸没洗净一样，叫人看着老想上去抹一把擦擦干净。我把它劈了根分出两棵种在园里，两棵孩子都冒出鲜粉的花球了，这个妈妈还是不干不净地脏着一张脸，没一点想变蓝的志气，酸肥却一直在施。冬天来临时，我对这株花的失望是恨铁不成钢与破罐子破摔掺杂的心情。好吧好吧，随你便吧，大美人儿，你想粉嘟嘟地随大流就随了你去，让你高贵点、与众不同点吧，你还倔，得，我不给你硬性加酸改色了，你爱怎样就怎样，我彻底给你民主和自由。奇迹（意想不到的是不是奇迹？）是今年这第四个年头才终于出现的，本来八月以后才会成球的 Hydrangea 七月冒头，就亮亮地蓝了起来，一朵又一朵，挤成一处，蓝得那么让人心痛，心醉，心痴，心迷。它后背靠着的亲戚，一片高株蓬勃的大白球 Hydrangea 映衬得这片相对矮小的蓝球格外地透蓝鲜亮，显出整园的别致和高雅来。

　　今年尚未施用过酸肥的我对着这一片蔚蓝，静静蹲下，慢慢欣赏，细声呢喃，那份安详的沉淀就从眼睛一直穿透心脏。"你终于蓝了，亲爱的！"与花儿说话，是我面对它们的习惯。它们懂得你的心，如果你愿意暴露给它。

美丽的蓝色的 Hydrangea，你让我用四年的时间缓慢与你摩擦，体会你沉着适应与厚积勃发的奥秘，把惊喜在近乎绝望的失望中送给我。正是蓝色，这神秘而深沉的色彩，盛满了我渴求你的点滴努力，还给我这份鲜活的回报。

　　你呀，原来这样才会——蓝！

宠物记

咪咪

咪咪被我藏匿，是违反校规的。舍监来查房，宿舍里的姐妹们会指东说西地打埋伏，情急了冲着舍监搔首弄姿也在所不惜。为了掩护咪咪，七位姨妈显示出的大无畏精神，多年之后仍令人难忘。（也令人怀疑：莫不是借着掩护咪咪，显示魅力？女人做点儿"美其名曰"的事情，总是得找点理由）。

咪咪是只野猫，出没于北校园与南校园之间的小河边。小河实际是条人造渠，因为拥有河流所应具备的杨柳岸与晓风残月等等浪漫元素，颇受不识愁滋味却偏爱强说愁的少男少女们的青睐。清晨与黄昏，阴雨天与艳阳日，河边都会摇晃着许多漫步的剪影。没课的晴天，我喜欢坐在河边的石头上读书，咪咪就在身前身后的杂草丛中小心出没。嘴馋，我兜里总揣着零食，读书时大脑和嘴巴必须同时工作，书里的东西才能与食物一同消化。那天碰巧揣了鱼片，那年代这是很奢侈的零食，狠了狠心才揪了一条儿放在身边的草叶上。咪咪毫无抵抗力，羞羞答答变成了跃跃欲试，以迅雷不及掩耳之势把鱼片占为己有。之后，她猫眼一咪，摄魂钩魄的魅力就河水泛滥一般。被她目不转睛地盯了一会儿，我感觉心肝肺都被她揪着扯着，晕晕乎乎，脑筋被迷得停滞，两手一撕，整袋鱼片就抖空了。看她那贪婪的吃相啊，哪剩一点矜持的娇羞？看得我真不好意思再看下去了。罢罢罢，跟我回宿舍吧，还怕八个姑娘修炼不了你的野性么？宿舍门一关，一群花枝招展的大姑娘围着你，你想不文明都不行。

虽然没人认得出咪咪的性别，我们却始终认定她是女的。她浑身棕色的软发，一抹一抹均匀地裹着几绺黄灿灿的条纹，比凡高笔下的向日葵还要多几分触动人心的艳丽。这样的妖冶，必定属于女性，男人怎配得如此招摇的色彩？

咪咪的色彩是被香皂洗出来的。第一次洗澡，猫妈我就被她狠狠地做了记号，手上刮伤的猫痕久久不愈。那时没有网络可以放狗搜索，学校里亦没有经验人士可以取经求宝，几个大学女生只明白脏脸用香皂可以洗得白净，推理到脏猫身上，理应顺理成章。

　　给猫洗澡是一项伟大的工程，大姨妈负责到公共洗手间去接冷水，二姨妈负责到锅炉房拎三暖瓶热水，三姨妈负责在脸盆里把温度调适妥当，四姨妈负责准备毛巾、香皂，五、六、七姨妈负责打下手，猫妈我担任"主洗" 的艰巨任务。咪咪显然痛恨这种人为的讲卫生行动，她想，我们野猫朝饮甘露、夕食垃圾，泥坑草窠里滚来滚去，何等自由自在？你们人类真麻烦，"卫生"是个什么东西？不能吃不能喝，要它做甚？咪咪的反抗是坚决的，刚被按进脸盆里，一盆水就被她四蹄一蹬掀翻了，几位姨妈一边七嘴八舌埋怨我手上没力，一边连枕巾都扯过来清理扣翻在地板上的水，手忙脚乱的情景惨不忍睹。宿舍变成了战场，战局是一边倒的阵势，八个姑娘 VS 一只野猫，多方输给少方，战略与战术的全盘失败。咪咪的嚎叫是惊人的，"妙唔妙唔"成了"奥唔奥唔"。我们仗着人多势众，以大胜小，实施出不折不扣的强硬措施，三个人按着她，另五个人配合，硬硬地把个臭咪咪洗香了。干燥之后的咪咪漂亮极了，她妙唔妙唔得暧昧无比，从这张床上跳到那张床上，猫眼咪得格外卖力，迷得几位姨妈春潮带雨似的兴奋，刚才的汗流浃背早忘得一干二净。

　　从此每周一次的"猫洗澡"就变成了宿舍里最盛大而开心的活动。在那些单调的学生生活里，偷偷地拥有咪咪，曾带给我们怎样的欢欣和满足啊！

　　人的日子最基本的内容即是"吃喝拉撒"，这吻合了所有动物的基本共性。区别是低等动物的日子就停留在这低等的要求上与生俱来直到黄尘没身，高等动物除了满足了这低等要求，还需要寻求精神的喜乐和灵魂的安慰。把咪咪据为己有应该算是这个精神层次的需求，"拥有"与"关爱"，在人与动物之间搭建了一座看不见的桥梁，同时满足着人的高等欲望和动物的低等需要。

　　人类笼络动物的手段一贯简单实用，喂吃喂喝，收拾屎尿。咪咪不很挑剔，几个姑娘每人饭盆里匀出一口饭，她就饱得让人嫉妒了。咪咪的便盆是从教室里旧课桌上摘下来的抽屉，问食堂的大师傅要了干燥的煤渣铺满，塞在我床下。我住下铺，不拉帘子的时候，咪咪会直接跳到床上在我枕头上小寐。拉上帘子，咪咪被那一层蓝色的薄沙阻拦，就很文明地妙唔，申请进入被窝，帘子一拉，我让她跳进来，搂着她，那毛茸茸的温暖总能让睡眠格外安稳香甜。有时我会拿咪咪温暖的身体送人情，"好好好，今天让她跟你睡！"我显得很大方，心中暗暗为咪咪叫苦，三姨妈睡觉打呼，虽然不够惊天地泣鬼神，咪咪却有得别样的猫梦可做了。咪咪却很忠诚，半夜里总会悄悄钻回来，我的清晨就总是在她毛茸茸的蠕动瘙痒中醒来。

儿时，除了在楼道里养过鸡，在水池里养过乌龟，家里没养过自由行走的动物，母亲是医生，说动物脏，身上有寄生虫，见了猫狗，禁止触摸。我却天生爱动物，小猫小狗经过，站定了不走，总是看得呆痴。在大学宿舍里偷着拥有咪咪，置母亲的戒严令和校规于不管不顾，这种压抑的释放，规矩的反叛，更加使"拥有"变得兴奋和珍贵。咪咪好似沙漠里一股温泉，给干渴的心中带来的这份甘甜滋润真是这只寸管难以描述的。

咪咪病了，我们无能为力，那时候城市里没有兽医。她呆呆地卧在抽屉里，食物只出不进，大小便失禁，几天就从新社会退步到旧社会，瘦成一把皮包骨。被我们调养得油光水滑的毛皮懒散地缠绕打结，散发着病态的无奈。她很懂事，知道自己随时会排泄，不肯再上床。我们拿出治拉肚子的西药氟呱酸，磨成粉，和匀了喂她，她不吃，药水顺着嘴巴流湿了毛发，猫眼可怜兮兮地似睁非闭，奄奄一息。那几天整个宿舍没有笑声，一下课姑娘们就团团围着个小抽屉发呆。

咪咪去的时候安安静静的，下课回来，她就那样在抽屉里一动不动。我们像往常一样，全体总动员给她洗澡，她不再反抗，整个过程庄严肃穆，每个姨妈都眼泪汪汪。

没有人再跟我抢她，入睡时，她干净的身体在我被窝里还是柔软贴心的，我亲她，她不应。猫的另一个世界超出我的想象力，会不会和人的天堂相交？我希望有一天在那里可以遇见她，那里人语、兽语一定可以沟通，我会对她说一说那从未说出口的感激。

第二天清晨，怀里的咪咪已经僵硬如铁了。抱着死猫入睡的那个夜晚在记忆里烙下一个大印，即使时间的巨磨不停旋转，也从未磨去它深刻的印记。

D当时像我的保镖，我知道他喜欢我而我没有相应的情感，他亦明白我们终究不会有什么难忘的故事，反倒兄妹一样没了顾忌，宿舍里进进出出，十分自然。我们旷了上午课，为了选最安静的时间葬她。D去食堂借了铁锹，我买了白色的新毛巾把咪咪裹了，装进一只鞋盒。D跟

245

着我庄重的步伐，朝学校的花园里走。D 一路自嘲地笑，说："人家林黛玉葬花是自己独立完成任务的，杜杜葬猫却是带保镖兼劳力的，升了一个级别呢。"知道他贫嘴逗我开心，我仍然笑不出来。D 在松树根下挖坑，我捧着咪咪的鞋盒棺材，肃穆垂首，扑簌簌地掉泪。D 仍旧呵呵呵地乐，每挖一下，就念一个字："未-若-锦-囊-收-艳-骨，一-抔-净-土-掩-风-流；质-本-洁-来-还-洁-去，强-于-污-淖-陷-渠-沟。"D 是学校诗社成员，把葬花词用在咪咪身上，此悲此景，算是没白入了那诗社。

　　咪咪走后，我陆续又在宿舍养过两只猫，男同学献殷勤送的，不知从哪里搞来的，却都不曾养得长久。一只暑假被七姨妈带回县城，走丢了，一只被教授楼前的英俊男猫拐走了。宿舍姐妹笑谈，说猫有九条命，最好养活，在我手里却都呆不住，我和猫怕是有些不寻常的缘分，同性相克，结论是：我属猫命。

　　两个宝贝女儿继承了我对动物的热爱，从小都曾立过做兽医的宏图远志。可惜大女儿对猫狗过敏，检测结果令专科过敏医生翻白眼，小胳膊上几种猫的反应范围超过了胳膊的承受面积，医生对她说："你如果真想当兽医，就只能给鳄鱼和乌龟看病了。"

　　养不成猫狗，却禁不住孩子们对动物的喜爱。宠物店是常去逛的，孩子可以在那里呆一上午，免费动物园。一次小女儿看着一只黑白相间的漂亮猫仰头问："妈妈，如果姐姐结婚有了自己的房子去住，我们就可以养一只这样的猫了吧？如果我们有了这只猫，我们给她起个什么名字呢？"

　　我搂紧她憧憬的小脸儿，微笑着回答："咪咪！"

添丁

这一天的欢喜是绚丽的，如彩虹挂在自家窗户上，进来的阳光便五颜六色，惹得心情跳舞、精神歌唱。欢喜的源泉却动荡在那小小一块四方天地。

电话里欢呼："高兴吗？你必须高兴，我规定你高兴！咱家的吉利！划时代的喜讯！""好好好！遵守规定。高兴。可是，可是，太多了吧？"他在单位被电话里传递过来的喜悦感染得不知所措。我继续欢乐："不多不多，多多益善！"

电话放了，给大宝贝发短信，竟忘了她还没下课："12 个宝贝，12 个呀，敢相信吗？"女儿回："Congrats! Silly mommy! Love u!"

客人是熟客，被我从头说到尾的激动传染，也讲出疯话：You need a party for them, New grandma!"面孔美完了仍然被我缠得走不开："难道你不想做第一位新生部落的目击者？"客人于是被迫蹲下高大的身躯，蓝眼睛和黑眼睛肩并肩注视生命的初生乍到。他们的微小、他们的透明、他们的活波就这样传染了玻璃墙外的周遭，一种发酵的膨胀在血液里激荡，谁能拒绝兴奋？蓝眼睛和黑眼睛的心脏里，有着一样的感动。

"你再帮我数一遍，一，二，三，那边草里还藏着呢，四，五，六……怎么会看不见，看，看，在那儿！十，十一，十二。"时间滴滴答答地走着，蓝眼睛被我折磨得早已热泪盈眶。环境复杂，碎石幽草，流水潺潺，发现和追踪这些太过幼小而轻盈的生命，的确是件极费眼神儿的辛苦事业。

剩下一个人的时候，我没法儿不把这件事业进行到底，一遍又一遍。双眼长在玻璃缸壁上，似乎老也数不清，也压根儿不想数清，何忍断了这注视的理由？

早知道生命的神奇，当它活生生发生在你面前，你还是无法遏止幸福的感觉，你无法不对这些美妙生命带来的欢欣鼓舞表示微笑和感激。

两条女 guppy 买来三周，就如此丰收，终究是件意想不到的惊喜，尽管漏了生产过程的现场直播。六位男 guppy，谁是爸爸？

早晨换水，吸管戳着碎石中的沉渣，怀着例行公事的漫不经心，可这"鱼食"怎么会抗拒吸管的接近？凑近一看，立刻呆了。罩着透明身体的一颗黑眼睛，圆圆睁着，努力扭动薄薄一片小身体，说满了有 2 毫米宽，6 毫米长。哪里是鱼食？是几乎看不见的宝宝！丢了吸管，气也不敢喘了，拼命爬到缸壁上，数啊数，12 条，一共 12 条！多年养鱼，终于迎来了第一次生命壮丽的繁衍。我要欢呼！

闲庭漫舞的水草在氧气气泡弹击下，左摆右摇，给小生命们一丛天然的屏蔽，谢天谢地，你们没有被妈妈爸爸吃掉。好想对你们歌唱，为你们的新生歌唱，发出鱼美人悠长遥远的呼唤，让音乐催生剂发挥穿透的力量，进入你们的身体，快快长吧，我的乖乖宝贝们。

那一天，我的 guppy 生了 12 个鱼宝宝。眼皮下突然多出一个新生部落，繁衍的力量即使在微小的鱼缸里也足够震撼平淡的日子。幸福的辐射，从一个有限的加仑，发射给无限的生活，从无到有，从稀少到繁多，从动物到人。

这一天，不再读书，远离复杂的思考与多情的感慨；不去写字，锁住文字的缠绵与奔腾的思绪。合紧计算机，关严那个嘈杂喧嚣的网络；静静地，我享受着突然拥有你们的欢乐，爱，水一样环绕着你们娇小的身体，温吞绵软。恨不得变做那堵玻璃墙，分分秒秒，数你们，看你们，摸你们；数不够，看不够，摸不够。

夜，梦里的鱼娃娃，成千上万地拥挤而欢乐。醒来，我对小丫头说："妈妈准备做 fish breeder 了！专门给朋友发鱼。"她咯咯咯笑："妈妈，别傻！Can you stop surprising me?"

鱼妈妈的死亡是有预兆的，我诊断她难产。她浮在水面上煽动两鳍，跟头都不会翻了，腹部仍旧鼓胀，腹下拖着一条类似血液的飘带。几乎为她流泪，不会施行剖腹产，回天无力。可怜的鱼妈妈，如果没有被我买来，如果没有干渴了两年恶狼似的六位男鱼，如果没有这 12 个小生命的孕育，如果……，她就不会牺牲性命。一条逝去，换回十二条的到来。崇高。

大丫头给妈妈上生物课："Silly mommy, 鱼卵是在体外授精啊。"妈妈给大丫头普及 guppy 生育史："去 You tube 上看看吧，每条都是从妈妈肚子里努了力抗争到世界上来的。"

鱼妈妈的牺牲不可挽回，留下一群清清白白的透明体活在人间，于是，死亡有了神圣的意义和膜拜的价值。母亲的忘我舍我，即使不是自己选择的，也是天意已经注定。为什么不是顺产？为什么？鱼世界如此，人世界呢？

仅仅两天，12 个鱼宝宝已经长大一倍，敢于炯炯懂懂试探着游出水草，和众爸爸们抢鱼食了。我仍旧坐在地上凝视他们每一天的成长，内心柔软。

　　动物带给人爱与欢乐，它们自己却不自知。鱼们简单的生活，游，是唯一的动机和形式，似乎没有思想，更没有理想，它们却用自身的存在，美丽和丰富着外面的世界，感化着人的心情。做一个鱼样的人，很美，也很难啊。

Fatso and Sofat

　　Fatso 和 Sofat 刚来时，3 公分长短，一摇一摆燕燕轻盈，一来一去莺莺娇软。优美是大众鱼的优美，妖媚是百姓鱼的妖媚，与宠物店里整缸成群结队的金鱼实无分别。被挑拣进入我的鱼缸，纯属偶然，即非模样出众，亦非色彩绚丽。卖鱼女的网勺一舀之间，便有了户口。

　　这扇尾鱼原本是最便宜的金鱼，一把扇子尾巴，幼鱼身上短短小小，还扇不出别致潇洒，唯脊梁上一抹渐渐浅淡的艳红，盖在通体干净的白大褂上，很有几分妖娆。大女儿早熟，那时小小年纪已懂得欣赏一身白与一抹红的反差之惊艳，配上黑溜溜一颗圆眼，自家鱼缸里住着一位白雪公主，倒真是件超越童话的喜事了。大女儿于是叫她"欢欢"。欢欢最喜闲庭散步，悠然摇摆之间，乐意给观赏之人灌迷魂汤，雪白的鱼尾轻轻一扫，直接扫在心上，心弦颤动，叮叮咚咚伴着潺潺水声，于是观鱼之人脸蛋开放了，花一样，心情飘扬了，风一般。以观鱼来养心修性，从此种下了习惯。

　　"乐乐"这名儿，自然是为了与"欢欢"配对儿。欢欢乐乐，喜上加喜，俗得可爱。

　　乐乐眼大，俗话叫泡泡眼，突然从平展的身体上鼓出一对惊奇来，不由得叫人担心，如果抗着两个西瓜踩水，是不是添了游泳的难度？这双眼又长在肩膀上，前路懵懂，方向在前方，还是在两侧？如在两侧，是依着左眼，还是就着右眸？这是人类不具备的智慧，鱼却不需要方向盘。每每看她从小城堡门楼穿越时，总悬着心，那两个鼓涨的泡泡怎斗得过石头门的坚硬？乐乐却有她天然的辨识能力和自保本领，上帝造那大眼时，这本领就一并赠送了。人类总爱以己思人，拿了自己作标尺，惯性施到鱼身上，那担心不过是"以己思鱼"的无病呻吟。

　　欢欢和乐乐过渡到 Fatso 和 Sofat，用了三年。家里来人，发出越来越多的大惊小怪："你确定她们没怀孕？金鱼这样长法儿？没见过。"原本该长着长的金鱼竟长成了方的。腰围几乎和身长相等的时候，那种肿胀的巨大，造成对每个过路人强大的冲击波。"摇曳"与"妖媚"这样的词是断断不能再用了，"粗壮""健硕""魁伟""彪悍"都可以拿来派用场。

小女儿喜劳动，我忙着，喊她："帮妈妈给欢欢和乐乐喂喂饭。"咚咚咚的小脚丫立刻响起来，欢乐的步伐。"妈妈，They are Sooooo fat！我们给她们换名字吧？欢欢叫 Fatso，乐乐叫 Sofat。"

妙啊！我撂下手里的活儿计，跑到鱼缸面前，不由分说给了小女儿一个超级结实的拥抱，亲娃娃，五岁自有五岁的聪明。名与实相符，词与意搭界，幽默诙谐的一个"so"，颠来倒去，意趣盎然的一个"fat"，倒去颠来。稚童仅仅靠着来自视觉的摄入和对感觉的刺激起的名儿，其妥当倒远胜过大人深思熟虑、辞海里遨游过的咬文嚼字呢。

接下来的三年，Fatso 和 Sofat 沐浴着人们的惊叹，仍在奋力发育。对于可以长寿到二、三十年的金鱼来说，6 岁还只是少年，未来既漫长又诱人，对鱼如此，对鱼的主人亦如此。长着长着，小床换大床，小房换大房，在人生里可能不止一次，鱼生里也避不开这自然规律。宠物店的鱼专家说："在口袋里养鱼，鱼一定长不出口袋的大小；口袋是扁的，一定长不出圆的鱼。"这正合了适者生存的公理。鱼不会说人话，鱼主人于是需要学会察鱼言观鱼色。当 Fatso 和 Sofat 开始翻着跟头才能转身的时候，我的心里已经盛不下对她们的内疚之心。该搬家换大房了。

突然想起她俩的前辈先驱，曾经一波儿又一波儿前仆后继的烈士们，如果没有从先驱身上摸索出来的经验，欢欢和乐乐何能进步到 Fatso 和 Sofat？8 年，是个成功而稳定的数字，要把它发扬光大，发扬到 10 年 15 年甚至 20 年，道路是曲折的，前途是光明的。

搬家，进行了三天。水，事先添了鱼盐和软水剂，晾两天，让自来水里的化学物质充分挥发。旧缸里的旧水，整缸垫了新缸的底，然后加三分之一新水，放鱼，让她们适应新环境。第二天，再加三分之一新水，再适应。第三天，加满，完全适应。过滤器流出来的水在这循序渐进的三天里，落差逐渐减小，哗哗江水、变作潺潺小河、再变作涓涓溪流，响在楼下。睡房门于是大敞，从不起夜的我会多次起夜，有个借口徘徊在鱼缸周围，看她姐俩可有搬家的不适。他说："别装了，为鱼失眠，也只有你了。"

几只热带鱼在淘汰下来的旧缸里定居时，小女儿问："妈妈，如果 Fatso 和 Sofat 再长大再换缸，换下来的缸你仍然不淘汰，又养新鱼，我们不是越养越多了？"我说："那多好，我们家就开水族馆，收门票过活了。"

这几天，当热带小 guppy 们沉浸在胜利繁殖、鱼丁兴旺的喜悦之中，Fatso 和 Sofat 却很不安分。她们的前滚翻、侧空翻翻得可谓越来越频繁而专业。翻得卡壳时，缸外这对眼睛恨不得冲进去拨拉一下，六角缸显然不利她们硕大的身体笔直而优美地行进了。翻身，就要得解放，是从小熟知的道理，鱼们，不应再等待，鱼主人，不应再等待。

　　Fatso 和 Sofat，如果明天你的家搬进长方鱼缸，你们的躯体注定会结束圆着发展的习惯，当你们又窈窕起来的时候，又该叫你们什么名儿呢？

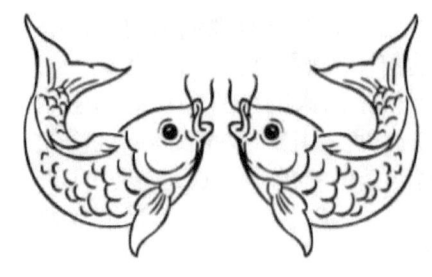

搬家

他俩"挤"在一起很久了。一个叫 Fat So，一个叫 So Fat，孩子给起的名儿。顾"名"思义，体积和重量比较有规模，如果给个"一"到"十"的标尺，是偏了那超标的一头，保守些，就算"八"吧。可以形容他们的词汇都是富贵奢侈的，比如胖如硕鼠，水中巨象，缸中霸王……

这个"挤"用的绝不过分，因为屋子小，擦肩而过只能侧身礼貌而行，又因为屋子矮，上行下去不得不扭捏作态，别扭时磕磕碰碰翻个跟头也是经常。

So Fat 的眼睛长在头的两侧，平白无故地鼓出两个大包来，看着突然，不知它要承担多少格外的重量，观看者少不得多一份担心。那眼睛又额外地蒙了一层迷茫的薄膜，两颗正圆的眼珠儿在薄膜之下立刻朦胧起来，添加了神秘色彩，加上通体金红，就高贵美丽得和观看者有了距离感，令人想着端详清楚又半途改了主意，接受它天然的朦胧美吧。

Fat So 的肚皮是清楚的白，把那硕大圆滚的肚皮显得好像几月怀胎，鳞片晶莹发亮，涨鼓鼓地反光。它背脊顶端却背着大片的金红色，漫不经心地给你一个白色之外的惊奇。薄纱袅袅的尾巴最是美丽，翩翩然轻飘漫舞，从不停止，一摇一摆都是轻盈潇洒和自由自在，那乳白透明的抖动和身边的水流浑然一体，好像一条若隐若现的裙子半掀不掀的，无端地塞给你些水乳交融的想象。一直不知道它的性别，这样醉人的美丽，无论如何该冠给女性吧。

家里来客，看到它们没有不啧嘴称奇的，"这么大？没见过！""怀孕了吧？你确定不是孕妇？""这，这，这还是鱼吗？你养大象呢？""别人家的鱼是长着张，你家的鱼怎么方着长呢？"

一直拖着不换缸，担心换了大缸忍不住又要多买鱼多伺候多花时间多花精力，无端的给自己再增加一个不小的责任。这一耽搁就又让它俩"挤"了两年。

这天换水，伸进他们的空间取出那些装饰来清洗，手就被它俩前后左右地磕碰来磕碰去。心下惭愧，觉得自己实在委屈它们太久，很不人道（很不鱼道？）。在缸前呆坐，凝视，它俩挤来挤去每翻一个跟头，我的心就痛一下，自言自语：我该死，我对不起你们。终究是人类的假情假意，不解决缸小鱼大的鱼类痛苦。的确应该是化惭愧为行动的时刻了。

本来想一步让它们过度到共产主义，买个 100gallon 的大缸，遭到家人强烈反对，理由有二，一是除了地下室找不出一面够大的墙来摆放这么大的玩艺儿，可地下室不适合观赏。二是万一鱼缸有漏裂的状况，发了水灾后果不堪设想。撅嘴。蔫蔫地收起我的空想社会主义，回到给两只大胖鱼"鱼道"的初始目的。千寻万觅，终于看到一个六角形高起的角缸定位为他们的新家。

搬家是一件高负荷的差事儿。人们搬家总要有几个月的过渡期，才能按部就班步入窗明几净的正常生活。鱼儿搬家，增大的空间，添多的水，变化的 PH 值，新加的顽石水草，会给鱼们多大的 stress，是我这笨拙的人脑想弄个水落石出的。以人思鱼，那么小的东西换缸换水大概可以和我们换房换空气等同，换空气人会怎样难活，不敢深思，于是体会出这个崭新的鱼世界会有足够鱼们适应的艰难呢。

人是以时间和循序渐进的步骤来适应新环境的，推广到鱼类，只有放慢以旧换新的脚步。加了软水剂的水早就凉好，第一天，加半缸水，落差大，听着 Filter 哗啦哗啦的流水声，难以入眠。第二天，再加三分之一水，半夜仍然起身，借着月光端详他们安静的模样，鱼的平安传染了我。第三天，加满水，它俩在新缸里悠然自得，大出的空间显然令它们的自由加倍，没看出 Stress，倒看出些超然的优雅来。搬家的危险期总算平安度过，夜可以成眠了。

淘汰的小缸变成了 6 条热带小鱼的自由天地，摆放在人多眼杂的地点，图吉利，为了那股游动的活波之气，家人的笑声里都好像有了些鱼世界的湿润。

故意让两只鱼缸的水都不太满，Filter 的水流于是有个足够的落差落到缸里，潺潺的水声就时刻撩人心扉了。沙发上一坐，眼前是一个有框的小海洋，耳边是一个没有季节的河流没完没了地流淌。

搬过家的是鱼，我的心却也跟着鱼的新家做了重新调整，好像春天的绿摸去了冬的白，世界有了个颜色的转变。我开始养成长久坐在鱼儿对面的习惯，凝视它们美丽的游动，体会那种祥和的心境，无限平安。

这些没有思想的鱼类，整日只做一件事：游。不焦躁不烦扰，以自身的美丽给人慰籍与平安。我们做人，劳碌终日，忽喜忽忧，如果多一份鱼样的随和，生活也会添加很多鱼样简单的满足吧！

在鱼的天堂里对话

这是一个沉闷哀伤的早晨。坐在窗前，一株参天的树孤单地支起一片灰蒙蒙的天空，无叶的枝桠凌厉出寒冬的坚硬和冷漠，风，似乎也被冻住了，没有一丝摇动的痕迹。银白厚实的雪，盖出无数统一的屋顶，特点的消失使悲伤的心情里加入了无边无助的迷茫。

有哀乐响在耳畔，没有掉泪，我惊奇于自己并没有掉泪。人类的渺小相比于自然界的生死泯灭，只是一种微不足道的自怜自叹。对生命的惋惜之情此时正在我心中奏响哀乐，委婉低沉的音符只有沉寂中自己的心脏可以聆听。没有人来分享悲伤，我独自吞食着今晨那一瞬间的惊诧。你俩一动不动的身体横在眼前，圆睁的双眼如此凝固，如此安详。眩晕，几乎让我摔到。我扶着你们的玻璃家，一遍一遍地诅咒自己，我干了什么？我到底干了什么？

我其实很想哭。逝去的不会回来，眼泪至少可以让自责的心脏，有一丝湿润的温度来软化悲伤。让苦痛随着泪水流出身体，也许会让我可以尽量超然地面对死亡。显然，我做不到超然，没有眼泪，心脏在那一刻死一样寒冷。欲哭无泪。极度的震惊，使身体停止了一切活动，包括制造眼泪。

我不愿面对你俩的死亡。八年了，我和你俩朝夕相处。清晨的鱼白肚刚刚泛上窗棂，睡眼惺忪的我，就会裹着睡皱了的睡衣蹀到你俩面前，"早晨好！"我的微笑总是在看到你俩壮硕却飘逸的身体时绽放，你俩拼命地游到我面前，好像那是一条湍急的河流，那份努力赶得上每条暴风雨中抗争的鱼类。那每一个这一天便在你俩的兴奋中开始的如此美丽而迷人。你们争抢着那些漂浮下沉的颗粒，小嘴儿开合出美丽的圆圈儿，饮食的快乐在你们争抢的举动里体现得淋漓尽致。你们扇形柔软的尾巴甩出的动荡，丝绸般擦抹着我的心脏，擦得心脏明亮而艳丽，让它脱去了睡眠的滞顿，兴奋地跳动起来，节奏清晰有力："生活真美！"心脏轻声呢喃。

你俩刚来落户的时候，只有两公分长短，一公分宽窄，孱弱的身体令我分外怜爱。我喂养你们，照看你们，端详你们；我对你们说话，对你们微笑，也对你们叹息；你们以惊人的速度成长着，你们的巨大在三年之后变得惊人，人们赞叹着你俩另类的庞大，怀疑地问："这么胖？

你确定她们没怀孕？"我为你们的体积骄傲，你们显然接受着一种没有原则的溺爱，你们的回报就是让我面对人们的夸赞油然而生无限骄傲。

每当我坐在你们面前，你们玻璃家外面这个世界的喧嚣就从身边悄然遁去，我在你们优雅的游动中感受平安随意的安慰，感受无欲无想的境界。我可以长久地和你们对视，你们的每一下倾斜，每一个转弯，每一回俯冲都在我眼中融化成独一无二的美丽和祥和，你们让我享受静止的快乐，享受宁静的滋养。我时常渴望自己拥有你们的单纯，你们的幼稚，你们简单的生命。当你们的美好使我感觉美好的时候，我总是对你们满怀感激。

八年，你们给过我多少次灵魂的按摩？八年，你们是怎样无声地安抚我动荡的心魄？每次我的接近都会迎来你们欣喜的雀跃，你们乞食的激动感染着我，板着的脸笑出动人的纹路，低沉的情绪高昂起来，没有什么可以抱怨，简单如你们，便是一种难舍的境界。为什么欲望总是无边，为什么欲望制造苦恼，为什么人类总是责怪这也不够、那也不足？在你们的玻璃房子里人类这一切显得滑稽可笑，幸福在你们是一种基本的技能，在吃饱的那一刻就可以轻易拥有。感受幸福，是一种艰难的功课，你们每一天都在充当我无声的老师，不收学费。

我试图回忆事情的经过。惰性，在节前的忙碌和节日的松弛里放大。水草挤满了过滤器的吸孔，像一群摇曳的妖女。缸壁蒙上了雾蒙蒙的夜色，缸底的石子缝隙充斥着肿胀的鱼食。我终于耐不住那层雾色中的肮脏，对你俩深感抱歉。软水剂是新买的，陈水已经晾晒了几周，自来水里的漂白剂和氨剂在这几周的调整中没有理由再对你俩产生杀伤力。过滤器是用牙签一格一格清理干净的，脏水的进入没有理由阻止交换过的清水顺利流出。吸管的吸吮避开了你们庞大的身体，温柔小心。我始终没有明白为什么这次致命的换水会夺去你俩的生命，是新买的软水剂成分变化?还是新水的 PH 值改变了你们习惯的生存环境？我只换掉了小于三分之一的水量，每个步骤都是八年来始终如一的习惯，为什么你们就这样没有任何征兆地去了？为什么？

静静地摊开计算机，我的悲伤已经在文字中渐渐冷却。上帝常常在我们没有准备的时候以极其简单的方式暗示一种宿命，提醒人类转折的意义。没有一种快乐可以永远持久，没有一种拥有可以永远不朽。

我把你们轻轻藏在一个通风的隐蔽处，你们将成为我最荣耀的标本鱼，让你们在人间留下两团固定的美丽。女儿曾断言妈妈的这项爱好多少有些另类，今天她俩却懂事地住了口。她俩搂着妈妈默不作声，她们明白八年可以融进多少珍惜，可以建立多少感情。"妈妈，不难过！我们爱你！"两对眼睛直直地望着我，两粒大大的眼泪从小女儿眼角轻轻滚落。那两对红红的眼圈里闪着如此温柔的光芒。我苦笑了一下，替女儿擦干泪花。"没事儿，鱼生亦是无常的！"我是成人，我需要在孩子面前表现平静和坚强。

世间的一切有的会在红尘滚滚之中诞生、成长、壮大、衰老、消失，有的则突如其来让你猝不及防，不可预告的一切成就着世界的千变万化。小小两条美丽的金鱼算得了什么？不需要理由，猝死本身就是一种宣言，他们用微不足道的生命昭示了生命变化无常的真理，修炼人类不以物喜不以己悲的坦然大度。面对心爱之物的永久消逝，我们需要学习接受现实，平静面对。

死去，本身便是一个新的开始，正像人类离开地球走入天堂。在动物的领域里，我愿意相信鱼儿也有天堂，并假想它可以和人类的天堂接轨。我愿意有一天在那个温暖的圣殿里，与 FatSo 和 Sofat 勾肩搭背、谈笑风生，我们没有了人与鱼的不同样式，我们说着共同的言语。在鱼的天堂里，我和他俩继续对话，像朋友一样。

安息吧，我的鱼宝贝们，在鱼的天堂里，再见！

豆豆

豆豆刚来时，不足一岁。右肩扛着一抹雪白，在通体灰色中间好像夜晚深沉的天空一弯明月照着。与这条雪白遥相呼应的，是白白的右手和白白的鼻头儿。那小手袖在身子底下，不招不摇，那截雪白只有剪指甲时才乖乖让人端详。小鼻子却白得醒目，一翕一动，闪着嗅觉的灵敏之光，伸出三五根长须，扇形分布，张扬着与人类的区别。

从她身边经过，她突然直溜溜两腿站起，小白手往胸前一握，圆睁双眼，淑女的端庄就有了震摄的力量，目光里流淌着泪汪汪的渴望："抱抱……"

忙着，我会弯腰给她抓把提摩西干草，伸手轻轻把她从头捋到尾，看着她匍匐出松弛的长度，嘴里念叨："乖乖豆豆，我现在忙呢，有空了再来抱抱，耐心点儿。"

不忙，就会弯腰双手揽起那软腰，把她从笼里掏出来，照例先抖抖她小手小脚上的木屑干草，然后紧紧圈进怀中。她整个身体就着臂弯安全落户，舒服地松懒着，如一个刚吃饱的婴儿，很幸福的姿态。我的按摩是专业级别的，隔着厚厚的毛发，沿着脊梁骨，绿豆似的骨节一节节轻轻地揉捏行走过去，肉多肉少的部位都照顾周全，连薄薄的耳朵也绝不放过，小心打开折着的尖端，拇指和食指一上一下地搓。豆豆的眼神就朦胧了，似睁非闭，世界在她的兔脑袋里一定是最完美而休闲的时刻，她想，我是一只多么幸福的兔子啊。彼时彼刻，她的主人怀里拥着这么个温暖柔顺的活物，也忍不住想，我是一个多么幸福的兔妈妈啊。

幸福会传染，有着双向流动的本质。给周围人兽花鸟带来幸福，自己的幸福自会加倍，于是更有动力把多多的幸福输出、传递和互享。圣经上说，万事互相效力。这幸福与被幸福的相濡以沫，恰是互相效力的典范，画美一个理想的圆，什么"发脾气""埋怨""不满"这些坏东西，都少了安身之地，你说，养动物是好还是不好？

"嫉妒"这坏情绪还是有的，怀抱豆豆的时刻最遭嫉妒。被妈妈抱大的两个闺女没有抱揽婴儿的基础训练，更缺乏换屎换尿喂水喂饭的耐心与容忍，豆豆的疏远不过是自然规律，一分辛苦一分甜，草木皆知，何况有眼神有温度的豆豆？婆婆妈妈的真情真意照例不声不响地胜过甜言蜜语的假情假意。豆豆于是犟得理直气壮，硬是要把这偎依的甜滋味留给那唯一为她辛苦为她甜、不忌屎尿不忌臭的老妈，俩丫头的嫉妒只好自生自灭。偶有不死心，丫头们跃跃欲试去抱，豆豆就只管扑腾，利牙利爪都会用上，奋力要逃。我接过豆豆，一手抱着，一手伸出去揉着女儿身上豆豆利爪留下的划痕，遗憾地说："看来，不嫌屎尿臭，始为兔儿妈。宝贝，做到不忌屎尿臭，需要进修一下为人妈的基本课程，使出母爱舍己无私的大无畏来，才会换回兔妈的幸福呢。"

本来喜欢洁白的动物，买这豆豆，却依了两个孩子。白兔子那对红眼睛在大丫头眼里是恐怖而血腥气十足的，小丫头立刻随声附和，姐姐的主见往往就是她的主见。没发现什么高科技可以把白兔子的红眼睛变黑，灰兔兔的黑眼睛于是有了珍贵的意义。

不知道兔子是不是会闭眼睡觉，这只兔是从来不睡的，至少是坚决不让人看见她睡觉这一活动的。心想，又不必脱衣服去睡，难道在兔脑子里，还在乎这一层羞答答的隐私？那对大眼睛总是睁着，持久地浑圆明亮，无论何时与她对视，都满怀深情地回望，好似一颗开苞的黑豆子，鲜鲜嫩嫩，让人爱得几乎产生食欲，于是有了"豆豆"这名儿。简单俗气的名字好养活，从小就听大人这么说。

豆豆原来有个英文名字，叫 Butter Cup。Butter Cup 的旧主人是个大学生，后来换屎换尿的时间都要为毕业论文让位，Butter Cup 就变成 Litter Cup 了，只好狠心把她过继出来。小闺女问："妈妈，你说我们改了她的英文名儿，她不会听不懂中文吧？" 我严肃地答："她还不到一岁呢，科学研究证明，12 岁以下学习语言都会是地地道道的，咱们规定对豆豆只许说中文，她很快就会变'华裔'了。"

豆豆聪明，一听喊"豆豆"，小脑袋就抬起来，耳朵竖着，渴望更多中文的摄入，看，熏陶的力量是无穷的。她听觉灵敏，风吹草动都会左顾右盼。我习惯抱着她一边给她按摩一边听女儿练琴，音乐声中她总是很沉醉，软腰伸得长长的，腮帮子软软地嘟噜着，陶醉得不知该怎么歪歪懒懒才算舒服，很像我去听歌剧时的情不自禁。一年我只去听两三场歌剧，她却天天有音乐会听，她那毫不掩饰的享乐态度简直令人类也感觉不好意思呢。

豆豆好吃，随了兔妈妈的馋。干草粒儿落进饭碗儿里的劈哩叭啦声一响，立刻警醒，双腿站直，小碗儿还没落下，小手早早伸出来拔住碗沿儿，嘴巴已经伸进去，三瓣嘴兴奋地蠕动，格滋格滋地嚼。彩色的点心豆儿，一天只喂一两颗，像咖啡里的糖、看电影时的爆米花、女孩儿嘴里的话梅，我把这贿赂的机会让给小女儿，想检验一下屎尿臭的苦差与蜜糖甜的美差究竟哪个更有亲和力。"She is Sooooooooo cute！"

小女儿喂完了死盯着豆豆看，脸上开着菊花般的笑容，那笑容停留了两分钟，在豆豆隔着裤子狠抓了一把之后变为哭像："她为什么不喜欢我抱她？"我象征性地拍打着豆豆的屁股，骂："不许有暴力倾向，看以后还有没有 snack 吃！"转头安慰小女儿，多少有点儿幸灾乐祸："你看，把屎把尿的功劳就是胜过糖衣炮弹，一个是同甘，一个是共苦，同甘容易，共苦难，连豆豆都明白。"

豆豆每天都有专门的运动时间。她蹦跳的功能需要时常的蹦跳来熟练和使用。在家里运动的时候，我需要守在她身边，防止她那不停生长的小牙牙兴致勃勃地在家具、电线、墙壁上啃出记号。兔子天生会打洞，没有洞可打的现代房屋里她最喜欢往床下藏，去寻找洞穴那黑暗、封闭、安全的感觉。时间到了，该回笼的时候她和所有贪玩儿的孩子一样迟迟不归，我总是号召了小女儿，使用两头堵截的绒毯阵营来逼她就范。此法是小女儿发明的，豆豆的快速奔跑让我们笨手笨脚的人类素手无策，大大的毯子往她身上一罩，她就不知所措了，趁她在毯下恍惚："这是什么东西？"的时候，我们已经隔着毯子抓紧了她。"坏豆豆，听话！"小女儿抱着她往笼里放的时候小嘴一直念叨着。"妈妈，豆豆亲死了！"她一如既往地总结道。

夏天天暖的时候，我会专门给她栓上颈绳带她出去玩儿，她却是个非常羞怯的淑女，习惯了温室里的无风无雨，面对青青绿草习习微风多少有些不知所措。她乖乖地蜷缩在我脚边，从不远跑，那颈绳的牵制作用变成摆设。她的出现，总能招惹小朋友的聚集，孩子们围着她指手画脚，每只小手都渴望在她异常柔顺的灰色外衣上抚摸一下，留下他们热爱她的温度。豆豆两眼圆溜溜地睁着，一泓清泉流淌着。她心想，好幸福，这么多人喜爱我，被人宠爱多么好。

兔爸爸是最悠闲的。出大力流大汗的机会仁女人不跟他抢，可惜豆豆的成长几乎不需出大力流大汗。兔爸爸天生怕老鼠，家里的老鼠笼他是不敢走近的。小丫头逼着他表态："你到底喜不喜欢豆豆？"他踟蹰再三，就差脸红了，老实坦白："你看豆豆像不像一个放大的老鼠？"可怜人啊，偏偏碰上这群爱鼠、爱"放大鼠"的女人们，命运，你怎么能不感叹？怎么办，受着吧！他却得天独厚拥有一个特别享乐，就是看着自己的仁女人围着鼠呀、"放大鼠"呀欢天喜地。他这唯一喜乐因为巨大而且澎湃，与仁女人的喜乐加起来正好相等，于是生活的天平稳稳当当。

有时想，如果没有兔子这种不大不小的毛皮动物，家里有个对猫对狗都过敏的女儿，我们哪里去寻这些又脏又臭又幸福又嫉妒又欢喜又踯躅的人生体验？

豆豆，谢谢你！小"华裔"，你可听懂了这句中文吗

？

雷雨交加

请别忘记雨后

会出现那弯绚丽的彩虹

雨后的虹

伤痛篇

"腋下"与"杰雷米"

一切正常时，人不会感觉到自己的身体。比如"腋下"，如果不是艳阳高照的盛夏，浊气与香汗从那里不容分说地散发出来缭绕空气，你一定不会想到这一对永远素面朝地的阴暗之处会对人生产生什么意义。

腿脚双膝，载人行走四方，纤手玉臂，提拿人生重担，心肝肺胃肾脾，保证生命规律运行。人类每日眼皮一睁，一天开始，朝九晚五，全身各部位协调运作，身体在不知不觉中承载生命的轨迹，健康的你我，可曾注意到自己的身体部位？开着车，你可曾留意你的手脚怎样协调运作完成方向盘的每一下转动和油门刹车的每一回踩压？一转身一弯腰，你可曾发现颈、腰、臀的每一块肌肉齐心协力漂亮的共同合作？只有当病痛困扰之时，你才会发现身体的存在，你抱怨：脖子扭动不利，后背酸困乏懒，脚腕肿胀难行……这些部位因为不适，变的如此重要和不能忽视。上帝就是用这种方式来提醒我们放慢脚步、注意休息、强身健体和爱惜自己。

圣经哥林多前书十二章有很多关于身体的描述："上帝随自己的意愿造了好些肢体器官，把它们安置在同一个身体上，各就其位。""肢体器官虽多，但身体却是一个。"

当我们忽视了部位的存在，我们也在忽视着它们整体运动之中的个体功绩，省略着对个体应有的重视、关爱和感激。

"I feel my legs!" 是和我一起骑车运动的克里斯廷的疲劳宣言，回答我"Are you tired?"的固定语句，这往往是骑了十公里之后的预期回答。"Ok, let's go back." 我们顶风微笑，二十公里运动带来的腿部疲劳是个良好的疲劳，令人欢欣鼓舞，证明我们的运动卓有成效。你好像可以看到肌肉组织在这种美丽的疲劳中滋滋生长，成熟壮大。感觉我们的身体，在这种时刻的确是一种潜意识的渴望，它承载着人们对身体健康强壮的倾心向往。

感觉"腋下"，却是件新鲜事儿。100 个仰卧起坐之后，会渴望感觉腹肌的酸痛，因为腹部会因此平坦坚实，20 个俯卧撑之后，渴望 feel 肩肘的酸胀，因为肩肘会因此壮硕有力。腋下，这个仅仅会制造汗液的部位，有什么内容可以去吸引我们去感觉它？

滑雪。命运在雪山上一个失控的瞬间拐了一个小弯儿，让我暂时丧失了一条腿的行走能力。腋下，突然变得重要，它们的强大有力和不可替代，让我唏嘘庆幸自己拥有这对腋下。双拐可以靠着这对尤物的支撑，把全身重量转移，让一条健康的腿前移，让另一条伤痛的腿悬空保持闲置状态。如果没有这对腋下，怎能完成这种完美的人造协调来给健康之腿跳行的持续力量？怎能给伤痛之腿一个合理的休息机会？人类直立行走的功能因为有了"腋下"这个部位，仍可在缺少一条腿的情况下继续发扬光大。

从来没有感觉自己是如此沉重，短短几步路，似乎用了一年。腋下，默默坚持，酸痛了，不气馁，不放弃，每一步的终点之后都会是下一步充满希望的起点。周而复始，生活就是这样，无论艰难还是容易。

谢谢你，腋下！我气喘吁吁地放下双拐，用爱恋的眼神凝视它们，轻揉因摩擦与支撑微微发胀发痛的腋下，满怀柔情。我几乎在庆幸自己有了这个事故，它教会我去注视平时忽略的问题，比如这个可以在最困难的时候承担全身重量的"腋下"，它平素默默无闻，关键时刻挺身而出肩负重任，坚韧地承担起帮我恢复健康的重要角色。

它的美丽是低调的，素面朝地，掩面含羞，不肯见人。如果我可以用服饰来表示感激，我愿意用金丝银线来精心点缀，把它们翻转扛在肩上，招摇过市。它们会喜欢这样张扬的表达吗？不，不会！有一种美丽永远在幕后，悄无声息，默默贡献，造福人类。

杰雷米，亦是一幅如此美丽的风景。

那天是杰雷米开着雪摩托拖着我的担架抵达山下的诊所。他温暖的大手紧紧攥着着我冰冷的手，用他的温暖让我快速升温。我的身体虽然裹在山下诊所的电热毯里，仍然冷颤连连，上牙下牙咯咯嗒嗒敲打出动人的音乐。我因静止而迅速失去了温度，上了夹板的腿部疼痛难忍，使我想起生孩子的时刻。

"I know I am in good hands."我微笑着说。"And I love this special experience, being disabled and being cared."我嘿嘿笑了起来。忘却苦痛，是苦痛时最好的良药。任何经历都是生命的财富，笑对人生，是期待生命还给你微笑的唯一手段。

杰雷米暖好了我的手，就开始吃他的三明治，下午 2 点，那是一顿推迟的中饭。我们聊天，东扯西拉来转移我的注意力。他说："我在周日上班的时间里，做必须做的事。在周末的业余时间里做我喜欢做的事。"他喜欢的事，就是滑雪季节每个周末都在滑雪场做义务救护，没有薪酬，十年如一日。

我想起躺在他拉的雪撬上那平稳快捷的感觉，遨游，在雪海上。

这座雪山是我经常去滑的山，雪道宽阔平展，白绸子一抖，从山上波浪着铺展开来。我在半山腰的一瞬间飞向半空，落地便一动不能动，一条腿火烧火燎，钻心疼痛。四个救护陆续前来帮助，对讲机滴滴答答的信号响在洁白清冷的天空。全身检查，上夹板，安放担架，安全带，启航。

风如帆，我躺在雪浪上颠簸飞下。一条手臂被留在安全带外面为打手势备用，两个救护在两侧护航。阳光从裹着我的厚毯子一侧斜斜地射下来，很亮很亮。我眯了眼，天，从来没有如此蓝过，云，从来不曾如此白过，一切都好像神话，一切就是神话。船长杰雷米，正驾船载我进入安全的港湾……这生，我忘不了这次雪上的航行。这生，船长杰雷米，这个长着连鬓胡须，双手如火炭般温暖的金发男子，永远留在了我的生命相册里。

杰雷米说膝伤在滑雪场是常见伤，算小伤，只有伤了脊柱和头部，才定性为重伤。我暗自祈祷，感谢上帝。他又指着墙上的骨骼挂图，给我讲解膝盖的几根韧带和骨骼，他说他哥哥摔断韧带，手术连接后又滑了十年雪了，损伤的膝盖比健康的膝盖还要强壮。这样的安慰和鼓励，迅速驱散了我心中的畏惧。

"你估计是伤了筋。等你暖和起来，等你先生孩子滑过来给你甜蜜亲吻之后，你就可以去医院拍片治疗了。"他说。

"哈哈，亲吻怕是等不到，我们华人不习惯当众亲吻。"我嘿嘿笑着。

"Well，那我们今天就要逼迫他当众亲吻你。"

诊所里笑声一片。我不是一个躺在电热毯里忍受疼痛的伤员，倒像是一个派对中肆意欢笑的明星。

……　……

腋下。杰雷米。

他们拥有一种共同的无名英雄的质量，用自己微薄的能力默默助人为乐，造福人生和世界。卑微变为尊贵，低贱变为高尚。不需敲锣打鼓，不需颁奖表彰。人类因为有了这些不会说话的部位和这些可以说话的同类而变得温馨四溢，充满希望。

文章接近尾声，我已经开始庆幸这次意外事故。伤痛，是个最好的老师，它让我看到平凡中的伟大，和被健康掩盖着的许多美丽。它会成为一片珍贵的书签，夹在人生这本大书的重要篇章里，即使阖上书，也可轻易查询翻阅，指点未卜前路。

　　必须承认，穷尽一生，在生命这所学校里，我们也永远只是一名懵懂的小学生。

卧榻记

静止

这几天的静止，是迫不得已。

当人自身生存的状态发生了变化，比如直立行走变成了水平歇卧，心境必如天气变换，在外界看不到的内心深处倏忽来去，或风或雨、或晴或阴，漂泊不定。诚然从小就是个多思的女子，那少女的幻梦也早已被生活的历练磨掉了虚幻的花边，在鼻可嗅、手可触、眼可及的三维世界里，现实庞大的姿态，从来让人无法躲避。思想难免被身边的衣食住行柴米油盐所占居，距离物质世界近的时候，精神世界便悄然远去。人是有限而平衡的，无法十全。有时会耻笑自己庸俗的程度好像脚底的老茧，路走得越多，便越来越厚了。却不喜欢老茧，要时常去刮去剪，哪怕只有短暂的舒适。

卧榻上的静止，成为奢侈。躺卧，除了被褥，身体几乎不和周遭的物质世界发生具体接触，身体各部位的功能都暂停使用，忙碌遁去，留给思想一个清闲舒爽的时间和空间。思绪可以天马行空入天下地飞翔腾越，思想，在自由驰骋，没有任何时空的绑束。顿悟，思想的自由，只有在时间和空间的双重许可下方可实现。而思想内容的潜意识和无意识流露，倒成了松弛状态下最真实的存在，凝聚着往昔岁月在逝去的生命中打上的点滴痕迹。这种任意的思想，本身就是一种单纯原始的美丽，如初生裸体的婴儿，即便丑陋，也是一种千金难换的不舍不弃。

母亲七十寿辰过后曾对我说："这一生，愚蠢啊，忙来忙去，从无时间静下来思考。退休了，才发现，因为缺少思考，干了很多傻事儿。"

母亲的自责不免片面，即便有时间周密思考，花无常开，月无满月，人，终究是会干傻事儿的。我却庆幸自己不必等到七十才对生命中的遗憾唏嘘叹息，在文字中思考，早已成为习惯。而此时，思想的自由和自由地去思想，又在身体不适之时得到最大限度的满足。法国十七世纪数学家、物理学家和哲学家帕斯卡曾说："人类的全部尊严就在于思想。"能够意识到思想的重要性已经是生命的一层飞跃。

　　因滑雪摔伤了膝盖，肿痛卧床之时，我不为伤痛哀伤。生命中所有遭遇，都有其必然性：必然的喜与必然的忧。静止中，思想能够轻松地放飞。虽然憋在病榻上，却如在山峰上吞云吐雾，日头从山洼跃然腾出的喜悦，随着思绪时隐时现。

　　每一次看到硬币的两面，我都会庆幸生命的赐予。

梦

四周混沌模糊，人形没有清晰的边缘，黑白色，像旧电影。我在疾行，有人如影随形在身边跟着，对我说着雪山上的事：陡坡被坚冰覆盖，一个三四岁的小女孩哇哇地哭，不敢滑下，她母亲眼里露着焦虑不安，薄薄的嘴唇不停蠕动，流淌着一切可以鼓励孩子下滑的字眼儿。

女孩儿的故事，风一样刮在耳边，我的脚步更快了，大脑里不停鼓励自己加快速度，救护在山下，小女孩等不及了。脚上却没有雪板，行走是双脚着地的感觉，而且是走在平地上，左腿隐隐作痛，没有阻碍疾行。

碰撞突如其来，心惊。剧痛在内膝火辣辣地燃烧，我想喊叫，却猛地从梦中醒来。

原来是架高的腿从枕头上滑下，跌在床上。僵硬如树枝。

伤了膝的第一晚，我无法从这种半真半假、半梦半醒的状态中逃出。肢体的不适，紊乱了整个神经系统，左腿每一下微小移动，都会触发痛感神经的大规模兴奋。膝盖肿如发面馒头，打了绷带，越发显得臃肿，馒头升级为刚出炉红扑扑光滑膨胀的面包。架高，无数次冰镇，配合消肿止痛，痛却不止。左腿似乎放大为身体的唯一部位，全部感觉只为这个部位而存在、而警觉。绷带下面滚着火烫的岩浆，通过血液向全身放射不安的信号，丝丝缕缕，冲冲突突，不停不歇。

整夜做梦，梦里总是疾行，那条不能行动的腿则是疾行的健将。每每从梦中惊醒，墙钟只移动了三五小格，离上一个梦仅仅十来分钟，度梦如年？混混睡去，疾行之腿继续疾行。

首次关注反梦的意义，潜意识里希望伤腿可以复原疾行的欲望，正火辣辣地在梦中反复重复。这夜做了无数次神行太保戴宗，走的许多道路，却只在垫在脚下的高枕头上打转。

疼痛，是身体最本能的自我保护手段。痛，使人丧失行动的能力和体力，强迫的休息是必然结果，上帝就是通过这样神奇的创造来协调人生的不同状态。需要休息的时候，你必须休息，别无商量。身体在休息，梦却在忙碌，它辛勤地做了一个又一个，受伤时的记忆碎片在那里胡乱拼凑着，支离破碎。

小女孩在高坡上的胆怯发生在摔倒之前，小女孩的母亲也的确曾苦口婆心。那幅画面是否对我产生了某种心理压力，不得而知。那个有些冰层的陡坡滑过多次，轻车熟路。我摔在坡下平缓的地方，没有一丝一毫的预兆和准备。只记得腾空的一瞬，左腿几乎和身体分离，全身的血液忽啦啦涌向那条腿，火烧火燎。"别动，谁也别动我！"我痛得几乎背过气去。这腿，伤了，第一瞬间，我已不再怀疑自己的诊断。

　　我一直在笑，和家人笑，和救护笑，和医生笑。我知道自己善用精神的力量抵御痛苦，这是有意识的精神努力。主观上，我绝不相信这条腿会落下什么毛病，它会很快恢复，和从前一样。总要面对已经发生的一切，与其愁眉苦脸，不如笑若春花。

　　梦，藏着一切潜意识和无意识的思绪。疾行，健步如飞。

　　当晨光刺破窗棂，梦中的疾行终于到了终点。我感慨于这无意识的梦境和有意识的精神态度极致的吻合。这种天然的统一，注定一切会在时间里找到答案。两年后的雪山上，也许又会看到自己腾越的身影。

　　时间，在钟表的滴答声中，缓缓前行。

及吾无身，吾有何患

圣经腓利比书四章有曰："应当一无挂虑；只要凡事借着祷告、祈求、和感谢，将你们所要的告诉神。神所赐给人意外的平安，必在基督耶稣里，保守你们的心怀意念。"

彼得前书五章亦云："你们要将一切的忧虑卸给神，因为他顾念你们。"

感谢上帝悉心看顾，赐我伤痛中一颗喜乐之心，赐我肌体康复所需能力。

第一天受伤，左腿完全瘫痪，一动不能动，重如铅柱。

第二天，好转，可轻微活动，疼痛略轻。

第三天，落地柱双拐，少量行走，力量滋生。

第五天，室内脱离拐杖缓慢行走，处理简单家务。

第七天，独立上下楼梯，一步一阶，膝部可以少量弯曲。

第十天，出门。开车。强力护膝腿部支撑架。行动缓慢，微痛微涨，基本自理。

生命起伏，如潮起潮落。但终究会阴云散去，霁雪清风，红日高照。虽未及阳春三月，亦觉万物生光辉。

十天，不长，人生路上，如表针一晃，小小一声滴答，却足够长来体验深度人生。体验身体每一丝细微之感觉，体验精神每一瞬思想之火花。身体，因伤痛，前所未有地在生活中放大、放松；思想，因偷闲，前所未有地凝聚、流畅。

作文五千字。听完唐宋八大家之欧阳修教程、刘心武之红楼梦秦学研究，读完散文作家存朴之《慢生活》、半本 Carol Shields 的英文小说《The republic of love》及零散诗词音画书籍，为小女编织围巾帽子一套。闲读之余，游戏 Tetris 玩破纪录。

不惑之龄，几许衣冠不整，松弛自在？何曾香枕虚卧，终日不起？这悠闲十日，自由且自在。肿痛与行动不便，宁愿忽略不计。切身体会老子"至虚极，守静笃"虚无守静之界。乡野闲趣，尽在枕侧书间。虚，现于心中不被忙碌占居时之宽阔空旷，如海洋。静，现于枕边无迎来送往之清宁平淡，似空山。

想来，三五本闲书，一两杯淡茶，笔记本一台，粗茶淡饭，此生足矣。

人世间纷纷扰扰都让它远去，功名利禄声色犬马隐遁心外。能静静驻守在心灵的空彻之境，流连忘返，何等自得其乐。虽无腿，遨游书海与网络，足不出户，世事乾坤，触手可及，似行遍千山万水；此等闲适自得，非神仙可比。

终究不是神仙。蹒跚步入庭外，十日之隔，恍如片刻。宽大美丽的世界，温度仍是十天前的零下，颜色仍是十天前的雪白。冬日寒风轻扶肌肤，却好像有了点滴春天的蠢蠢欲动，新鲜清澈。是世界在变新，还是蹒跚的我不再从前？雪中明亮的天地，晃眯了眼，亦照耀着均匀跳动的心脏。

抬起僵硬的腿，小心踏出一步，一个完美的脚印戳在雪上。脚印，久违了。旁边一枚圆圆的胶皮圆圈印字，板板正正，如美人志，是拐杖的脚，暂借了让我来做第三条腿来使用。邻人乍见，免不了嘘寒问暖。我微笑，恨不得伸手抹开她额上惊讶和同情交织的皱纹，多了把拐杖，何需大惊小怪？人生一个小逗号，乐章一个休止符罢了。

"Life experience! Time to rest. This is what I need! Don't you think it's a bless?"挥挥手，把她甩在略微犹疑却终于舒展开的笑容里。微笑是可以传染的，我坚信。

嗝！好痛快的一个大嗝儿，幽幽然飘散在清冷的风中，是 H 特意送来的肉包子味儿，在腹中周转了一遭，仍喷香宜人。友人的惦记，如此真实朴实，腿不受伤，哪来吃现成肉包子的福分？

仰头看天，深怀感激。想象朋友们的祈祷怎样汇聚成大势，呼啦啦如飓风席卷而上，传给你，万物主宰。难怪恢复如此之快，在你手中，没有不成的事。

老子言："吾所以有大患者，为吾有身，及吾无身，吾有何患！"意为：我之所以有忧患，是因为我有这个身体，等到我没有这个身体时，我还有什么忧患？讲出了生命之自然之本。

庄子亦云："夫大块载我以形，劳我以生，佚我以老，息我以死。"意为：大地托载我的身体，用生长来使我勤劳，用衰老来使我闲逸，用死亡来使我安息。讲出了生命之自然之根。

中国古代老庄著作常在枕边随手翻看，其中人生之大智慧大哲理取之不尽用之不竭，与圣经之妙东西兼顾，异曲同工。当我面对耶稣祷告祈福之时，我并不拒绝血脉里跳动着中华文化的古老脉搏。

顺应天意，淡然处之，是练就健康心态普世皆准的公共法则。心如朗月，即如秋空霁海！有了尊重自然、淡定处事的宽阔胸怀，面对困境而笑对人生，也就并非难事了。

她和我

这通哭泣，来得突然，金珠银豆滚下来，声势浩大，扑簌迷离。鼻腔堵塞，哽咽无声。因无观众，哭的抒怀放肆，披头散发，容颜不堪。镜里黄花，人比黄花更消瘦。面对重新肿胀隆起的膝盖，她哭得揪心裂肺，哭得一塌糊涂，哭得天昏地暗。

也许她早就想哭。也许她早就该哭。也许本来就不是个值得庆贺的盛典，也许本来就是个值得悲伤的哀宴。

摔伤之后，十几天已倏然而逝，其间伤腿难耐，浮肿、胀痛时刻相伴。牵一发动全身，伤腿移动一寸，会有一尺的疼痛，一百次一寸的牵扯，会一百次从睡梦中痛醒。夜阑人寂，只身与疼痛相伴，钢造铁筑的她，不曾掉过一滴眼泪。

作文自勉，笑对人生。那个理智而坚强的她做着当然的主角，在伤痛的舞台上连轴唱着咏叹调。她唱呀唱，阳春白雪，天籁高歌。歌声里只有光明远大，只有春光无限好。她大谈生命无常，身体是痛苦之本，无伤痛便无身体之自然规律云云，似乎伤痛是全世界人民都应该大张旗鼓去追求的境界，以证明身体之存在，吃着苦菜露出甜美微笑之乐观情绪是如何迫切与重要。这样的演唱本身已形成一种高处不胜寒的辛苦，有几人能够想象美丽的荷花下面常年浸泡在泥水中的藕根？有谁能在舞台下倾听那引吭高歌之时体会歌者声带的疲惫和隐隐作痛？谁能听见脚步落地的时刻膝骨发出的生涩肿胀的摩擦？每步蹒跚里，都有着努力和克制。她懂得隐忍，持久地以笑容示人。她相信世界上有一种亘古不变的吸引法则，正方向思维吸引正面的力量，反之亦然。笑对人生，人生自然会笑。怨气横生，生活自还你幽怨。

但，人毕竟是人，血肉动物，可体会甘甜冷暖，亦可生出悲苦凄情。她于是有理由产生这通眼泪，毫无克制。她唱累了，声带疲软，她想歇。原来，原来她也有声嘶力竭的一刻。原来，原来她也有挺不住的一刻，原来，原来她也有不想再挺的此刻。

她悄悄地下台，掩面无声，认输地把舞台留给了我，一个原始的她。此刻台上的我，真实弱小，咿呀哼着通俗的民间小调，不嘶喊，不造作。痛了就哭，肿了就怨，哀婉忧伤。为什么让我痛？为什么？为什么？？我只想象一个小姑娘一样扑进妈妈的怀抱里，痛快地抱怨疼痛和不满。

我只想做一个那样小小的女孩儿，小得总有妈妈的怀抱敞开着，宽大、温暖地等待着把我环抱其中。

撑不住了就不再撑。乌云密布时就下一下倾盆大雨。不必总是钢筋水泥的坚硬，黛玉临风的娇弱也有着无法拒绝的美丽。很多年没有在人前哭泣，很多年。很多年没有为自己哭泣，很多年。她似乎远离了痛苦，精神胜利法早变成了血液，流淌在身体的每个角落。于是造就了她这些日子似乎无所谓的欢笑，像是世界上最无所谓的人，拥有一对最无所谓的腿。

小小的我哭过了，就不会永远小下去，长大，是所有生命的必然走向，妈妈的怀抱只能暂停，湿过母亲的衣衫，便把沉重减了去，没有理由不抖一抖身体，长大。没有理由不笑一笑，转身走进广天阔地。人生舞台，我，在过了一下虚拟的"小"瘾之后，没有理由不变成一个现实的"大"的她。

她的背影仍然蹒跚，迎着风的面容，却笑容明媚。歌声再起，清澈温婉，不急不燥。春天，是个该欢乐和歌唱的季节。她和我，原本就是雌雄同体。她没有犹豫，不，是我，不犹豫，在阵雨之后，走上嫩芽初发的草地，蹒跚一路，哼着小调，渐行渐远。那背影里，没有踟蹰。

夜伴吗啡女

术后，需要把腿高高用枕头垫起，冰袋安抚，消肿止痛。痛，却呼吸一样持续不间断，时间一样稳定而坚持。人活着，可以功高八斗，一人之上万人之下；亦可荣华富贵，珍珠如土金如铁，但再大的野心都无法阻止时间和呼吸，再强的能力也无法制止疼痛，它来便来了，它不去，您便奈何不得。有人比喻疼痛为巨兽，可以吞噬生命，感觉这样的描写有魂无骨，应添加巨兽的利齿在那啃食的形象片刻，摩擦，撕拉，咀嚼，吞咽，发出破坏与折磨的响声，每个动作都具体而详细，鲜红的血液汹涌而出，那活生生的持久痛苦才显得淋漓尽致。痛，是超过苦的苦。人的能力不能担当，野心不能抗拒，智慧不能挽救。

身体所能尝试的体位，都尝试过了，精神所能逍遥的转移法，都逍遥了。痛，仍旧是张牙舞爪的痛，痛，痛！它抓着你的神经，捏着你的意识，攥着你的睡眠，没有怜悯，只有蛮横。

那瓶吗啡药片静静地立在床头，淑女一样不声不响，你可能忽略身边一个沉默但美艳的女子的存在吗？伸手轻轻拉进怀里，美女，我不得不向你低头。这是人类智慧的产物，其娇媚体贴胜过千言和万语。

第五片，超量了。我自语。

据说吗啡的命名来自古希腊梦境与睡眠之神 Morpheus，如此诗意的渊源，自有它诗性的迷魂之处。它通过对中枢神经和平滑肌的刺激，对神经系统产生暗示性麻醉，痛并没有减轻，是人对疼痛的反应和态度发生了变化，从而弱化了人对疼痛的敏感度。它的成瘾性，亦如宠爱美女的后果，若甘心沉浸在"回眸一笑百媚生，后宫粉黛无颜色"那贵妃娘娘的温柔乡中，国破家亡便行将不远了。

前日友人之母病逝，她低泣时坦白，其母胰腺癌晚期，疼痛难忍，吗啡用量到极致，仍无法抑制疼痛的撕心裂肺，与其睁眼数着秒针经过残留生命接近死亡，不如成全了老人的吉祥。是老人、家属和医生达到共识悄悄加大了安眠药的用量，提前送了老人的寿终。震惊。安乐死近在眼前身侧，此时，法律与人类的同情心比照，算得了什么？这种善意的违法，令我敬畏甚至不惜成为同谋。如果把我们任何一个健康人换成老人，让你沉浸在无边无际的痛楚中煎熬，没有希望，只有残忍的黑暗，这样的合谋难道不是一种终极的解脱和挽救？此刻，生命的人为终止是善待生命的唯一窄途，是战胜痛魔对生命肆虐折磨的唯一手段。受的本体消失，施，便无对象可施了。但终止生命的存在，毕竟不是智慧，它在终止疼痛之时，成就了两败俱伤的极致。亦挑战了上帝造人时既定的权威统治。

这个剪不断理更乱，才下眉头又上心头的痛啊！妖艳的吗啡女也一无所用的痛啊！

想来，吗啡女对癌症终点在线严酷的疼痛竟也如此无能为力，多少有些黯然神伤。疼痛令人生不如死，梦从何来，眠何处寻？梦境与睡眠之神竟不能用睡眠和梦境来麻醉人类，不能不说是神灵的失败。人类制造出的东西终究是有限的，不论是神话还是药片。

窗外秋风凌厉，窗棂呼啦啦作响。夜深之处，灯光幽暗，痛魔挥衣弄袖放肆地舞出鬼魅幻影。奇怪地发现，置身于这样的舞蹈秀，我竟然在微笑。

人对苦难的品味和思考往往在静止和伤痛时发生，特别是当身体的不适放大成为全部的夜晚。庄子云："夫大块载我以形，劳我以生，佚我以老，息我以死。"意为：大地托载我的身体，用生长来使我勤劳，用衰老来使我闲逸，用死亡来使我安息。这种客观逻辑的生命观，运用于疼痛又当如何演绎？"醒我以痛"？用疼痛来唤醒知觉？那么，祸便福之所倚了，应当感恩：能感受知觉，是生命之赐。

知痛，尚可知无痛之美乐，亦可生出未来无痛之希望。美乐与希望之思，都应归为健康情绪。这情绪徜徉在夜的黑暗中自然会发出一丝光明来，毕竟，未被判入濒死的癌症大牢，毕竟，怀抱吗啡女的温存，痛魔正在混沌而退，Morpheus 开始他的神秘咒语，眠与梦，渐趋渐近。不论神话怎样有限，我宁愿变成神话。况且，神话之外，我们还有明天。我已把无痛的梦想预备给它，另有吗啡女的矫情，一整瓶。那是要提供ＩＤ，药房做了登记方可拥为己有的奢侈。

时间前行，今天很快就会变成昨天，明天很快就会变作今天。这一天与一天的不一样，正在未来的某处，悄然等待。你，我，他，有谁能阻挡这样的继续？又有谁愿意阻挡这不一样所带来的希望呢？

键盘

是你心灵攀升的

楼梯

心的旅行

写作随想篇

清修论 VS 万友论

前几日一个网友在我小说的跟贴中说："在文学上如果想成功，行万里路交万人朋友，去积累阅历，是非常必要的"，我当时就大跌眼镜了，用手一摸，近视镜老花镜都没有，没的跌，否则，一副眼镜不一定够我用来跌。行万里路先放在一边不提，诧异之处，是这个万友论。

时代变化，今非昔比，一切陈旧的习惯和观念都在随着这个花花世界的日新月异而千变万化，一男一女一夫一妻制在经受同性恋、婚外恋、多角恋的挑战，人类的道德观在经受人性论的重锤敲打。而文人独善其身、守节如玉、甘耐寂寞、专注诗书的传统观念也要升级为交友上万，这，不免浓雾锁眉，心起千千结。网友那贴没敢去接茬，全因这个结，结的混沌，需要稍作思考调理，方可慢解。

我曾经认为，为文之人学会忍受寂寞孤独是作文的基本功夫。这里的寂寞孤独，并不是无依无靠孤单无助的忧郁悲凉之境，而是一种心灵的清净和独处，一种旁观者的淡然和冷静，一种不求喧哗热闹的返璞归真，一种不急不躁的淡泊宁静，并非痛苦。无论思想如何深刻，交友如何广泛，生活阅历如何丰厚，落笔成文这件工作，是直接而枯燥，甚至是辛苦和寂寞的。你不能一边高谈阔论，一边凝神聚思，也不能一边饮酒作乐，一边笔起墨落。古代文人墨客三分酒精高了兴致，即兴吟诗作画之士虽不乏其人，也多是头悬梁锥刺股辛苦操练的基本功早已打足，达到了满腹经纶可随时供应的境界，非常人可及。普通人做普通文，多需摈弃周遭干扰，埋头苦思，低首闷写，成文后反复修缮斟酌，方可最后示人。这一份静心清修的功课，写作初期，无论如何是逃不掉的，写作中后期，是否可免，保留怀疑。而且，除了饱读诗书和锤炼文字，深沉的思想沉淀也是需要安静的空间和安静的时间来消化支撑。

我这个曾经的认为，现如今，显然落后于时代，至少是落后于超级博客写手们,这些博客点击率高达百万千万，一篇博文的平均点击率在几万、几十万上下，是需要扭捏出墨鱼的多肢体和多方向来，以迎合不同人群，以适应时代的多样化新发展的。

众所周知，单纯的文字修炼，并不能成就上等文章，华丽词句的堆砌，言之无物，有肉无骨，那文章做了厕所手纸，恐怕还嫌太硬，倒可当得起制造垃圾糟蹋环境的一大功臣。只有结合了生活阅历、人间冷暖的文字，才会令读者心有戚戚，字里行间或嬉笑怒骂或指点乾坤，都让读者随文字之旅眼随心动，一同拍案惊奇，一起悲喜交加。文章如果能写到这样出神入化的地步，即使文字略显粗燥直白，却含足够启人心智之大美，人人爱读，归为好文章之列，便绝不为过。当年白居易写诗词，就力求通俗易懂，明白晓畅，据说他每写一诗，必对家中老妪读之，改得人人都懂，方罢。这便是文字浅显直白，泽被大众、普照苍生的高超境界，也吻合了文学创作从生活中来，到生活中去的本质意义。你熟悉生活，生活便回馈给文字以丰厚淳朴的内涵。

网络是个近观的社会结构，大众的经历大聚会，思维大熔炉。网友提到交友一万，恐怕不仅指生活中可以谋面的朋友，如果万人得朝夕相见，您还不被挤压成头发丝儿了？别说写字了，您一天24小时变成240小时，也轮不上和每个人讲一句话。这万人大军里十之有九应是网上无缘相见的文字友人。富贾如此，等于拥有上万个经历和思想可以借鉴、切磋和交换的友人，何等庞大伟业？这当然算得上认识生活、开阔思维，丰富阅历的无价之产。

鲁迅先生曾在一篇文字中谈到生活经历在写作中的重要性，他提到"所遇，所闻，所见，所作"四个要素，指出其中"所作"并非亲身作过才可述之笔端，写杀人不一定要去杀人，写妓女不一定要做妓女，便是这个道理。我想，我们现代人因为网络的发达，比旧时人幸运很多，从网络中汲取的，正是所遇、所见、所闻这三样宝贝，只需时常在键盘上敲敲点点，得来全不费功夫。

值得一提的是拥网友一万，网络互动也必定风生水起。对治疗懒惰情绪，刺激写作欲望，定有特别疗效。后面一群人高声呼喊为你助威，酸了腿的你定会顿生蛮力，终点仿佛缩短，在众人呼喝加油声中你会鼓足干劲，长久处于冲刺状态。这样的正刺激，不能不说是相当有效的文字催化剂。我曾见过一种写手，只会在网上一段一段随写随发，自己计算机里从不保存完整档，下了网便失了写作动力。我曾认为这样需要网络回馈来支撑写作的写手不可能写出内敛和价值丰厚的作品，但事实证明，越来越多的写手，在以这种方式成就写作之梦，梦想成真的也不在少数。事实胜于雄辩。对于这类写手，那万友大军，就更显重要，几乎是呼吸的气管一样，断了气管，便断了写作的生命。

所以，我开始审视自己古旧的观念，革命尚未成功，同志尚需努力，这努力的方式完全可以春有春花，夏有夏草，是阵地作战，还是迂回包抄，不同人尽可以选择不同方式。在热闹中写，在寂寞中写，孤家寡人地写，众星捧月地写都可成就写作，孰是孰非，并非定论，只要能够落笔成文，自己写着高兴，别人看着满意，就大可昂头做人，网上网下叱咤笔端。

想到这里，这千千结似乎已解得差不多，似乎清净论要向万友论缴械投降。但口含一口红酒，低头审视自己之时，发现我仍然只能对万友之说恭敬有余，慎重实践，至少它不能成为我成就写作的必要条件。一件衣服，它是领口一圈花边，一盘佳肴，它是盘脚坐的那朵萝卜花儿，有了好，没有也不妨碍吃饱穿暖。生活坐标上，用来独处和冥思的安静区间和交友论道的繁华区间应该相隔相伴，静动相辅。文字往往在动中滋生，在静中完成。完成的过程总是难过滋生的过程，所以静多动少，成为必然。

宁静独处之际，不需网上寒暄，席间应酬，只需大脑在内部紧张忙碌，即便雷鸣电闪，那一付肉身仍仿佛脱离尘世般一动不动，孤立静止。此处的静，希望达到王国维先生所指"入乎其内"和"出乎其外"的境界，是一种内在对生命咀嚼和思考的过程：读，思，写，甚至不读不写，留下一段独处的空白，也很好。最后付诸笔端的，是猫是狗，是鲜花还是毒草，悟性有长有短，也只能顺其自然了。"入乎其内，故能写之，出乎其外，故能观之"，这样"写"与"观"的过程，对我，在喧哗中实难达到。

佩服众多网络写手，既能工作生活两不误，又能随心所欲网上游走，八方出击四处留痕，埋头写字亦可高质高产。这需要卓越的敏思，聪慧的快手，充沛的精力，高效的时间掌控能力，方可成就。

我想，我的清修论与网友的万友论，原本就是朋友，爱酒喝酒，爱肉吃肉，光明大道和独木小桥如何去走，谁在乎？条条道路通了那罗马，便你好我好，皆大欢喜。

写作的后花园

让梦活着

零星写作，是在上中学的时候，喜欢做梦的人难免会在清醒的时候思想梦中的朝花夕拾，偶尔记录下来，虽似无病呻吟，却堆砌出少年人对文字的爱恋与对未来的憧憬与渴望。

中学生的文字不外乎身边的尺长寸短、风花雪月，理想中的浓情蜜意、璀璨人生。日记应该是所有梦想最先停靠的口岸，变不变成铅字，年轻的心从未奢望。那年代，靠写中国字来讨生活怎么都无法和"学好数理化，走遍天下都不怕"来相提并论，来自家庭与社会的观念是共同的——文学不可当饭吃。间或有一两首小诗在刊物上发发，不过是静湖上投进一颗小石子，涟漪一圈圈绕过，美了几分钟，又是湖面那一张安静的脸。至于爱好什么，是完全不与终身的职业挂钩的。职业是用来糊口与用来建设祖国的，不是用来自己去喜爱和享受的。这些耳濡目染的灌输从童年一直延续到青年，那些稚嫩的、多少有些畸形的年代与思想啊！

虽然没有走进数理化的天地，法律这个严谨慎密的学问却成了我大学四年的主攻。法律显然不是个鼓励做梦的学科，我的梦于是藏在图书馆成林的书架上和床头一本天天抱着的日记本里。日记本上梦的美丽与忧伤就那样延伸到毕业，好像会走到生命尽头的脚印，用蝌蚪文字一个一个地连结起来。想来，那些把日子装进日记的努力，真是一件很美的事业，不为功名利禄，只为心有千千结。千千结下真情许，今朝梦旧，来年催泪，写不尽的少年愁滋味，说不完的春秋惆怅。

毕业后忙于生计的日子很快就占据了生活，这个在纸张上自言自语的爱好时断时续。忙碌使人疲倦，疲倦的生命多少会令梦境萎缩。尽管梦不是一种可以被人类自我控制的东西，爱做梦的人终究没法不做梦，无论是学了法律还是数学，是工作着还是休息着。我的梦在忙碌的缝隙中苟延残喘，常常有写字的冲动，因为有太多的梦希望记录，除了自己的，还有他人的，除了昨天的、今天的，还有明天的。

出国后，人生的经历从自我成长的纵方向拓展到大千世界天南地北的横方向，年龄的增长、眼界的开阔、阅历的丰厚更加令人渴望把生活与梦想变成文字。

真正放下心来想把自己眼所见、神所思、梦所求的东西写成文字，已经是为人妻母十余年之后的事了。爱做梦的我没有因为出国、读书、转行、生儿育女的奔波忙碌而消磨做梦的习惯。开车独行之时，孤寂人静之时，走神儿的我总是有些恍惚的惆怅与冲动烦扰着。阳光明媚的白天，家人嬉闹的傍晚，朋友相聚的周末，走神的我总会被那些对美丽世界、善良人类的感动焦灼着。这种烦扰与焦灼是写作的种子，它时常急促地想要生根发芽，很急很急，很想很想。

写吧！我对自己坚定地说。不喜欢等待的我在不得不等待了多年之后，终于拿起了笔。专心为人妻母、养家糊口的常规生活之余，我的许愿平缓持续地实现着，多少个寂静的夜晚整夜不眠，我沉浸在自己的梦境与文字的交欢之中，疲劳、但陶醉。每周一千字、一年五十二篇的写作计划在半年之后提前完成，弹无虚发，无一退稿。几年之后，我的文字已经被读者认可，常常会有朋友随便谈起那些文章，还会有陌生读者来电话和邮件探讨我的文字。而对我来说，写作已经不再需要许愿，早已成为吃饭睡觉一样不可或缺的生活组成部分。这使得本来不该成为穿衣、吃饭一样重要的写作，蒙上了异样的色彩。先生看我捧着笔记本电脑窝在我的专用大摇椅上敲字，问；"写那么多字，难道不累？"说着，想拉我起身。我仰望的目光里含着抱歉，不行，正写着呢，什么能比这个更重要？可惜他想把我从中国字里拉出去轻松一下的努力总是这样失败，他笑，说："算了，只要你愿意，就活在你的梦里吧。" 感谢我先生永远肯定的目光与支持，使我的写作可以在无功利状态下持续进行，他稳定的支持给了我可以肆无忌惮地活在梦里的自由。拥有这份自由，我幸运，我幸福。

有人管这种迷恋叫"瘾"，是"瘾"自然难戒。也可称之为"病"，这个"病"也不是好治的。专业作者得了这样的病，并不特别，朝九晚五，工作就是写作，写作就是工作，病得自在而且自然。我羡慕，但不忌妒。上帝让我以一个妻子和母亲的角色做人，再以被母性的体验软化了的心肠去看待世界、感受世界、书写世界，这是一种多么丰厚的恩典。

世界本是小人物小事件组成的，正是这些小人物、小事件总在没完没了地创造故事，没完没了地打动人心，没完没了地让分分秒秒里产生想写的冲动。这种做着其他正业，一门心思想着副业的爱好有时会显得相当奢侈，奢侈到长夜慢慢，孤灯清冷，写字的人总是活在一个远离人群的世界里，尽管讲述的都是人群里的故事。这种业余的陶醉，很浅显，很基础，很朴实，没有任何刻意雕琢的成分，是单纯的喜欢，单纯的抒情，倒反比那专业的多了一份珍贵与乐趣，多了一份额外的成就与收获。

有读者反映我的散文好像蒙着一层唯美的色彩，世界在那些字里都很积极、明亮、可爱。其实这副漂亮的有色眼镜之所以明亮光洁自然，并不是因为包裹我的生活完美无缺，而是现实的疲惫与不完美让人劳累，散文的写实性令我下意识地回避阴暗，回避丑陋，回避沉重。希望自己的文字有点兴奋剂的功能，让紧张的放松，悲哀的欢笑，低沉的振作。

随性写作，随心写作，随意写作是我写字时的自然状态，随着年龄与文字的成熟，这种风格能否持续，不做幻想。翻看两年前的文字，已经多有不满意，想必十年之后再看现在的文字，眼睛都不敢再睁。除了旁征博引比较缺乏，恐怕还有些深沉的读者难免摇头叹息这些字的浅显单薄。好在终究人类总是活在参差不齐的诸多层面下，有爱阳春白雪的，就有爱青菜豆腐的，有爱夕阳西垂的，就有爱丽日初升的。面对生活喜欢微笑的态度，毕竟可以亮了一方小天地，让阳光射进来，让乌云飘散。

时常，我会单纯地想，碰巧能够活到八十岁，还有几十年的时间可以写字，就会感动于人生的给与非常丰厚。"蚓无爪牙之力，筋骨之强，上食埃土，下引黄泉，用心一也。"蚯蚓能做的事情，人也同样。筋骨强壮远非用心专一来得踏实可靠，写作的天分好坏同样远非踏实写作来得真实可靠。所以，文字与思想的进步是属于未来的，那些缠绕我的梦的延续也必定属于未来。

人生如梦。我的自言自语归根结底归功于喜欢做梦，喜欢看梦，喜欢写梦的个性。让梦活着，是自己对生活的微小奢望，哪怕现实被奔波忙碌、困惑无奈长久控制，仍渴望保留那点纯真的会做梦的童心，并真切希望这点单纯可以传染给周遭看过这些文字的人们，让疲惫与沉重有片刻的烟消云散，也就心满意足了。

那么，就让梦永远活着吧。

诗歌的影子……

一个缺乏想象力的人，不可能成为诗的主人。喜欢幻想，与生俱来，诗歌于是在我心里有了生根的土壤。长出诗的树林，却经历了很多岁月的风雨与人世的喧嚣。

童年时最早的幻想记忆是在一个临睡的晚上，躺在床上凝望着有点儿脏的房顶，我想，共产主义是什么样子呢？那时在我幼小的心中共产主义就是幸福生活的终点。 眼前于是出现了一个一面墙全是书，三面墙都是玻璃的房子，房顶上有几百个不同的小门儿，床上有一大排控制小门儿的按钮，不用起床，躺着一按，吃的喝的玩儿 的乐的穿的用的就都从不同的小门儿里落下来满足了需求。玻璃墙外是无边的盛开的花园，花园外有森林密密地包裹着，严丝合缝，整个图画里好像没有别人的存 在，连呼吸的声音都没有。这个白日梦喜欢在清醒的时刻重复。

现在回头看，那是个渴望不劳而获、好吃懒做的美梦，又是个充满唯美意识而相当孤独的画面。我始终认为自己是个容易接近灵异世界的人，不敢过多尝试，恐怕走火入魔。对于这种童年时构造的白日梦，因为重复，我相信有一种和真实人生相关的暗示和牵连。

人生走了几十年，成家立业之后的我一直过着勤勤恳恳任劳任怨的生活，与好吃懒做、不劳而获截然相反，那童年梦境里关于物质而现实的部分应了逆反的缘，注定我这生偷懒不得。很多人以为我这种先天条件算得上优越的女性，应该很容易过上衣来伸手饭来张口的生活，我却天生有种自虐倾向，最喜劳动，凡事事必亲躬，更不在乎低三下四伺候人，凡需使用四肢和身体的活动都学得快做得好，勤快而兴高采烈地咧着嘴守着自己的劳碌命，生活其乐融融，满心欢喜地带着桔色的眼镜儿看世界，一切都好像罩在太阳下面，红红火火明明亮亮的。

然而夜深人静，静静抚摸自己走过的一天又一天，一年又一年，那轻松得一按按钮就吃喝无忧窗外电闪雷鸣窗内悠闲平静与世隔绝地上天堂的幻想就默然呈现。桔色眼镜摘掉了，现实与幻想的缺陷与冲突成倍地放大出来，这种冲突使人痛苦而不满足。

那个重复的白日梦里，玻璃墙、鲜花、森林、渺无人烟的唯美画面，我始终认定是一种精神层面的暗示，一个美丽而孤独的常青世界，虚无缥缈的世外桃源。这个部分在日常生活里不为人睹，深深掩埋在静夜的空隙、心的角落。一个孤独的女子总是在夜间游离于现实与虚幻之间，在真与假的缠绕中揪扯不清，那玻璃墙里的世界　就很有点苦涩而凄凉的滋味流溢充满。那时，诗歌常常就会涌出，穿一件微苦的外衣。

很长一段时间里，我心里有写日记和写诗的欲望时，都是心情不好的时候，所以早年写的诗歌，总可以看到痛苦、彷徨、不安、不满、无奈、无助的影子。

从高中时开始写第一首诗，并有诗作在杂志上发表，以及后来在大学里参加诗赛获奖，再后来十几年来疲于奔命疏于涂鸦的文字荒无年月，我写的诗歌非常有限，又散失各地，保留下来的几首看着都充满无奈的滋味，尽管诗歌下面总还掩藏着抗争的勇气。比如那首大学时获奖的短诗，现在只记得几句："孤独是一张网/到处是窟窿/没一个出的去，"毕竟有个"出"字来表达想冲出孤独的欲望和努力，还算不让现在的自己重读时太过失望。

诗写得虽然多得出了诗集，我却深知自己只是个诗歌的门外汉。

苦于记性不好，从小没有记忆的习惯，停留在脑袋里的货色少得可怜。读书如流水，水过风吹，水痕全无，又是空白一张。与人交谈，很没文化，因为断断没有引经据典的文绉绉语言大珠小珠落玉盘。

上天公平，万物守恒。没有良好记忆的我于是有了很多空白的大脑用来多愁善感和尽情想象，生活里的点滴都会触发感动，风平浪静的外表下常常藏着惊涛骇浪与万马奔腾。大到人间冷暖、世俗风情，小到草叶飘摇、沙漏掌心，一切客观上五官可以知觉的，抽象的大脑可以思想的，都会令我走神儿。很久一段时间里，并不知道这些走掉的"神儿"是诗歌创作最宝贵的财富。

我不相信诗歌是个仅靠激情就可成就的文体，自己写的很多诗歌除了激情更多的是踏实写作与潜心酝酿的栽培成果，不是顺手可采的路边野花，而是施肥浇水滴滴汗水换来的满园春色，正应了那句"一分耕耘，一分收获"的道理。一个写手综有千万诗歌的豪情，没有一份坐下来冥思苦想左右斟酌的细致与耐心，那些豪情必然像放走的精子，怎么都变不成孩子。唯有那一个最迅捷最健康最积极地奔向目标的，才可造就生命。

创作诗歌欲望最强的时候，诗歌在脑子里细胞一样密集，走路、吃饭、工作、干家务的时时刻刻都可能有诗歌的火花迸出，可惜不能一一记录，否则，诗歌的海洋定会决堤。生活的点点滴滴、阅读的丝毫感受、近处的人和事，远处的故事和想象都多少变了些诗句出来。

　　始终认为诗是一种凝聚，精神的凝聚，情操的凝聚，经历的凝聚，认识的凝聚。三言五语，可以跨越世纪，展示现实与未来，亦可斜风细雨，述说世间人情冷暖。而诗句的简练、涵义的凝聚则给写手与读者大大的留白，可以使人生自由的空间感在诗行的空隙中实现。有幸能有一颗爱诗的心，世界便因此充满幻想空间与真实滋味。自己写过的诗篇，不论是情诗、言志咏物诗、睹景生情诗、还是记人记事诗，翻来虽感同身受，很多却都是因道听途说的动人故事激发诗情而做，以一己之身之心，思万千苦辣甘甜。有时为写一首诗，泪一行行流，比诗行还难数清。

　　曾写过一首"狂奔的心跳"，是在听一首叫"天天"的流行歌曲时荡起的情感波浪堆涌出的诗行，歌词与曲调恰如其分地触摸着我敏感的心，那一刻觉得自己溶进了歌曲，歌曲也溶进了我，我就是那唱歌的人，歌里唱的就是我，诗行里自然真情充溢，于是有了"我想要你在我身边／烧我至灰烬／完成贞德的殉道，一分钟的真诚／够我久久的信靠"这些诗句。因为听歌，我经常会化作各种各样的歌中人，音乐使我和假想而变幻的世界密不可分，使我飞越自己的躯壳与灵魂，进入"我"之外的人生，那是一种完全诗化的境界，离生活很近，却又很远，很真实，也很虚无。

　　又比如"孩子孩子你回来"，是汶川大地震后看到网上一组孩子的残臂断肢裸露在废墟之上的凄凉照片时有感而作，当时把自己想象成了失去孩子的那个母亲，心如刀绞，涕泪横流。于是有了"孩子，你知道吗？／峨嵋山有多少土／妈妈的心中就有多少愁／解不开／嘉陵江有多少水／妈妈的泪水就那样不停流／汇成海／怎么愁，怎么流／也流不回你的笑脸／愁不回我的孩子热过来／我的孩子我的肉／告诉我／怎么能把你的眼睛再拨开？"因为哭泣得太久，诗写完，头晕眼花，好像半死，两三天才逐渐恢复正常生活。用这样的心力去写诗，诗还写得不动人，恐怕就太失败了。

　　还有一些诗是与诗友和诗时灵感激发而作，因为有他人诗歌的刺激，诗意总能在短时间内形成，快速而富新意的诗歌这时比较容易诞生。比如"三月的春风"是针对网友所作的同名诗歌而作，"不能用冬雪融化春的沉重记忆／就用人造的胭脂／涂抹郁金香土壤下的根苞"虽然是臆造的情景，却隐含渥太华这年冬季漫长无奈对人们心理造成的沉重影响，以及对春暖花开热切的渴望。

比较有趣的一段经历是有段时间迷恋一个网络论坛，一打开那个网，看到有趣的贴子，写打油诗的欲望就波澜壮阔起来。往往一个贴子贴出来，不到十分钟就可以写出一首还算象样的打油诗来跟贴，出手之快之娴熟连自己也吃惊，写完常常怀疑这个脑子到底是不是我的。因为打得太多，曾被人戏称为没什么稀罕的"打水诗"。现在回头看，有些诗的意境蛮好，如此通俗地、油条地露面，倒别有几分情趣，像是让端庄淑女的脸上放出媚眼的流盼，诗与生活更接近了，去了那诗歌所谓高处不胜寒的滋味。

能够脱开自己单纯的小空间模拟彼时彼景彼人彼思来创作诗歌，要源于自己感情世界超常的敏感与多情，以及不算浅薄的经历和比较勤于思考的头脑。丰富的人生经历和体会应该是诗歌创作的又一个不可多得的财富吧。热爱想象又多愁善感的天性使我一生定与诗歌长久厮守，相伴相依。

近年来开始尝试创作英文诗歌。人类情感的相通性，决定了文学所反映的情感价值和社会价值也同样相通。很庆幸，除了词汇量和语言控制能力还需要很多提升的努力，诗情与诗意的表述，已经可以与其他肤色的人群发生共鸣。常去访问几个国际性的英文诗歌论坛，读他人诗作，也公布自己的诗作，总会得到很友善很积极的回馈。英文诗歌的写作，打开了又一扇文字的大门，那里的新天新地好像文学征途中一片新开的芳草园，为了让它开出美丽的花朵，播种、施肥、剪枝、浇水，园丁的努力一样不可缺少。时间会在季节的更替中给这座芳草园打分，我只有勤力照看它，春种秋收，不懈不怠。

手里没有一个可以预知未来的水晶球，我美丽的玻璃墙不知会不会有打破的一天。如果屋里的风景与屋外的天地融为了一体，我还会有诗歌一样的梦想和浪漫吗？我还会成为诗歌的主人吗？诗歌的影子里会充满生活的体验和冲动吗？就让未来自己说话吧，让它去画一串不会完结的省略号……

When a poem speaks

When a poem speaks
A dictionary is not a must
The only ruler is your heart

To measure definitions and doubts
Pain and gain, right or wrong
Past and present, black or white

When a poem speaks
A question is an answer
One word on screen
Two behind, maybe three, or four
Even ten, a hundred, a million
On the way, invisible

When a poem speaks
Still life becomes animated
Animated thoughts frozen
In a line, or in a word
Unbreakable beauty
Sits between lines
Your heart is the solution
To decode the empty space

If a poem can talk
Let it talk his own dialect
If a poem can sing
Let it sing her own notes
If a poem willing to answer
It already has its own marker
A cross, a check or a blank

When you dig too deep
You'll miss trees, grass and flowers,
Houses, people, and dogs around
When you focus the underneath
You won't feel the breeze, the sun
The mist, the color surround

Be simple

The hardest language to learn
To tell the truth
Stay on the surface is the best way
To see more, and Feel more

青草精神

上中学的时候，有个同学叫萍儿，有着黛玉风吹杨柳般的纤细娇嫩，又有宝钗玉树临风般的沉着端详。美人儿常常在上课的时候给我递纸条，上面有她做的小诗，要 我和诗。放学回家时我坐在哥哥的自行车后坐上，给他念自己和出的所谓的诗，记得多是半古体半现代的，故意用好些"之乎者也"。也是中学生的哥哥就回头说："我听着都好，你可别乱扔，留好了投稿用。"顶风，哥哥骑的很卖力。他的声音在风里飘了很久才消失。紧搂着哥哥的腰，头靠在哥哥后背上，我想，有哥哥多好 呀，如果真要投稿，就为哥哥投。现在这样写着，想着哥哥的后背，眼泪就静静地流下来。哥，记得那些年你的后背是怎样支撑着我弱小而敏感天空吗？

那时我看闲书的手段十分高明，桌面上摆好了历史地理课本，面前的抽屉拉开一点，里面藏了小说看，母亲进来时，肚皮往前一顶，抽屉关住了，我就成了一个用功的好女儿。家里有个大衣柜，我蜷成一团钻在一群大衣里打着手电筒看"牛虻"，任全家喊破了嗓子也不出来。吃饭睡觉做什么，让我一口气把书看完吧！当时的确是想变成老鼠钻进地洞里去的，当然"牛虻"也得一起变小陪老鼠进洞当粮食去。第一次发表的真是诗，只有不到十句，天呀云呀的，发在街边买的一本通俗杂志上，稿费只有几块钱，我记得自己没高兴，也没不高兴，淡淡的就过去了，那年我高二。

上大学时并不好好读书，却常常泡在图书馆的顶层里看闲书，对着窗外的树尖发呆。风吹树梢，一片树叶的飘落都会让我浮想联翩，一篇怪怪的日记就在自己的日记本上发表出来。母亲来看我，偶见枕头下的日记本，大惊失色，非常担忧，她一辈子被毛泽东思想武装了的头脑怎么都想不明白自己的孩子如何会如此地不思进取，如此地不脚踏实地，如此地资产阶级。那严厉的斥责和愤怒不安的目光就那么深深地藏在了记忆深处。可是，妈妈，一个简单的保证何其容易，但让一个长了翅膀的思想停止飞翔，让沐浴着春风艳阳夜露朝霞的大片青草停止生长，是一个保证就可以保证的吗？

那时有个学中文的男同学在自习室红着脸塞了一首三页纸的情诗给我，并说要在校刊诗赛上参赛。我给全宿舍的姐妹诵读时，众姐妹一至认为，单为这首诗我也应该 向该男生频送秋波。秋波我没有多余的给他，八句小诗倒有一首送回，是说我心中的孤独不是他决心提供的爱情可以填补的，只记得其中有一句这么说：孤独是一张 网 / 到处是窟窿 / 没一个出得去，结果我的诗得了第二名，他的诗落榜，全宿舍的姐妹都为他惋惜，说他与我没缘。啊，那些年轻的日子，"少年不识愁滋味，爱上 层楼，爱上层楼，为赋新诗强说愁"，美丽得带点儿矫揉造作的日子啊。

毕业后有很长一段时间，周围的文学青年仍成密集型靠拢，吟诗、醉酒、不休边幅，说什么都带脏字，玩世不恭好像成了时尚，我偶尔写一两篇风花雪月的小说和无病呻吟的散文在报刊上投投，就中了，也全不当真，过去就算，心里却渐渐地空落下来，渐渐地就停了笔。说停笔实际有点牵强，和现在相比，那时的笔就好像从没拿起来过一样，何来"停"之说？倒是很思念那时薄薄的红格稿纸，三百字一页，把草稿上的文字整整齐齐一格一字地抄出来，标点也占一格，还没寄出去，闻着满纸墨水的香气，自己已经先陶醉了。那种爬格子时实实在在的感觉是在计算机屏幕上没圈没点、没勾没划地堆字儿时怎么都无法相提并论的。

二十三岁时我辞职进入生意场，文学青年们常常半夜三更拉我聚餐，等着我付钱，风度大大地没有。通宵打牌时唯一算牌最准、老是赢牌的是 Y 男士，在大学里教数据库，那个科学的逻辑脑瓜是完全不懂吟诗作画的，风度翩翩的骨头里那股踏实稳健却是所有文学青年加起来也比不上。Y 男士有着宽厚的肩膀，这肩膀用处很大。一天，他把埋在一堆财务报表和进出货单里眉头紧锁的我从座位上拉起来，把我的头轻轻按在那厚实温暖的肩膀上，在我耳边说："把你的一生交给我吧，我会用我的毕生看护你！"……

此刻，眼里的小河在喧闹地涨潮，爱情啊，你的美丽是怎样改变着一个人的天空，你的雄壮又是怎样让生命的河流因为你如山的巨大而在这里拐了一个弯呢？

Y 男士把老板成功转型为老婆以后，我告别了生意场上左右逢源时心性的扭曲，告别了茶不饮饭不文思卧不眠的辛苦疲倦，也告别了只忙着赚钱，没时间读书、没心情看电影、没体力做运动的贫穷生活，乖乖地回国营单位做我的小职员，乖乖地下班回家生孩子做妈妈，虽然钱不多，生活却真正地富有起来。有朋友问，你为了爱情和婚姻牺牲了赚钱，后不后悔？我反问，你觉得我现在拥有的这个家是钱能够买来的吗？朋友无语。

婚后那些日子，忙着沉浸在婚姻的美丽漩涡里，尝试女人该尝试的一切好玩儿的不好玩儿的，炒菜做饭、缝纫裁剪、打毛衣、摆弄花卉家具，生孩子、养孩子、教孩子。日子是轻松愉快地踏在地上的，飞翔的翅膀收了起来，青草地在关了门的园子里悄悄地生长，实实在在生活的积累和沉淀正使这片青草地的根越扎越深，有了这样一片扎实而健壮的根，园子的门是开是关又有什么关系呢？

出了国，和所有的漂流者一样变成了旋转的陀螺，转啊转啊，转着读书、转着考试、转着移民、转着转行，转着工作、转着搬家、转着买车、转着买房。现实的忙碌悄悄地萎缩着青草的叶片，时间的干旱也同时吸吮着包裹那一片茁壮之根的诗情画意之土的水分。忙碌的惯性使忙碌变成了理所当然，忙碌本身成为忙碌的结果与目的。忙碌好像化学的盐和碱，生活里的快乐花苞在盐碱地里绝望地焉头耷脑。

看得见摸得着的是物质的生活日新月异，看不见摸不着的是日新月异的生活里缺少着什么。这隐形的缺失让我在夜梦中惊醒，望着窗外隐约的月光，沉重和忧郁攥住了失眠的心，哎-----！长长地叹气，重重地合眼，明天还不是又将回到盐碱地里去栽种黄金和白银吗？谁在乎那朵正在枯萎的花骨朵会不会开花呢？那天拿起本书来翻看时，婆婆不是吃惊地问，又要考试吗？天啊，不考试都不碰书了！一个曾经愿在书本里生、誓在文字里死的人怎么变成这样与书本相隔万丈深渊的人了？那对会飞翔的翅膀低垂坏死了吗？那长满了青草的园门锈牢了永远关闭了吗？

车祸发生时，我还没信主，但我知道这一切都是天意。没有外力参与，惯性会永远前进。车祸就是让忙碌的惯性停止的外力！感谢车祸！

停了工作，修养受伤的身体和疲惫的精神时，我开始一点一滴地修复盐碱地。久违的书本啊，多么爱恋一翻开你就扑进鼻孔的墨香气。第一篇文章是捧着笔记本电脑在病床上写出的，写小区里为子女看孩子的中国老人们，发在中华导报上。那时的写作仍是玩儿着的态度，想起来了就划两笔。忙着发呆想心事的时候，就好像轻轻梳理那曾经会展翅的羽毛，又好像细心地打磨那园门锈死的门拴。我开始明白上帝的赐予，车祸的发生产生了肉体的痛苦，车祸的后果产生了思想的延伸和精神的甘露。渐渐地，随着身体的恢复和内心的充实，我几乎要为车祸欢呼了！

那年圣诞节我为自己许愿，做个好妈妈、好妻子、好美容师之外，学着做个好的堆字儿工，认真写作，不为钱不为利，为自己的心。第一次接到读者的电话，吓了一跳，好心情持续了好多天。思想的羽毛光滑亮泽，翅膀伸展了在飞；锈渍尽去了，青草地的园门大大地敞开着，憋了多年的青草地疯疯地长着。

　　从来不觉得没东西可写，脑袋里要写的念头长长地排大队，少的是时间，少的是支配文字的功力。多希望一天有四十八小时，单单自己这单薄的过去就用两辈子的时间也写不完，再加上爸爸妈妈、爷爷奶奶、朋友兄弟、你我他她，人生的美丑善恶、喜怒哀乐，何能穷尽？生活是风，托着那翅膀尽情地飞，生活是雨，淋着青草地痛快地饮。写小说写诗，我相信严密的思考、想象力和灵感，写随笔写散文，我只相信对生活的感悟、时间和功力。

　　公平的时间先生无法让我变成它的宠儿，给我多余的份额。有效地利用时间是变不成宠儿的伤心人最好的自我安慰。爱是需要时间来给予和收获的，多么幸运，能拥有爱的欲望和力量。爱着造物的真神，爱着生活，爱着小小的家和大大的人群，爱着清风朗月、朝花暮日，你想不花时间都不行。对文字的热爱在这一群爱里不得不变成小个子排在后面，谁让爱的主人做了人妻又做了人母呢？别小看这小个子，它可有着变形金刚的灵巧不坏之身呢，该大就大，该小就小，该薄了身体插个队就插个队，该舒舒服服放开手脚就大手大脚。有人奇怪我的时间比别人多，我就幸福地拍着胸脯说，因为我有变形金刚！

　　有了这个变形金刚，生活没办法不乱七八糟。一篇稿子一开始，就开始揪肠挂肚，饭吃的潦草简单，觉也睡得三心二意。老公清晨醒来，就纳闷儿了，怎么这个人起个夜，就再没着床？我没敢吭气儿，路过计算机就坐下了，厕所压根儿还没去呢，天怎么就亮了？又该忙小孩儿上学了。如果几天连着如此，全家人就加封女主人为不用吃也不用睡的仙女，浑身仙气的仙女就一定要被强制改造成能吃能睡的平凡妇女才行。所以，一天三小时睡眠和一天十五小时睡眠对我来说都很正常，同理，一天两顿饭和一天六顿饭在我也是合情合理，无有大碍的。有美容客人问，你如此乱吃乱睡，劳心劳力，怎么也不大见老？我说，对你是乱对我是不乱，对你是劳对我是乐，上帝给每个人的恩典原本就是各不相同的啊。这么说着，心里可就嘀咕了，堆字儿这活儿除了引发失眠症，耕出额上的皱纹，没准儿还致癌、触发心血管疾病呢？如果科学的回答是肯定的，我还会接着堆吗？天啊，回答竟是 YES! 哇赛，原来是爱你没商量啊！

说到控制文字的功力，我不得不自卑！"书中自有万钟粟，书中自有黄金屋，书中自有颜如玉"的道理自小就懂，懂了不读又有何用？一恨自己读书少，二恨自己记性差，读了就忘，全当没读。常常感觉书到用时方恨少，写得卡壳儿时，恨不得每根头发都变作智慧来帮我堆字儿。每每捧起书本，就无限地敬仰，无论名家名篇还是名不见经传的散作，都常常会使人丧失信心。大千世界，汪洋一片堆字儿的人群里自己只是这么微弱的一朵小小浪花，随时化做泡沫就蒸发掉了，能写出个什么呢？一旦看见令人拍手称快的好文好字，就直想撂笔，自己下辈子也写不出这样的文字啊。人们称我为作家，就害羞，答：不敢，是真正的坐在家里。不是谦虚，根本就没有谦虚的资本。看看这古今中外浩瀚无边的书海，哪有读完的一天？清纯柔美、奇峻刚烈、深邃高远、潇洒放纵的文字，哪有赞完的一刻？自己怎么能不乖乖地低头遮脸，后边躲着？

对铅印的文字，我格外情有独钟。眼睛看着一行一行扫过的文字，手翻着一页一页的纸，耳听着翻动纸张的沙沙声，鼻闻着油墨淡淡的清香气，都能让我的心沉静而踏实。所以不爱在网上看书，真是好书，就要买来摆在面前，还没看呢，先就觉得放了心。捧在手里看着的书，能被细细地嚼、慢慢地咽，从舌尖穿过食道一点儿一点儿落进胃里，一点儿一点儿地消化吸收，多么过瘾！余香绕梁，三日不绝。所以在网上发表文字我也从不当真，只有铅字印在纸上了，我才把它们归作发表的行列。网络这个没边儿没沿儿的时代宠儿经常让我觉得漂浮无根，有时会觉得自己是裹了小脚的古代女子蹒跚地走在时速一百二十公里的高速公路上，一不小心就会被疾驰而过的汽车刮倒，常常忍不住要停下来竖起拇指搭个车了，又舍不得走在地上这份踏实的感觉，尽管走得又慢又晃、举步都是艰辛。

有朋友说我这个写作的爱好太过奢侈，为一种看不见摸不着的无形的精神拥有，要牺牲进去太多看得见摸得着的有形的物质存在，比如可以用来赚钱的时间、可以用来休息的睡眠、可以用来吃喝玩乐的身体等等，我张着嘴，哑口无言。是啊，为什么爱上这样的奢侈？凝神往心里看了半晌，才发觉双眼已经被满园清翠的碧绿晃成了色盲，我的青草地啊，这旺盛的一片绿呀，你使眼里的世界永远的朝气蓬勃着啊，不需要太多金钱生活就可以是小康的感觉啊，不需要太多睡眠日子就足够舒适安闲了啊，不需要大吃大喝身体就已经相当满足了啊！青青草地需要的不就是淡淡的清风，浅浅的朝霞，轻轻几滴露珠，微微几丝小雨吗？色盲就不必治了，让世界就这么满目地绿下去吧！野火都不能烧尽，还用去阻挡那春风一吹，又活生生密蓬蓬疯疯长的青草吗？怎能不爱这青草的精神？

写作是一种疾病

写作是一种疾病。这个题目写出来有些耸人听闻，在我却是现实的，并且无药可医。

有读者好奇地问，你怎么有那么多可写的东西？规律而不停地写作难道不累？我说，吃饭是不是很规律，周而复始永不停歇？你会不会觉得吃饭很累？对我来说，写作和吃饭一样，习以为常并且赖以生存。

常常觉得自己的思想会气球一样膨胀，如果不通过文字来不断释放，会有最终爆炸的危险。思想，通过文字涓涓小溪一样潺潺向外流淌的过程，正常情况下本应是一种生活减压的有效方式，不该和疾病沾边。把它叫做疾病，是因为它像病毒一样会强大到以侵略者的姿态占领生活里其它重要的生存领地，强权统治，不容商量地置其它一切为奴隶。

病毒，英文里的 Virus，在牛津字典里解释为：poisonous element causing the spread of infectious disease（造成传染病漫延的毒素）。在我的疾病里，这种病毒蔓延的范围和速度都是强大的，几乎占领着生活的每一个角落。无论干着什么，它都像影子一样静静地跟随着我，模湖地缠绕着我的肉体和灵魂。五官听到、看到、闻到、尝到、摸到的一切都会在瞬间闪烁成文字的灵感，令我感动甚至揪心。

作为疾病，它称职地残酷无情。它贪婪地要求你的细胞，你的能量，你的营养来供应它的存活。你是被动地被它左右着的，它隐藏在你身体里，流淌在你血液中，每分每秒兴风做浪。你虚弱地和它战斗，但你无力抵抗。这是一种无法治愈的疾病，它活着，就要你渐渐地在它的啃噬中干枯，甚至接近死亡。有时写完一篇东西，那种空空如也的感觉是那么地令人无助而干渴，好像只剩下一个干巴巴的躯壳。

有时希望发明一种思想拷贝机，头发一样密密地安装在头上，能够抓住分分秒秒的瞬间里那些闪烁的字眼。可惜天生记忆力极弱的我无法记住那许多瞬间里心中对周遭世界的感动，只好在夜深人静的时侯试图以软弱的文字捡起那些冲动中的千分之一来反复品味和珍惜。夜晚，是这种疾病的摇篮。

像所有一切毒瘾赌瘾一样，你知道它的危险和可恨，但你一但成瘾便无法自拔。你爱它的麻醉，爱它引领你进入那个俯视生活又远离生活的天堂。你不再在乎肉体的疲惫，跟着它，哪怕只有瞬间的快乐，你已心满意足。

爱着这个疾病，你在心中小声呢喃，温情歌唱：我爱你，疾病！耗干我的体液，让我死在你怀里吧！拥抱着你的美丽，我不怕死亡。

哎！写作这种疾病。

弯

那个本命年，身在国外，托人从内地买来印着赤金属相的红内衣红袜子，希望鲜艳的幸运色贴上肌肤，让混沌变为清晰，迷茫通向一条道路，疲惫的心灵不再进入更深的疲惫。

天空总是灰的，即使白云飘飘，彩虹昭昭，眼前仍然浓雾笼罩。一睁眼，便是一部黑白无声旧电影，远离现实，看不见色彩和阳光。端详世界的双眼得了白内障。自怨自哀成了日常饮食，填加着心的重量，它正在沼泽地里，越沉越深。从前的法律专业，在这里一无所用，需要放弃我的曾经，我的东方，重塑现在，加入西方。磕磕绊绊，试这个，试那个，死胡同之后又是一条死胡同。出国前对国外莫名的向往，变为深深的忧郁，如天空控制天气一样控制着生活。为什么要出国？做份低薪的体力工？拖着疲惫的身体相夫教子？这片天空属于我吗？看不到射向我的光辉。这片土地属于我吗？找不到立足之地。疑问，一万遍地重复，无解。语言丧失意义，眼神丧失意义，一切都无助又无趣。原本热爱生活的我，忘记了如何去热爱。我开始厌倦，厌倦一切。

红内衣没有引来运气，肉体的痛苦和精神的深度困惑，突如其来。两辆小型客货车从背后撞来，咚！咚！我的车成了三明治。腰颈之伤，令本来就缺乏意义的日子更加度日如年。伤痛，染黑了那部黑白电影，在漆黑一片之中，一把药片，一仰头，一口水，一切都可以画上句号了。

醒来时，躺在医院的病床上，凝视洁白的房顶，无泪。活着。我活着。

事隔多年，回头望去，才明白极致的痛苦可以是最好的学校，毕业之后的人生，能够拥有大悟与大美。所谓的大吉大利，这便是顶峰了。那件传统样式的红内衣早已遗失，现在却看到这个人生中的小符号所预言的美丽。生命的河流在痛苦的巨石阻拦下拐了一个猛烈的弯，大弯之后，一片澄明开阔，方块字的魅力挽救了我，生命的流水从此滔滔，人生的画卷徐徐展开。这是一幅青山绿水莺歌燕舞的彩色图画，告别旧社会，走进新篇章。

病痛让我变成了最富有的人，当人们穿梭在早九晚五的繁忙之中，病床上，我却拥有着大量可以自由支配的时间。精神和肉体的恢复是漫长的，药物令我神失而麻木，眼泪曾洗刷这每分钟每秒钟，每分钟每秒钟却越洗越长越洗越稠，每一下滴答，都是一次更沉重的叹息。我开始背着医生缩减药量，在无眠之夜，放下所有迷惑和无解之题，从文字的缝隙里寻找真谛。读书，毫无洁癖，散文、小说、诗歌，一本接一本。与书中的灵魂默契相合之时，我悄悄地想，这样的文字，我能够写。

第一篇文字是在医院的病床上完成的，写公园里帮儿女带孩子的中国老人，他们沙坑边慈祥的笑容和弯曲的身影，胜过世界上最瑰丽的风景。他拿着报纸在我眼前晃，说，你看，生活不是很有意义吗？你让这些默默无闻的老人体会自身的价值，你让他们的儿女学习感激，你让那些孙儿孙女感到幸福。这些老人连一句完整的英文都说不好，但你的文章让他们熠熠发光。

一台笔记本电脑从此成了治病的良药，写啊写，报纸上有了专栏，亲朋好友相见，有人说，我看本地中文报，第一件事是找你的文章。

幼稚的言语和简单的思想，在书写中草一样成长着。沉浸在忧伤无奈之中的那些空白，逐渐被文字填补，这些打着文字补丁的日子，是有星星的夜晚，是顶着莲花苞的绿色荷塘。我在字里行间，寻找丢失掉的自己，用流淌在血液中的横撇竖捺，描画过去、现在和将来，誊写真实与幻想。自己的、他人的、静止的物、行动的人、民族习俗、异域风情、一声叹息、一片衰草，一切都变成了荷尔蒙，用强于绿药片黄药片十倍百倍的药力，治愈伤病的身体和心灵。

摄入和输出的方块字，激光刀一样消除了白内障，世界渐渐明亮。我看见外国的土地上，有平坦的草坡，清新的空气，有安定的环境，舒缓的氛围，有完备的社会帮助体系和天高任鸟飞的自由度。我看见中国的文字里有让我牵肠挂肚的柔情，有历史英魂，文化宝藏，有古老的传说，现代的改革，有光速般的飞跃和深埋的弊端。

我的富有不再是只拥有时间，挤在白肤金发中间的黄皮肤黑头发，可以成就另一种美丽。有时我感觉到自己好像山一样的富饶，当山顶的积雪终年不化，山脚下可以是绿野如原。文化的交叉，使山顶与山脚的风景可以同时存在，春如四季。黄油奶酪滋养身体，之乎者也孕育精神。他乡的中国文字里，我是一颗游走的标点符号，飘在生活大书每一页的每行字迹里。

恢复工作。我在女人的脸上比比划划，黑脸、白脸、黄脸，她们起身之后的美丽，鲜花一样令人陶醉。矫正过的视力中，这份美容师的劳动不再低下，维护甚至制造美的职业，精细崇高。我的眼睛被阅读和写作擦洗得越来越亮，硬币的另一面，原来总是闪着耀眼的金光。这份小小的生意，让我温饱无缺，我知足到不能更加知足。时间在我手中，让生意停留在微小的规模，腾出时间和精力去呵护心爱的方块字。平淡甚至清贫的生活，使思想的空间变得宽敞宏大，我相信，距离物质越远，距离精神就更近。

专家说要提高英文，应该抛开母语，用英文思维，而不是把一切先用母语想过，才译成英语。这项功课，我始终不及格。在我，用中国文字来思维，在方块字里遨游，已经和吃饭睡觉一样，自然而然，如同新陈代谢。中文式的英文，越来越流利，心里的屏障除去了，眼前便一片光明。人们被笑容和智能感染，些微语法病句，怎能妨碍彼此理解和心与心的撞击？

无论是在黄土高坡上高歌，还是在红枫树林里放嗓，已经不再重要。一颗中国心时刻蠕动着中国情，它是文字生长的土壤，长出东西杂交的果实，甘美润泽，营养平衡。用英文赞叹着金发碧眼的女友时，心里在说："真棒！"他乡的水土一样可以种植原乡的种子，文学没有界限，情感没有国籍。阅读是水，写作是光，当土壤、水分和阳光倾心合力，生命的孕育、成长和壮大，就是今天的花朵，明日的果实。

七年，转瞬即逝，专栏每周两千字，从无间断。诗歌，散文，小说多次获奖，几本书，结集成册。我深知，文字的长征刚刚开始。我行吗？虚弱的我经常自问。行！我经常自答。当爱着并在爱中沉浸，爱的目的和功利心，就让它模糊去吧。

北国的春在四月仍围着头巾，羞怯地缩头缩脸，积雪尚未化净，绿意早已迫不及待地冒出头来。我想象着南国四月鲜花绽放的魅力四野，思想在昏黄的灯光下碎成东方的烟火，西方的摇滚乐。恍然间，分不清身在何处，是原乡还是他乡？这是一种宁静的游戏，人为的概念混淆，心甘情愿。

人生的抛物线总是起起伏伏，低过一定会高，高了又会低去。一把绿药片，让生命之河拐了一个美丽的弯。第一次把这段经历述诸笔端，有些惴惴不安。是怕掀起曾经的黑暗吗？还是在曾经放弃生命的内疚中感到不堪？面对自己的坦白，流下一行清泪，嘴角的笑意却长久停留，心中一片坦然。正视自己，是今天的开始。

能够在外国的土地上，写着中国字，是一件多么美好的事业啊！是朝阳，是晚霞，更是日上中天。我只想感谢曾经的一切，包括忧郁，包括那把药片，包括手指在键盘上的蹒跚学步，包括翻动书页时的沙沙声响……

如果人生可以选择，我还会选择在方块字中沉醉，不管是在他乡，还是在原乡。无大富大贵，却享受着无限的充实和富足。

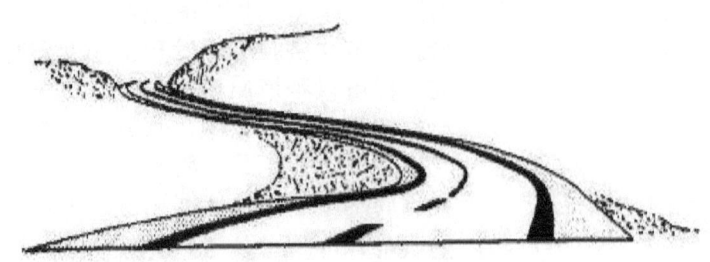

杜杜出版的部分著作

杜杜作品进入的部分作家文集

杜杜出版的中英文书目：

散文小说集《青草地》
诗集《玻璃墙里的四季歌》
随笔散文集《杜杜在天涯》　　　　　淘宝、当当等中国网站均有销售
中长篇小说集《不吃土豆的日子》　Amazon 国际网有售
短篇小说集《玫红色的艾玛》　　　　　Amazon 国际网有售
新诗集《上帝之棋》　　　　　　　　Amazon 国际网有售
散文集《大路朝天》　　　　　　　　Amazon 国际网有售
英文诗集《When a poem speaks》　　Amazon 国际网有售
新诗集《一叶书签》　　　　　　　　Amazon 国际网有售
长篇小说《中国湖》上　　　　　　　Amazon 国际网有售
长篇小说《中国湖》下　　　　　　　Amazon 国际网有售
古典诗词集《草色入帘青》　　　　　Amazon 国际网有售

Amazon 购书英文搜索词："Dudu Anthology" "Dudu's fiction" "Zhanqing Du"
等均可。

杜杜个人微信号：　　　　butterflydudu
杜杜微信公众号：　　　　杜杜天下
杜杜邮箱：　　　　　　　zhanqingdu@yahoo.com
杜杜 twitter　　　　　　zhanqingdu
杜杜 facebook：　　　　Du Zhanqing

www.ingramcontent.com/pod-product-compliance
Lightning Source LLC
Chambersburg PA
CBHW020431030726
47495CB00006B/1758